Yale Language Series

Voces hispanas siglo XXI

Entrevistas con autores en DVD

Elvira Sánchez-Blake Maria Nowakowska Stycos
Cornell University

Yale University Press *New Haven & London*

PUBLISHER: Mary Jane Peluso
PRODUCTION CONTROLLER: Maureen Noonan
EDITORIAL ASSISTANT: Gretchen Rings
DESIGNER: James J. Johnson
MARKETING MANAGER: Timothy Shea
Set in Swift Roman type by Integrated Publishing Solutions.
Printed in the United States of America by Hamilton Printing Co.

Library of Congress Cataloging-in-Publication Data

Sánchez-Blake, Elvira E. (Elvira Elizabeth)
Voces hispanas, siglo XXI : entrevistas con autores en DVD / Elvira
Sánchez-Blake, Maria Nowakowska Stycos.
p. cm—(Yale language series)
Includes bibliographical references.
ISBN 0-300-10462-6 (alk. paper)

1. Spanish language—Readers—Spanish literature.   2. Spanish language—Readers—Spanish
American literature.   3. Spanish literature—20th century   4. Spanish-American
literature—20th century.   I. Stycos, Maria Nowakowska, 1937–   II. Title.   III. Series.
PC4117.S183 2004
468.6'421—dc22   2004001539

A catalogue record for this book is available from the British Library.

The paper in this book meets the guidelines for permanence and durability of the
Committee on Production Guidelines for Book Longevity of the
Council on Library Resources.

10   9   8   7   6   5   4   3   2   1

Contenido

Preface

Voces hispanas siglo XXI is the result of an effort to bring engaging texts by Hispanic writers of the turn of the century to students of advanced Spanish language and literature classes. It contains ten narrative texts (five short stories and five substantive excerpts from novels), three plays (one of them abbreviated), and two poems. Twelve writers and an oral narrator/performance artist are represented in the thirteen chapters. Each chapter is complemented by an interview with the author, contained on the DVD. This unique aspect of the project will stimulate students to enter into an intellectual dialogue with the authors outside the text, become more aware of the cultural milieu in which the works were created, and note differences in national and regional speech modalities.

The selected texts were published between 1992 and 2001. The story by Silvia Castillejos Peral, published here for the first time, was written within the same time frame as the other works included in the anthology. All but three of the writers (Cristina Peri Rossi, Gioconda Belli, and Carlos Morton) were born in the 1950s and 1960s. The works of these authors represent a wide range of cultural diversity within the Hispanic world: Spain (including Catalonia and Galicia), Mexico, Central America (Nicaragua), the Andean region (Bolivia and Colombia), the Southern Cone of Latin America (Uruguay), the Caribbean (Puerto Rico), and U.S. Latino (Chicano) culture.

The anthology offers a variety of genres, styles, and themes and is designed to be used from a variety of perspectives: linguistic, literary, and cultural. Its multimedia format will promote the development of a variety of skills. The texts in combination with the exercises will serve as a tool for improving reading, comprehension, speaking, and writing while the interviews train students to recognize a variety of accents. The inclusion of a *cuentera,* the Colombian Carolina Rueda, offers an additional opportunity for refining listening skills since the two stories she narrates are not transcribed in the book. Her dynamic story-telling style can serve as a model for class experiments in oral narration.

The texts can be read with an emphasis on their literary value. The plays can be studied in the context of literary history and as performance. If students perform (as Readers' theater, for example) scenes from plays, they will gain a deeper understanding of the forces that motivate characters, familiarize themselves with their historic and cultural contexts, and experience the cadence of Spanish. The poems by Gioconda Belli can serve as an introduction to poetry, a genre most students find daunting. By searching for other poems on the Internet, an activity suggested in the book, students may discover through their own research that poetry is more accessible than they expected. They may also become more receptive to reading poetry and may even be motivated to write poems themselves. The narrative texts range from a simple letter form (Castillejos Peral), to the postmodern, multilayered writing of Carmen Boullosa and Paloma Díaz-Mas. Several texts—*Johnny Tenorio* is an outstanding example—allude to classical works in Spanish literature. It will depend on the instructors and their students' experience as readers whether to explore such texts' intertextuality.

Thematically, these texts bring to one's attention issues in specific Spanish and Spanish American contexts that are of global or timeless concern. Laura Restrepo tackles the impact on the individual of wartime population displacement, while Paloma Díaz-Mas questions how history is recorded. Mayra Santos Febres creates a character that finds empowerment in spite of her triple marginalization as a poor "morena" woman. Paloma Pedrero, in a modern Madrid setting, explores the relationship between a daughter and her long-dead father. Edmundo Paz Soldán creates a newspaper crossword puzzle specialist who conceives of a new linguistic universe following a chance encounter with a mysterious woman. The ability of these texts to expose multiple layers of history underlying today's social fabric creates an opportunity for discussions on culture.

The chapters are arranged according to increasing level of difficulty, although this is somewhat subjective. As a general rule, excerpts from novels are more difficult to follow than short stories and require a more detailed contextual introduction to facilitate reading and assistance from the instructor. At the same time they may stimulate students to read the complete work, perhaps for a final paper or as a special project.

All interviews included on the DVD were conducted specifically for this project. They contain a discussion of the selection in the anthology within a broader context of the writer's production. The interviews, abstracted from hour-long sessions, average fifteen to twenty minutes. Some are followed by a reading by the author; there are also clips from performances of the three plays in the anthology. The authors discuss a wide range of topics such as the purpose of writing and its challenges, works that inspire them, expectations they have of their readers, and political and social concerns. Overall, the interviews reflect current literary trends in the Hispanic world and projections for the new millennium. The writers' participation in this project greatly facilitates the reading of the texts and provides a rich source of learning for visually sophisticated students.

Like every anthology designed for college use, ours inevitably reflects the preferences and reading habits of the editors and is colored by the response of our students at Cornell University. We have tested this material in advanced Spanish language courses over three years and believe there is sufficient material for two semesters, particularly if the book is used as a reader. We have also used selections from the anthology, with the corresponding interviews, in second- and third-year literature courses. Because each chapter stands alone as a complete unit, instructors will be able to select the texts and rearrange their sequence to best meet their objectives.

To the Instructor

The organization of chapters is as follows:

1. Actividades de prelectura
2. Introducción al autor
3. Bibliografía selecta
4. El texto (con el vocabulario y anotaciones al final)
5. Comprensión del texto
6. Actividades
7. Comprensión del video
8. Para comentar y escribir

1. Actividades de prelectura

The suggested research at the beginning of each chapter is often broad, and instructors may wish to define the scope of the assignment according to the course and how much independent research their students can be expected to do.

2. Introducción al autor

The introduction is intended to create a brief biographical and literary context for the author and the specific text chosen for the chapter. Please note that quotations in this section are followed by a page reference in parenthesis and annotated in the bibliography. Quotations from our own interviews are marked with the two names.

3. Bibliografía selecta

The bibliographical references are kept to a minimum but open the door for students interested in a broader critical framework or desirous of conducting further research on themes addressed by the text.

4. El texto

Spanish punctuation has been preserved as it appears in the original. Vocabulary and all annotations are included as endnotes at the end of every chapter.

5. Comprensión del texto

The number of questions varies and is dictated by the length and complexity of each work. Comprehension questions are meant to aid the student in understanding the main theme through the analysis of plot, characters, language, and narrative style. Answering these questions as part of homework prepares students for class discussion.

6. *Actividades*

Activities are designed as exercises on specific aspects of the texts. Instructors will need to determine how many of the activities can be accomplished within the parameters of their courses and time constraints.

7. *Comprensión del video*

The DVD opens with a menu of choices. With a click of the mouse or the remote control, instructors and students may go directly to any chapter.

Questions are intended as a guide to enable students to follow the main themes in the interview. They will need to listen carefully because no transcript of the interview is provided. Because every book contains its own copy of the DVD, students will be able to view it as many times as they need to. It is also possible to select subsections in each interview.

We suggest that students watch the interviews after reading the text. In addition to throwing light on the reading, the interviews offer an opportunity for comparing the authors' opinions on a variety of related topics, including literary trends, gender issues, and marketing of their work.

8. *Para comentar y escribir*

This section suggests broader themes for reflection and subjects for papers. Instructors may choose assignments from several topics.

9. *Notas*

Each chapter contains endnotes to facilitate reading of the texts.

Acknowledgments

To all those who helped in the preparation of this book and the interviews, our thanks: Professors John Kronik, Sharon Feldman, Ciriaco Morón Arroyo, Myrna García Calderón, José María Rodríguez, and Peter Patrikis offered advice and guidance.

Richard Feldman, director, and Andrew Page, production manager of the Language Learning Center at Cornell University, provided technical assistance in the production of the DVD.

Professors Nohemy Solórzano and Juan Carlos González participated in some interviews.

Jacobo Bibliowicz, Shahin Mashhadian, and Rebeca Franqui gave technical assistance in the preparation of the manuscript.

We thank Eduardo Jaramillo-Zuluaga of Denison University and Jonathan Tittler of Rutgers University for reviewing the manuscript.

Robert W. Blake and J. Mayone Stycos contributed photographs and moral support.

Our special thanks for their generous collaboration go to the writers included in this anthology.

This project received funding from the Program for Cultural Cooperation Between Spain's Ministry of Education, Culture and Sports and United States Universities and from the Department of Romance Studies at Cornell University.

Finally, we wish to acknowledge each other's efforts in making this book a truly collaborative project.

Fig. 1. Hombre durmiendo en la plaza. Foto de J. Mayone Stycos.

Capítulo I

Silvia Castillejos Peral (México, n. 1957)

Daños a la nación

Actividades de prelectura

1. Investigue sobre la ciudad de México y sus condiciones sociales y culturales.

2. Averigüe sobre las condiciones de las personas de la tercera edad (ancianas) en los países hispanos.

Introducción al autor

Nacida en Texcoco, estado de México, Silvia Castillejos Peral se inició como escritora con narraciones cortas y como guionista de radio y televisión. Estudió letras en la Universidad Autónoma Metropolitana de la Ciudad de México. Actualmente alterna su escritura con su trabajo como profesora de literatura hispanoamericana en la Universidad Autónoma de Chapingo, México. Entre sus publicaciones se cuentan *La Internacional sonora Santanera* (1987), *Debe ser una broma* (1989), *El diario de Sili* (1996), *El día que me volví invisible* (2002), y *Malos amores* (2002).

Sus cuentos han obtenido diversos premios, entre los que se destacan los siguientes: primer lugar en los Juegos Florales de Literatura Infantil de Lagos de Moreno, Jalisco (1993) y segundo lugar en el Concurso Nacional de Cuento Ciencia Ficción "Palpa,"de la revista *Tierra Adentro* (1993). El cuento "El día que me volví invisible" la hizo merecedora del primer lugar en el concurso nacional de cuento de la revista *Marie Claire* (1994). Luego obtuvo el primer lugar en el concurso de cuento "Primero sueño" convocado por la Universidad del Claustro de Sor Juana (1994). En 1996 fue ganadora del Premio Nacional de Autobiografías de Mujeres Mexicanas con el libro *El diario de Sili*. También obtuvo el premio de cuento de los XXII Juegos Florales de la Feria de San Román en 1998, convocado por el gobierno del estado de Campeche y una mención honorífica en el concurso de literatura infantil FIDJI en el año 2000 con el cuento "Raúl y Raúl."

Los temas de su obra ponen de relieve el aspecto humano del México contemporáneo. Castillejos destaca en su narrativa su obsesión por los niños y los viejos y los indigentes. En "Raúl y Raúl," por ejemplo, a través de un monólogo interno, representa las fantasías de un niño solitario, quien se desdobla en el espejo y así desarrolla una amistad secreta con el otro Raúl. "El día que me volví invisible" es una reflexión sobre la vejez y la soledad frente a un mundo obsesionado por la juventud y la belleza. En "Encuentro en una noche de ámbar" crea un ambiente mágico para lograr un encuentro entre una joven y su tía vieja muerta, en el que logran una conciliación postergada. Profundamente mexicana, Castillejos es una exponente del tiempo y momento histórico que reflejan las preocupaciones de la sociedad donde ella ha crecido y se ha desarrollado. Angélica de Icaza la define así: "En su vida y su literatura Silvia es una creadora de atmósferas, de momentos señalados por la magia . . . En los cuentos de Silvia encontramos talento y un oficio incuestionable, giros de humor . . . pero también encontramos lo que ha aprendido de la vida expresado con una claridad, con una honestidad a prueba de falsos pudores" (7–8).

"Daños a la nación" es un cuento que retoma el tema de la vejez y la indigencia, una reelaboración de "El día que me volví invisible" con un tono aparentemente ingenuo pero irónico en el que se destaca un comentario social vigente en cualquier época y en cualquier país.

BIBLIOGRAFÍA SELECTA

De Icaza, Angélica. "Prólogo" a *Malos amores* de Silvia Castillejos Peral y Rosa María Rodríguez Cortés, 5–8. México: Molino de letras, 2002.

Daños a la nación

Señor Presidente:

Decidí escribirle a usted, pues como Primer mandatario de la nación sé que me puede entender cabalmente. He sido tratado demasiadamente ignominiosamente,[1] y todo por ser pobre e ignorante. Aunque déjeme aclararle que no soy tan ignorante ya que siempre leo todo lo que cae en mis manos y me gusta mucho la cultura. También por eso me tienen envidia mis vecinos porque ellos ni siquiera se saben el nombre de su Presidente.

Pero déjeme explicarle el motivo de mi misiva[2] ya que no quiero que piense que es por ociosidad que me atrevo a distraerlo siendo Usted tan importante y yo una persona tan ínfima,[3] o sea tan poca cosa. Me sacaron de mi vivienda, señor, que porque se terminó la ley de la renta congelada[4] y no sólo me sacaron a la calle (duermo en la banqueta,[5] al lado de un zaguán[6] rojo en donde se guardan tambos[7] de aceite y toda la banqueta está hasta grasosa y maloliente), sino que lo hicieron con premeditación, alevosía[8] y ventaja y todos se estaban riendo. Con perdón de Usted, me gritaban pinche[9] viejo pendejo ojalá y te mueras. Así con esas palabras, señor. Luego Cenobio, el de la tienda, dice, no, tú no eres ni hombre, eres un trapo mugroso[10] que apestas,[11] pero es por lo del aceite y no se deben ensañar[12] así porque ¿yo qué les hago? Al contrario, muchas veces barro la calle porque vienen a tirar la basura de otras colonias, ojalá que un día pase por aquí con su comitiva para que vea lo feo del rumbo y los perros muertos que nadie entierra y eso es insalubre,[13] y como le digo, así me dicen desde esa vez trapo viejo, asqueroso,[14] cagado. No quiero engañarlo, Licenciado,[15] sino decirle la verdad, aunque se oiga feo y hasta vulgar, pues eso sí, quiero ser sincero como un caballero que soy. Y digamos pulcro[16] por dentro, usted sí sabe de moral y me entiende lo que quiero decir con eso de pulcro por dentro, o sea decente y con educación. Otra cosa, mis cosas no me las quieren dar. Son prepotentes e hijos de la chingada.[17] No le voy a decir que tengo joyas o ropa buena o papeles importantes, no para qué más que la verdad, pero mi taladro,[18] señor, ¿por qué se lo van a quedar? Y mi radio y mi cama con mis cobijas no valen tanto pero las saqué en abonos,[19] no es justo no sé por qué lo hacen, dónde que ya no tengo con qué responder para comprar lo humanamente indispensable a la tienda que me fiaba.[20] Son chingaderas, Señor Presidente.

Usted que es nuestro Prócer,[21] la cabeza del Sistema, el abanderado del partido, que está pendiente día y noche desde su silla presidencial viendo que no se cometan injusticias, sí sabe de leyes y por eso me dirijo a Usted con todo respeto para que no me sigan *jodiendo.*

Tengo ochenta años. Usted tiene un padre y no creo que no se compadezca de un ciudadano que es su más fiel servidor. Soy de la tercera edad, como ahora dicen para no decir que está uno en las últimas. Aunque eso es un decir porque yo todavía hago ejercicio, camino por el canal del desagüe hasta el Peñón y no me siento acabado pero no tengo pensión y no me pude jubilar y eso que tuve bastantísimos trabajos, pero en el seguro no me guardaron la antigüedad que dizque perdieron mi cédula[22] cuarta y que no era yo, pero eso es otra cosa que no viene al caso.

Hágame justicia Licenciado, yo siempre he votado por Usted y conozco nuestra Historia Patria, ya ve que los héroes nos dan su ejemplo para no cometer los errores del pasado, comprender el presente y prepararnos para un futuro mejor. Ahí me verá siempre en los desfiles del Zócalo[23] y sí canto nuestro Himno Nacional que muchos, aunque usted no lo crea porque está en su oficina atendiendo los asuntos del país, muchos se pitorrean[24] de su insigne letra y hasta hacen chistes majaderos, Señor presidente, para que vea que no todos somos patriotas como yo que sí respeto el lábaro[25] patrio.

Sólo le pido que me dé un empleo de lo que sea y si se puede de velador[26] en alguna oficina de gobierno en donde pueda dormir en la noche pues hace mucho frío en la calle y no aguanto las reumas y la canija tos.[27] Yo como le digo a los chamacos[28] que me avientan[29] cáscaras de plátano y hasta piedras, señor, nomás que lleguen a mi edad y la vida les va a dar una lección dejándolos solos y muertos de hambre porque hay un Dios y todo se paga, tiéntese tantito el corazón no me traten como perro, aunque eso está mal dicho porque fíjese Usted que como quiera los perros tienen su cuero lleno de pelitos y no pasan tanto frío aunque sí mucha hambre como yo. No, les digo, no sean inhumanos, compadézcanse de este viejo que está solo, que ni una buena mujer le dio Dios para pasar sus últimos días. Puto, hijo de la chingada, me dicen y me avientan orines que juntan en latas de cerveza y yo ni cómo defenderme. Por eso le digo lo del trabajo, Señor Presidente, ya con mi uniforme de velador, hasta el Cenobio me respetaría. Claro que lo principal es cumplirle a usted, fíjese, yo podría hacer muchas cosas también en las mañanas, como comprarles las tortas a las secretarias para que atiendan bien al personal o comprarles el periódico a los Licenciados que hay tantos y se preocupan por cumplir con el programa de gobierno que Usted tan dignamente encabeza. O ir por los cigarros.

Si tiene dudas de lo que le digo, infórmese como debe ser, nomás es cosa de venir a la colonia caracoles, aquí junto al canal del desagüe,[30] que muchos conocen como Río de los Remedios, pero no es un río, río, sino un canal, luego hasta me dicen los chamacos, esos que le digo que no me tienen ninguna consideración, dicen te vamos a echar a la mierda pinche viejo culero y eso duele bastante, su excelencia, ahora sí que ni fuera uno de qué o qué para no sentir rabia o más bien impotencia porque ellos están jóvenes y en un descuido sí me lo cumplen, capaz que me agarran dormido y me avientan al muladar,[31] y nomás por divertirse no crea que por otra cosa. Yo claro que no soy un santo, ni más faltaba, pero hay que reconocer lo que uno vale como ser humano, como hombre que es uno, y no es por nada, Licenciado, pero yo soy una buena persona, honrado como pocos porque todos transan,[32] a cual más y en donde se pueda, yo los he visto, señor, bueno hasta las limosnas[33] de la virgen se roban y yo no, estoy fregado pero tengo mi dignidad. Yo no le robo a nadie ni tampoco ando ay pidiendo limosna, no, eso sería lo último, primero Dios y usted ha de socorrerme. Además, no tomo. Había de ver cómo envidian mi don de gentes[34] los teporochos[35] de la esquina, más cuando me ven leyendo, porque eso sí le digo a mí la cosa de la lectura me gusta bastante. Tengo mis libritos, como uno que trae los grandes poemas románticos, y novelas así de gordas, también leo de política, no crea que ando viendo la nota roja como los ignorantes que les gusta ver fotos de gente degollada[36] o que alguno mató a su hijo porque estaba chille y chille[37] y lo descuartizó[38] para que se callara. Cuánta gente no habrá que le gustaría hacer esas fechorías[39] pero se aguantan porque es horrible estar en la cárcel y más peor cuando uno es inocente porque ya que viene al caso también le quería decir (si se puede decir que esto sí es una denuncia) que me dan miedo los agentes[40] que ya me amenazan con que me van a llevar al reclusorio[41] ¿por qué? Les digo, no, dicen, pues por daños a la Nación, así dijeron, señor, pero con palabrotas y es que les caigo gordo[42] porque yo sí defiendo mis derechos como dormir en la calle y no saben que yo ya le escribí a Usted y las cosas no se van a quedar así.

Señor Presidente, tómeme en cuenta mi carta yo mismo no lo voy a defraudar y hasta puede que un día este pobre viejo le pueda hacer un gran favor, como pasa en una novela de Alejandro Dumas Padre, donde un lacayo[43] se entera de toda la intriga y salva al rey de Richeliu que lo quería matar luego así pasa en la historia. Tal vez un día, Dios no lo quiera, esté usted en un aprieto,[44] y yo, el más humilde y discreto de sus servidores le preste un servicio muy delicado a Usted que es tan sabio y sabe dirigir los destinos de nuestra Nación.

En espera de su pronta respuesta, no es que lo esté apurando sabiendo cuantísimo trabajo tiene pero a mí sí me re urge[45] por las lluvias que ya no tardan, y sin más por el momento, me honro en presentarle mis más finas consideraciones y a ver si me dejan entrar al Palacio Nacional a entregarle este sobre que en la esquina derecha tiene una crucecita negra que le pinté para la buena suerte y para que sepa que es mío y esa sea nuestra clave secreta.

Atentamente,
Nicéforo López Madariaga

Comprensión del texto

1. ¿Quién es el remitente y el destinatario de la carta?

2. ¿Cuáles son los motivos que se exponen en la carta?

3. ¿Qué tipo de vida lleva el personaje?

4. Exponga las quejas y peticiones del viejo.

5. Analice el lenguaje en que está escrita la carta.

6. ¿Qué se puede deducir de la situación social y económica de este personaje?

7. Defina el punto de vista del escritor de la carta y comente cómo contribuye al mensaje del cuento.

Actividades

1. Busque los sinónimos correspondientes:

ensañarse	asqueroso
muladar	tirar
apestoso	irritarse
aventar	desagüe
reclusorio	apuro
fechoría	socorrer
aprieto	sitio mugroso
caño	prisión
ayudar	maldad

2. Identifique palabras y expresiones propias del dialecto mexicano en el texto.

3. Escriba una carta de respuesta del Presidente a Nicéforo.

4. Escriba una descripción detallada del autor de la carta y las condiciones en que vive. Si prefiere, busque una imagen o haga un retrato o un dibujo de él.

Comprensión del video

A partir de la entrevista con la autora, responda y comente las siguientes preguntas:

1. ¿De dónde surgió la idea y el escenario para el cuento "Daños a la nación"?

2. ¿Por qué Castillejos escoge a un viejo como su personaje?

3. ¿Cuáles son las consideraciones de la autora sobre la vejez?

4. ¿Cómo representa ella la problemática de la pobreza en México?

5. ¿Qué considera la autora que es un doble castigo?

6. ¿A qué tipo de lector se dirige la autora?

7. ¿Cuál es el principal objetivo de la escritura para Castillejos?

8. ¿En qué forma complementa la lectura del texto la entrevista con la autora?

9. ¿Cómo afecta la comprensión e interpretación del cuento el escuchar el texto leído por Castillejos?

Para comentar y escribir

1. Analice el uso de expresiones idiomáticas para dramatizar el mensaje de la carta. Discuta el aspecto lingüístico del texto.

2. Escriba un resumen de la entrevista con Silvia Castillejos.

3. Discuta la doble marginación del personaje como viejo y como mendigo.

4. Profundice el tema de los indigentes y ancianos en México con base en lo que aprendió de la entrevista y el cuento.

5. A partir de la siguiente frase, desarrolle su propio relato siguiendo el estilo del texto:

"Señor Presidente, tómeme en cuenta mi carta yo mismo no lo voy a defraudar . . ."

6. Escriba una carta al presidente de su país con un pedido específico referente a un tema social o cultural.

Notas

1. ignominioso: shameful, disgraceful
2. misiva: letter
3. ínfima: lowly, inferior
4. ley de la renta congelada: frozen rent law
5. banqueta: (Méx.) sidewalk
6. zaguán: entry hall typical of old colonial houses
7. tambos: cans
8. alevosía: bad intentions, treachery
9. pinche viejo: "damn old man"
10. mugroso: dirty
11. apestar: to stink
12. ensañar: to enrage
13. insalubre: unhealthy
14. asqueroso: loathsome, sickening
15. Licenciado: honorific title commonly used in Mexico
16. pulcro: neat, tidy, exquisite
17. Hijos de la chingada: (Méx.) Término insultante. En *El laberinto de la soledad*, Octavio Paz discute este concepto, "hijo de la chingada," en relación a Malintzín, la princesa indígena que fue amante de Cortés, y a quien se le considera la traidora de su pueblo.
18. taladro: drill, gimlet, auger
19. las saqué en abonos: I bought them on credit
20. la tienda que me fiaba: the store where they let me buy on credit
21. Prócer: chief, leader
22. cédula: identification card
23. El Zócalo: public square in central Mexico City
24. muchos se pitorrean de: (col.) many make fun of, laugh at
25. lábaro patrio: national symbol (in this case the national anthem)
26. velador: watchman

27. canija tos: (col.) damn cough
28. chamacos: (Méx.) boys, guys
29. que me avientan cáscaras . . . piedras: who throw banana peels and even stones at me
30. desagüe: gutter
31. muladar: dunghill, trash heap
32. todos transan: (Méx.) cheat
33. hasta las limosnas de la virgen se roban: they even steal from the Virgin's alms box
34. don de gentes: "class"
35. Había de ver . . . los teporochos: (Méx.) you should see how they envy my "class," those drunks

36. degollada: beheaded, decapitated
37. estaba chille y chille: (col.) was screaming non-stop
38. descuartizó: carved him up, carved up the body
39. fechoría: misdeed, villainous act
40. agentes: police officers
41. reclusorio: (Méx.) prison
42. les caigo gordo: (col.) they dislike me
43. lacayo: footman, lackey
44. esté usted en un aprieto: you might be in a difficult situation
45. a mí me re urge: for me it's a matter of great urgency

Fig. 2. La cuentera Carolina Rueda. Cortesía de la artista.

Capítulo II

Carolina Rueda (Colombia, n. 1966)

El arte de la narración oral

Actividades preliminares

1. Busque en el Internet material sobre el arte de la narración oral.
2. Averigüe cuáles son los movimientos más reconocidos de narradores orales o "cuenteros" en Latinoamérica.

Introducción a la artista

Carolina Rueda nació en Cali, Colombia. Estudió literatura en la Universidad Javeriana de Bogotá y realizó cursos de actuación con reconocidos directores de teatro. Su formación en la literatura y en las artes escénicas la condujo a decidirse por su vocación de cuentera desde 1988. Carolina Rueda recibió entrenamiento del narrador oral mexicano Heraclio Cepeda, con quien inició el movimiento de cuenteros de la Universidad Javeriana. Desde ese momento encontró un cauce para su vocación y se dedicó no sólo a "contar el cuento," sino a formar las nuevas generaciones de la palabra con movimientos como "Empalabrarte" y "Puro Cuento" y como promotora de varios festivales de la oralidad en Colombia y en Hispanoamérica. Ha realizado giras por los Estados Unidos, España, Italia, Argentina, Chile, Ecuador y muchos otros países llevando los espectáculos de narración oral por el mundo.

Carolina Rueda ha sido una pionera del Movimiento de cuenteros en Colombia y la promotora y facilitadora de varios eventos que han institucionalizado el arte de la oralidad. Entre estos se cuentan La Muestra Internacional de Narración Oral que se realiza todos los años en el marco del Festival Iberoamericano de Teatro de Bogotá. Ha sido también la coordinadora general de los Encuentros Nacionales de Cuenteros Universitarios "Empalabrarte" que se realiza anualmente en la Universidad de los Andes y que ha sido el punto de encuentro y de lanzamiento de nuevos artistas de la palabra. Igualmente, ha dirigido los talleres de narración oral y de formación de cuenteros en las siguientes universidades: la Nacional, los Andes, la Javeriana, y el Rosario de Bogotá. Ha participado como invitada para dictar talleres en España, Chile, Venezuela, Perú y en universidades de Estados Unidos.

Además de los logros artísticos, Carolina Rueda ha sido ganadora de premios por creación y narración oral escénica. En 1992 ganó el Premio Colcultura del Ministerio de

Cultura para narración oral, y en 1993 fue distinguida como Mujer de la cultura nacional por la Alcaldía de Bogotá y el Instituto Distrital de Cultura y Turismo. En 1993, recibió el premio Brocal para narración oral escénica en Cuba, y en 1995 fue galardonada con el Premio Internacional de N. O. E. Chaman, en España. Hoy continúa llevando un mensaje a través del humor y el poder de jugar con la palabra.

La Cuentería
Carolina Rueda

La literatura y el teatro dieron a la luz[1] a un hijo ilegítimo, este hijo es el movimiento de los cuenteros, jóvenes que venidos de una tradición "ilustrada," es decir, hijos de una cultura con una conciencia cosmopolita del mundo y en ejercicio permanente de conocimiento, decidieron construir un acontecer narrativo oral escénico para expresar inquietudes propias de su generación y de su sociedad. Los cuenteros intentaron defender una postura de no ser teatro ni literatura, a pesar de usufructuar[2] en la práctica algunos de los elementos de las dos disciplinas. El camino de formación de un cuentero está lleno de una investigación disciplinaria, en donde busca mejorar su capacidad de articulación del lenguaje oral, gestual, corporal y una técnica narrativa para provocar en su público el viaje interior imaginario.

El fenómeno contemporáneo de los cuenteros universitarios tiene sus raíces en dos fuentes principales: por un lado, en la tradición milenaria de los narradores orales (también conocidos como juglares[3]) y en tendencias teatrales que afianzaron su técnica como la comedia del arte y el teatro unipersonal, y por otro lado, en una necesidad comunicativa que asaltó a las generaciones del mundo entero en las postrimerías del siglo XX. A finales del siglo XIX y principios del XX en los países escandinavos, los maestros y los bibliotecarios notaron con preocupación la desaparición de los viejos narradores orales y con ellos, de las historias tradicionales que tejían la gesta de sus países, por tanto iniciaron un tipo de "cruzada" de recuperación de estas historias que copiaron, transcribieron y memorizaron para destinarlas al público infantil. Es desde entonces que la palabra cuento se enlazó con la infancia excluyendo a la comunidad adulta del derecho a escuchar las historias que por tradición siempre habían estado destinadas a alimentar con su sabiduría su "decir para qué y cómo vivir" a toda la comunidad.

Durante principios del siglo XX algunas variaciones de la narración de historias se mantuvieron de manera aislada en teatros de cabaret, vodevil, charlatanes, y poetas orales y no tardó en renacer la proyección artística natural que la conforma y es así como a finales de los años cincuenta en países de África, Europa, América Latina y del Norte surge una inquietud colectiva por parte de creadores de las áreas literarias y teatrales por preparar textos y espectáculos sostenidos en los cuentos de las tradiciones orales nacionales con la presencia del narrador como protagonista. Pero fue en 1988, gracias al I Festival Iberoamericano de Teatro de Bogotá, cuando Francisco Garzón Céspedes, dramaturgo y narrador cubano, logró atraer la atención de actores, titiriteros[4] y estudiantes universitarios con una propuesta de narración oral escénica orientada a generar un movimiento de narradores orales de cuentos con una programación y un público permanentes.

El movimiento colombiano de cuenteros se insertó en el ambiente universitario. Esta característica es llamativa en comparación a movimientos como el de México, España y Venezuela, en donde los narradores orales han ubicado su trabajo más cerca de los museos, editoriales, bibliotecas y bares, dirigidos especialmente al público infantil y ocasionalmente juvenil, mientras que en Colombia los cuenteros trabajan al aire libre y en salas teatrales con un público muy joven en su mayoría.

Actualmente podemos encontrar que el mercado laboral de los cuenteros permite a más de veinte profesionales desarrollarse en áreas tan variadas que van desde las funciones de narración a la dirección de secciones de un periódico, aplicando su conocimiento y destrezas no sólo en lo artístico sino en lo pedagógico.

BIBLIOGRAFÍA SELECTA

Fo, Darío. *Manual Mínimo del actor.* Barcelona: Giulio Einaudi, 1997.
Padovani, Ana. *Contar cuentos: desde la práctica hacia la teoría.* Buenos Aires: Paidos, 1999.
Pastoriza, Dora. *El arte de narrar: un oficio olvidado.* Buenos Aires: Guadalupe, 1998.
www.cuenteros.com

Para ver y escuchar

Los cuentos seleccionados para esta antología son "La Voz" y "El entendimiento y la memoria." Observe con atención los cuentos en el video. Véalos y escúchelos cuantas veces sea necesario. Después escriba un resumen tratando de reconstruir los relatos en sus propias palabras y responda a las siguientes preguntas:

La voz (adaptación del original de Patricia Mix)

1. ¿Dónde se encuentra la narradora?

2. ¿Qué le ocurre a la voz?

3. ¿Por qué la tía, el amigo, y el jefe la rechazan?

4. ¿Qué decide hacer la narradora para recuperar la voz?

5. ¿En qué forma la narradora caracteriza o personifica "la voz" a través del cuento y cuántos tipos de voces se pueden detectar?

6. Analice el final: ¿Cómo transmite la narradora la personalidad de la última "voz"?

7. Identifique y explique el uso de modismos, coloquialismos, y alusiones culturales.

Vocabulario

Tenga en cuenta los siguientes términos al escuchar la presentación de "La voz":

buseta: small bus, used for public transportation in Bogotá

atacada en llanto: sobbing

"¿qué hubo Ruedita?": (col.) "What's up, dear Rueda?" (dim. of Rueda, the story-teller's last name)

vividor y mala gente: opportunistic and mean

hotelucho: cheap hotel

patinadora: messenger (one who carries documents in a large company)

explotador y "negrero": exploiter and abuser

la gente me rehuía: people avoided me

El entendimiento y la memoria
(original de Hanna Cuenca)

1. Ubique la localización de la narración.

2. ¿Quiénes son los personajes y cómo se comportan?

3. ¿Qué dones les otorgó Dios a Adán y a Eva?

4. ¿Cómo castiga Dios a sus criaturas?

5. ¿Cuál es el mensaje último del cuento?

6. ¿En qué forma ayuda el lenguaje corporal y gestual a la comprensión e impacto del cuento?

7. Discuta el elemento de mito o leyenda que tiene este cuento.

8. ¿Cómo funciona la alegoría para tratar el tema de la creación?

Vocabulario

Tenga en cuenta los siguientes términos al escuchar la presentación de "El entendimiento y la memoria":

procedencia costillar: referencia a la historia bíblica de la creación de Eva de una costilla de Adán

rajado por la mitad y despatarrado: cut open in the middle and open legged

a punto de venirse abajo: about to crash or fall down

mordisco, mordisquito: bite, little bite

lo más preciado: the most valuable thing

Comprensión del texto y la entrevista

La cuentería

1. ¿Cuáles son los antecedentes del movimiento de cuenteros?

2. ¿Quiénes fueron los iniciadores del movimiento en Latinoamérica?

3. ¿Cuál es la característica de los cuenteros en Colombia?

Entrevista

4. ¿En qué consiste la narración oral, según Carolina Rueda?

5. ¿Qué dice la narradora sobre los cuentos seleccionados?

6. ¿Cómo escoge los cuentos y cuál es el proceso de adaptación al escenario?

7. ¿Es la autora de los cuentos la narradora que los lleva al escenario?

8. ¿Cómo complementa su apreciación de los cuentos la entrevista con la narradora?

Actividades

1. Resuma los cuentos del video en forma abreviada. Identifique expresiones idiomáticas y expresiones propias de Colombia.

2. Escoja uno de los cuentos de Carolina Rueda y recréelo desde su perspectiva personal. Es decir, cuéntelo utilizando un estilo propio.

3. Escoja un cuento corto de su preferencia y preséntelo, utilizando como modelo la técnica escénica de Carolina Rueda.

4. Dé cinco palabras con sufijos en "ito" y "ucho." Explique cómo cambia el significado de la expresión. Identifique usos de modismos y coloquialismos.

Para comentar y escribir

1. Analice y discuta los recursos y el estilo que utiliza Carolina Rueda para crear un efecto especial en sus cuentos. Observe su manejo de voz, de gesticulación y de uso del cuerpo en el escenario.

2. Escriba un ensayo sobre alguno de los cuentos. Los temas pueden incluir análisis de la técnica escénica, variaciones a los cuentos, otro final o cambios de elementos culturales. Incluya expresiones y vocabulario usados en los cuentos.

3. Investigue sobre los cuenteros y narradores orales en España y Latinoamérica y escriba un ensayo sobre su potencial y valor como expresión artística.

Notas

1. dio a la luz: gave birth
2. usufructuar: to take advantage of
3. juglares: minstrels (his.), medieval musicians who sang and told stories going from town to town
4. titiritero: puppeteer.

Fig. 3. La fritanga. Foto de Robert W. Blake.

Capítulo III

Mayra Santos Febres (Puerto Rico, n. 1966)

Marina y su olor

Actividades de prelectura

1. Busque información sobre los aspectos culturales que caracterizan a Puerto Rico, por ejemplo, la comida típica, la música y el ambiente de la isla.

2. Investigue sobre los grupos étnicos predominantes de la isla y su procedencia, especialmente la influencia africana en la cultura puertorriqueña.

Introducción al autor

Mayra Santos Febres nació en Carolina, Puerto Rico. Comenzó a publicar poemas desde el 1984 en revistas y periódicos internacionales tales como *Casa de las Américas* en Cuba, *Página doce*, Argentina, *Revue Noir*, Francia y *Latin American Review of Arts and Literature* en Nueva York. En 1991 aparecen sus dos poemarios: *Anamú y manigua,* libro que fue seleccionado como uno de los diez mejores del año por la crítica puertorriqueña, y *El orden escapado,* ganador del primer premio para poesía de la revista *Tríptico* en Puerto Rico. En el 2000 la editorial Trilce de México publicó *Tercer Mundo,* su tercer poemario. Además de poeta, Mayra Santos Febres es ensayista y narradora. Como cuentista ha ganado el Premio Letras de Oro (USA, 1994) por su colección de cuentos *Pez de vidrio* y el Premio Juan Rulfo de cuentos (París, 1996) por su cuento "Oso Blanco."

En el año 2000 Grijalbo Mondadori en España publicó su primera novela, titulada *Sirena Selena vestida de pena.* Con esta primera novela, Santos Febres explora el mundo de los travestís con gran sentido del humor. La obra ya cuenta con traducciones al inglés, italiano, y francés y quedó como finalista del Premio Rómulo Gallegos de Novela en el año 2001. En el año 2002 publicó la novela *Cualquier miércoles soy tuya.* Esta novela retrata el Caribe y a su gente en un mundo sembrado de intrigas y romance. La autora reproduce con maestría la cadencia de la isla y sus personajes reales en vidas simples pero llenas de vicisitudes.

Actualmente se considera la escritora puertorriqueña novel de mayor presencia en el Caribe. Su obra se destaca porque logra plasmar en un lenguaje rico el ritmo y el sabor caribe. Su lectura permite abrir las compuertas de un mundo mágico, donde se descubre una personalidad irreverente, atrevida, divertida, desafiante y profundamente sensual. Para Santos Febres, "la sensualidad es la manera más directa de conectarse con el mundo. Sin los sentidos no vemos, ni olemos, ni tocamos, ni oímos, ni gustamos del mundo. El resto es derivativo" (Morgado). Esta pasión por los sentidos, lo erótico y la sensualidad se encuentra reflejada en toda su obra, y esto es lo que más se destaca en los cuentos de la colección *Pez de vidrio*.

Además de escritora, Mayra Santos Febres tiene un doctorado en literatura hispanoamericana de la Universidad de Cornell, Estados Unidos, y desempeña su labor como profesora de literatura en la Universidad de Puerto Rico. En su tiempo libre publica artículos en periódicos de la isla y ensayos en revistas de crítica literaria. De esta forma, Santos Febres es la escritora joven de múltiples talentos que le permiten ver la literatura como ese mundo donde se confrontan la creatividad, la enseñanza y la función analítica. *Pez de vidrio,* al cual pertenece "Marina y su olor," fue su primera colección de cuentos. Sus historias descubren los secretos y pasiones de mujeres y su relación con el cuerpo que es una alegoría de la isla de Puerto Rico, del Caribe y de las múltiples facetas de la mujer negra y latina. "Yo soy caribeña" antes que todo, declara Santos Febres, "por eso escribo caribeño y como caribeña" (entrevista Sánchez y Stycos).

BIBLIOGRAFÍA SELECTA

Morgado, Marcia. "Literatura para curar el asma." Entrevista a Mayra Santos Febres. *Barcelona Review*. N. 17. Marzo-Abril 2000. *www.barcelonareview.com*

Marina y su olor

Doña Marina París era una mujer repleta de encantos. A los cuarenta y nueve años expiraba todavía esos olores que cuando joven dejaba a los hombres del solar embelesados[1] y buscando cómo poderle lamer las carnes a ver si sabían a lo que olían. Y todos los días olían a algo diferente. A veces, un delicado aromita a orégano brujo le salía de por las grietas de la entrepierna; otras, perfumaba el aire a caobo macho, a limoncillos de quemar golondrinos, pero las más de las veces olía a pura satisfacción.

Doña Marina había trabajado desde chiquita en el come-y-vete "El Pinchimoja," establecimiento abierto en el creciente pueblo de Carolina por Esteban París. Anteriormente, don Esteban había sido clarinetista virtuoso, trabajador de caminos y muestrero de "melao" de la Central Victoria. Su esposa consensual, Edovina Vera, era nieta de una tal Pancracia Hernández, tendera española venida a menos a quien el tiempo le tendió una trampa en forma de negro retinto de Canóvanas. Él le enseñó de verdad lo que era gozar de un hombre ya cuando ella le había perdido la fe y el gusto a casi todo, incluyendo a Dios.

Marina se crió en "El Pinchimoja." Mamá Edovina, todos los años pariendo chancletas,[2] le encomendó la cocina de la fonda[3] y que vigilara a la María, la señora medio loca que le ayudaba a Mamá a mover los grandes calderos de arroz guisado con habichuelas, las ollas de tinapa en salsa, el asopao de pollo, la batata asada y el bacalao con pasas, especialidad del lugar. Como trabajo especial, tenía que prevenir que la María cocinara con aceite de coco. Había que salvar la reputación del lugar y que la gente no creyera que los dueños eran una trulla de negros ariscos[4] de Loíza.

Desde los ocho hasta los trece años, Marina expulsaba aromas picantes, salados y dulces por todos los goznes de su carne.[5] Y ella, arropada como siempre en sus olores, ni se dio cuenta de que con ellos embrujaba a todo el que le pasaba cerca. Su sonrisa ampulosa, sus pasas recogidas en trenzas y pañuelos, sus pómulos[6] altos y el olor del día le sacaban la alegría hasta al picador de caña[7] más decrépito, hasta al trabajador de caminos más chupado por el sol, hasta a su padre, clarinetista frustrado, quien se levantaba de su sopor de alcohol y sueños e iba a parársele cerca a su Marina nada más que para olerla pasar.

A doña Edovina le empezaba a preocupar el efecto de Marina en los hombres, en especial, la manera en que lograba despertar a don Esteban de la silla de alcohólico en la cual se postraba todas las mañanas desde las cinco, cuando terminaba de comprarle los sacos de arroz y plátanos al carretero suplidor que a diario bajaba hacia el colmado "La Nueva Esperanza." Ya Marina tenía trece años, edad peligrosa. Así que un día doña Edovina abrió una botella extra de ron Cristóbal Colón de Mayagüez, se la puso al lado de la silla a su cortejo y fue a buscar a Marina a la cocina, donde ella empezaba a pelar las batatas y los plátanos para asarlos. —Hoy empiezas a trabajar para los Velázquez. Allí te darán comida, ropa nueva y la casa de doña Georgina te queda cerca de la escuela—. Doña Edovina se llevó a Marina por la parte de atrás de "El Pinchimoja" hacia la calle José de Diego. Pasaron por detrás de la farmacia de los Alberti para llegar a la casa de doña Georgina, blanca beata[8] ricachona, cuya pasión por la yuca guisada con camarones la hizo notable en el pueblo entero.

En esa época Marina empezó a oler a mar. Iba a visitar a sus padres todos los fines de semana. Don Esteban, cada vez más alcoholizado, llegó a no reconocerla, pues se confundía pensando que ella iba a oler a los platos del día. Cuando Marina llegaba olorosa a chillo o a los camarones que se comían regularmente en la casona señorial, el padre volvía a tomar un trago de la botella amiga que yacía a los pies de su silla y se perdía en los recuerdos de su pasión por el clarinete. "El Pinchimoja" ya no atraía a la gente de antes. Había bajado a la categoría de fonda de desayunos; allí lo que se comía era funche, sorullos de maíz con queso blanco, café y sancocho. Los funcionarios de oficina y hacedores de caminos se habían desplazado a otro come-y-vete que tenía una novedosa atracción que reemplazó el cuerpo prieto[9] de la treceañera olorosa a sazones: una vitrola[10] en la cual a la hora del almuerzo se escuchaba a Felipe Rodríguez, Pérez Prado y a la orquesta de Benny Moré.

Fue en la casa de los Velázquez donde Marina se percató[11] de su habilidad prodigiosa para albergar olores en su carne. Todos los días tenía que levantarse antes de las cinco de la mañana para dejar listo el arroz, las habichuelas y la mistura que les acompañara; esa fue la condición que le impusieron los Velázquez para que pudiera asistir a la escuelita municipal. Un día, pensando en la comida que debía preparar al día siguiente para la señora de la casa, sorprendió a su cuerpo oliendo al menú imaginario —sus codos a recaíllo fresco, sus axilas a ajo, cebolla y ají rojo, sus antebrazos a batata asada con mantequilla, el entremedio de sus senitos en flor a lomillo fresco encebollado y más abajo a arroz blanco y granoso, como a ella siempre le quedaba el arroz—. Entonces se impuso como disciplina hacer que olores recordados salieran de su cuerpo. Los aromas a yerbas le salían bien. La mejorana, el poleo y la menta eran sus favoritos.

Después de sentirse complacida con los resultados de sus experimentos aromáticos caseros, Marina empezó a experimentar con olores sentimentales. Un día trató de imaginarse el olor de la tristeza. Pensó firmemente en el día en que Mamá Edovina la mandó a vivir a casa de los Velázquez. Pensó en don Esteban, su papá, sentado, allí imaginando lo que pudo haber sido su futuro como clarinetista en las bandas de mambo o en las pachangas[12] de César Concepción. En seguida del cuerpo le salió un olor a mangle mañanero y a calor de sábana así entre rancio y medio dulzón. Después de esto, practicó los olores de la soledad y del deseo. Aunque pudo sacar aquellos aromas de su propio cuerpo, el ejercicio la dejaba exhausta; le causaba demasiado trabajo. Así fue que Marina empezó a recoger olores de los patrones, de los vecinos de la casona Velázquez, de la servidumbre que vivía en los cuartitos del patio junto a las gallinas y los hilos de tender la ropa interior del hijo de doña Georgina.

Hipólito Velázquez, hijo, no le gustaba nada a Marina. Ella lo había sorprendido en el baño raspeteándose la verga, la cual despedía un olor a avena con moho dulce. Ése era el mismo olor un toquecito más ácido que despedían sus calzoncillos antes de lavarlos. Era seis años mayor que ella, enclenque y amarillo, con unas piernas famélicas y sin una sola onza de nalgas. "Esculapio" le apodaba callada cuando lo veía pasar, ella sonriendo siempre con esos pómulos altos de negra parejera. Las lenguas del pueblo decían que casi todas las noches el niño se paseaba por el Barrio Tumbabrazos buscando mulatitas para hacerles "el daño." Le encantaba la carne prieta. A veces, Hipólito la miraba con ahínco.[13] Una vez le insinuó que tuvieran amores, pero Marina se le negó. Lo veía tan feo, tan débil y apendeja'o[14] que de sólo imaginarse que Hipólito le ponía un dedo encima, su carne empezaba a oler a pescado podrido y ella misma se daba náuseas.

Después de año y medio de vivir con los Velázquez, Marina comenzó a fijarse en los varones del pueblo. En las fiestas patronales de Carolina de aquel año, conoció a un tal Eladio Salamán, que de una sola olida la dejó muerta de amor. Tenía la mirada soslayada y el cuerpo apretado y fibroso como el corazón dulce de una caña. Su piel rojiza le recordaba el tope de los muebles de caoba de la casona Velázquez. Cuando Eladio Salamán se le acercó aquella noche a Marina, llegó con un maremoto de fragancias nuevas que la dejó embelesada por horas, mientras la conducía del brazo y caminaba con ella por la plaza.

Tierra de bosque lluvioso, yerba buena con rocío, palangana sin estrenar, salitre mañanero . . . Marina comenzó a ensayar sus olores más difíciles a ver si lograba convocar el de Eladio Salamán. Este empeño la hizo olvidadiza en cuanto a todos sus otros menesteres y a veces, sin proponérselo, le servía platos a los patrones con los olores confundidos. La yuca con camarones una tarde le salió oliendo a chuletas a la jardinera. Otro día el arroz con gandules perfumaba el aire a verdura con bacalao y llegó a tales extremos su crisis que un pastelón de papas le salió del horno oliendo igualito que los calzoncillos del niño Velázquez. Tuvieron que llamar médico de emergencia, pues todos los que aquel día comieron en la casa vomitaron hasta la bilis y creyeron que se habían envenenado sin remedio.

Marina se dio cuenta de que la única manera de romper la fascinación con aquel hombre era volverlo a ver. Sigilosamente lo buscó con el olfato por cada esquina del pueblo hasta que dos días después lo encontró sentado frente al cine Sereceda tomándose una champola. Esa tarde, Marina no regresó a la casa a tiempo para preparar la comida. Se inventó cualquier excusa. Luego corrió a hacer la cena, que fue la más sabrosa que se comió en el comedor de los Velázquez en toda la historia del pueblo porque olía a amor y al cuerpo dulce de Eladio Salamán.

En una tarde de andanzas por el barrio, Hipólito vio a Marina cogida de manos con Eladio, los dos sonrientes y dando vueltas alrededor de sus aromas. Recordó cómo la morena lo había rehusado y ahora la encontraba sobeteándose[15] con aquel negro cañero. Pesó su momento y se fue a hablar con su señora madre. Quién sabe lo que le dijo Hipólito, pero doña Georgina se puso furiosa. Cuando llegó Marina, la insultó. —¡Mala mujer, indecente, negra apestosa, apestosa!— Y hasta tuvo que intervenir Mamá Edovina para convencer a la patrona de que no botara a su hija de la casa. Doña Georgina aceptó, pero con la condición de rebajarle el salario y redoblarle la vigilancia. Marina no podía ir al mercado sin compañía, no podía pasearse por la plaza durante semanas y sólo se podía comunicar con Eladio a través de recados.

Aquellos días fueron horribles. Marina no podía dormir; no podía trabajar. Se le borró de cantazo su memoria olfativa. Las comidas le salían desabridas,[16] todas oliendo a armario vacío. Esto causó que los insultos de Georgina se redoblaran.

—¡Contentita, arrastrada, apestosa!— Una tarde Marina ya no soportó más. Decidió convocar a Eladio con su olor, uno que ella se había hecho a la medida y que le enseñó un día de amoríos en los predios baldíos[17] de la central. —Este es mi olor —le había dicho Marina. Grábatelo en la memoria—. Y Eladio, fascinado, se la bebió completa aquella vez para que el aroma de Marina se le quedara pegado a la piel como si fuera un tatuaje. Marina estudió bien la dirección del viento. Abrió las ventanas de la casona y se dispuso a perfumar al pueblo consigo misma. En seguida, los perros realengos se pusieron a aullar y los poblanos comenzaron a caminar con prisa por la calle, pues juraban que eran ellos los que olían así, a bromelias espantadas, a saliva ardiente. Dos cuadras más adelante, Eladio, que hablaba con unos amigos, reconoció el aroma, se despidió y corrió a ver a Marina. Pero mientras se besaban, el niño Velázquez los sorprendió y echó insultos a Eladio de la casa. Ya a puerta cerrada, Hipólito le propuso a Marina que si lo dejaba chupetearle las tetitas, él mantendría el secreto y no le diría nada a la patrona. —Así mantienes el trabajo y de paso te evitas los insultos de Mamá —le dijo, ya acercándose.

Marina se enfureció de tal modo que no pudo controlar su cuerpo. Por todos los poros se le salió un olor herrumbroso[18] mezclado con peste a aceite quemado y ácido de limpiar turbinas. Era tan intenso el olor que Hipólito Velázquez tuvo que agarrarse del sillón de medallones de la sala agobiado por un mareo. Sintió que le habían robado el piso y cayó redondito sobre las losas recién mapeadas de la salita de estar.

Marina esbozó una sonrisa victoriosa. A paso firme, entró en el aposento de doña Georgina. Fumigó el cuarto con un aroma a melancolía desesperada (lo había recogido del cuerpo de su padre) que revolcó por sábanas y armarios. Iba a matar a aquella vieja de pura frustración. Tranquilamente se fue a su cuarto, hizo un emborujo[19] con sus cosas y miró la casona complacida. Yacía en el piso el embeleco del niño Velázquez con un desmayo del que jamás se recuperaría por completo. El aposento de la patrona olía a recuerdo de sueños muertos que aceleraban las palpitaciones del corazón. La casa entera despedía aromas inconexos, desligados, lo que obligó a que nadie en el pueblo quisiera visitar a los Velázquez nunca más.

Marina sonrió. Ahora se iría a ver a Eladio. Se iría a resucitar "El Pinchimoja." Se largaría de aquella casa para siempre. Pero antes de salir por la puerta se le escaparon unas palabras hediondas[20] que a ella misma la sorprendieron. Bajando las escaleras del balcón, se oyó decir con resolución: —¡Para que ahora digan que los negros apestan!

Comprensión del texto

1. ¿Qué se anticipa en el primer párrafo sobre el tema y el estilo del cuento?

2. Identifique los tipos de olores y sabores en el texto. ¿Cuál es la característica de Marina y cómo la representa la narración?

3. ¿Qué efecto produce Marina en los que la rodean?

4. ¿En qué forma el don de las sensaciones transforma al personaje a través del cuento?

5. ¿Cómo explicaría el desenlace del cuento? Analice el poder de la última frase.

6. En el texto hay varios temas: raza, erotismo, sensualidad, fantasía y realidad. ¿Cómo articulan estos elementos el punto central de la narración?

7. Analice la función del lenguaje y el manejo lingüístico en el cuento.

Actividades

1. Identifique y distinga los siguientes sabores y olores dentro de las siguientes categorías: fragancia, aroma, delicia, sensual, apestoso, hediondo, asfixiante, agrio, dulce, hostigante.

ollas de tinapa en salsa	el salitre
recaíllo fresco	ajo con cebolla y ají rojo
los calzoncillos del nene	lomillo fresco encebollado
avena con moho dulce	aceite quemado de limpiar turbinas

recuerdos de sueños muertos   almizcle dulzón

la alhucema   tierra de bosque lluvioso

2. Qué tipo de platos, olores y sabores mencionados en el texto se asocian con los siguientes estados de ánimo:

   alegría, gozo, regocijo

   tristeza, soledad, melancolía

   amor y placer

   rencor y envidia

   carácter agrio

3. Elabore un menú completo para una pachanga puertorriqueña. Utilice platos mencionados en el texto.

4. Identifique expresiones idiomáticas propias de Puerto Rico que aparecen en el cuento y en la entrevista con la autora. Haga una lista de voces usadas en el texto para indicar personajes según el color de su piel.

Comprensión del video

1. ¿Qué elementos comunes hay en los cuentos de *Pez de vidrio*?

2. ¿De dónde surge la idea del cuento "Marina y su olor"?

3. ¿Cómo define Mayra Santos el poder del olor? ¿Cuál es su olor favorito?

4. ¿Cómo se establece la conexión entre el olor memoria-madre-país?

5. ¿Cuáles son los elementos de un cuento bien logrado, según Mayra Santos?

6. La autora habla de otros de sus cuentos. ¿Qué importancia tienen el deseo y la sensualidad?

7. ¿Qué significa escribir y ser escritora para Mayra Santos? ¿Cómo se define a sí misma? ¿Qué lugar ocupa el Caribe en su obra?

8. ¿Cuáles son las preocupaciones fundamentales de su escritura?

Para comentar y escribir

1. Escriba una composición de descripción que incluya sensaciones del cuerpo en cuanto a olores, sabores, sentido auditivo y del tacto. Utilice vocabulario nuevo del cuento de Mayra Santos.

2. A partir de la siguiente frase, desarrolle una narración que recree el tema y el ritmo al estilo de Mayra Santos:

"Marina se dio cuenta de que la única manera de romper la fascinación con aquel hombre era volverlo a ver . . ."

3. Mayra Santos dice en la entrevista que ella es caribeña antes que todo. A partir de la entrevista y del cuento analice cómo se transmite el tono y el ritmo caribeño en el lenguaje de Mayra Santos.

4. Marina es triplemente minoritaria por ser mujer, negra y pobre. ¿En qué forma la autora le confiere poder a su personaje? Discuta.

Notas

1. embelesados: spellbound, enraptured
2. pariendo chancletas: (P.R. col.) teniendo hijas
3. fonda: popular food stand or restaurant
4. trulla de negros ariscos de Loíza: Loíza Aldea, known for black culture, is contrasted with the more industrialized Carolina
5. goznes de su carne: (lit.) hinges; (fig.) pores of her body
6. pómulos: cheekbones
7. picador de caña: sugar cane cutter
8. beata: an excessively pious person
9. prieto: negro, moreno
10. vitrola: old phonograph
11. se percató: she realized
12. pachangas: (col.) parties, get togethers
13. con ahínco: eagerly
14. apendeja'o: apendejado (pronunciación caribeña), (col.) idiotic, dumb
15. sobetéandose: (col.) "making out"
16. desabridas: tasteless
17. predios baldíos de la central: uncultivated fields around the sugar mill
18. herrumboso: rusty, oxidized
19. emborujo: a bundle
20. hediondas: stinking, foul-smelling

Fig. 4. La serpiente. Creación de J. Mayone Stycos.

Capítulo IV

Gioconda Belli (Nicaragua, n. 1948)

Poemas y Waslala:
Memorial del futuro (fragmento)

Actividades de prelectura

1. Investigue sobre Augusto César Sandino (1893–1934) y Anastasio Somoza Debayle (1925–80). ¿Cuál fue la importancia del Movimiento sandinista?

2. Investigue sobre la Revolución nicaragüense en la cual participó Gioconda Belli. ¿Cómo participaron las mujeres en la revolución?

3. Consulte un buen diccionario enciclopédico y explique la significación de la palabra "utopía."

Introducción al autor

Poeta y narradora, Gioconda Belli irrumpió en el escenario literario durante el período de la Revolución Sandinista en Nicaragua y toda su producción literaria está marcada por su interés en la mujer en la Revolución. Por "revolución" entendemos no sólo la insurrección armada, sino también la participación de la mujer en el proceso político, tanto como su lucha por la propia emancipación.

Gioconda Belli nació en Managua en una familia acomodada y debe su apellido a un bisabuelo italiano que se arraigó en Nicaragua después de participar en la construcción del Canal de Panamá. Su vida temprana siguió el patrón cultural de su clase. Después de educarse en Managua, continuó los estudios en Europa (España e Italia) y los EE.UU. (Filadelfia) donde se licenció en publicidad. Se casó muy joven, a la edad de dieciocho años. Sin embargo, a la par de seguir las normas sociales tradicionales—el casamiento y maternidad tempranos—escribía poesía, así que su actividad creativa la acercó a los círculos literarios donde se discutían ideas e ideales capaces de transformar la sociedad. Es allí donde recibió reconocimiento y apoyo por su inusitada poesía erótica, una poesía además que coloca a la mujer y su voz en un espacio público, la polis, en la lucha revolucionaria por una sociedad más igualitaria y más justa. Recibió reconocimiento inmediato ya que su primer libro de poesía, *Sobre la grama,* fue galardonado en 1972 con el prestigioso premio Marino Fiallos Gil, de la Universidad Autónoma de Nicaragua. El poeta José Coronel Urtecho le escribió un elogio a la primera edición de 1974 de *Sobre la grama,* incluido nuevamente con Posdata en la antología *El ojo de la mujer* (2000). Coronel Urtecho elogia la nueva lengua poética de Belli viendo en ella "una de las grandes poetas eróticas de todos los tiempos" (33). Declara revolucionaria su poesía en el movimiento hacia la liberación de la mujer en la sociedad nicaragüense, movimiento que "se confundiría . . . con la revolución político social del Frente Sandinista" (31).

Los nicaragüenses se enorgullecen de ser "un país de poetas" desde Rubén Darío, el creador del Modernismo. Es importante recordar que sus poetas frecuentemente participan directamente en la vida política del país. Darío, por ejemplo, desempeñó funciones diplomáticas, mientras en su poema "A Roosevelt" prevé la amenaza de la intervención de los EE.UU. en Latinoamérica. Se puede aseverar que la generación de Gioconda Belli tiene sus orígenes en la vanguardia poética de los años 1931–33 a la cual pertenecía Coronel Urtecho. Según Jorge Eduardo Arellano, los vanguardistas de la década del treinta "revelaron . . . tendencias de raíz nacionalista: contra la intervención estadounidense (1926–1933) y a favor de la resistencia de Sandino" (210). Por otra parte, como toda su generación de escritores e intelectuales, Belli conoce el pensamiento de Ernesto Cardenal, uno de los poetas hispanoamericanos más importantes de la época. Fundador de una comunidad utópica en Solentiname, Cardenal logró unir las ideas marxistas con los valores cristianos. Después del triunfo de la Revolución, Cardenal sirvió como Ministro de Cultura en el gobierno sandinista (1979–88).

En la revolución contra el dictador Anastasio Somoza participaron muchos escritores y poetas. Gioconda Belli participó primero en la clandestinidad pero a partir de 1974, cuando tuvo parte en un atrevido ataque por un comando de FSLN (Frente Sandinista de la Liberación Nacional), se exilió para evitar encarcelamiento. En el exilio en Costa Rica y México, trabajó en la campaña publicitaria del FSLN y regresó a Managua el día en que los Sandinistas derrocaron a Anastasio Somoza. Antes de dedicarse exclusivamente a la escritura, trabajó en el Ministerio de Cultura bajo el gobierno sandinista. Actualmente divide su tiempo entre sus dos residencias en California y Managua.

La creación literaria de Belli está matizada por elementos autobiográficos. En su poesía crea una voz femenina que expresa el gozo de ser mujer ("Y Dios me hizo mujer"), el conflicto creado por el desgarre entre la lealtad a los propios hijos y las nuevas responsabilidades impuestas por la Revolución ("La madre"), las preocupaciones feministas (*De la costilla de Eva,* 1986), y finalmente en *Apogeo* (1997) se enfrenta a la vejez. En su primera novela, *La mujer habitada* (1988), la autora traza, de una manera semi-autobiográfica, la transformación de una joven profesional de la alta burguesía en una revolucionaria, quien sacrifica sus privilegios de clase y hasta su propia vida por una sociedad más igualitaria. En esta novela, la escritora expone el abuso del poder patriarcal durante la conquista y en la sociedad contemporánea. En *El país bajo mi piel* (2001), Belli retoma el hilo autobiográfico de "amor y guerra," narrando su vida como memoria.

En *Waslala: Memorial del futuro* (1996), Belli explora las posibilidades de la novela fantástica utópica. Faguas, el país imaginario que se parece mucho a Nicaragua, se ha convertido en un basurero de los países tecnológicamente avanzados del mundo occidental. El país está en un estado de guerra interna constante pero en el interior, en una ranura de tiempo y espacio, se funda una comunidad utópica, nombrada Waslala, o sea,

Fig. 5. Niños en la
calle. Foto de
J. Mayone Stycos.

"la serpiente de alas doradas" en lengua náhuatl. Con el tiempo, Waslala se convierte
en un mito nacional cuya memoria es lo que sostiene la comunidad del pequeño país
tropical. La protagonista Melisandra emprende un viaje para descubrir ese lugar mítico
y salvar a su país de la miseria.

La selección de *Waslala* para esta antología (del capítulo 50) es una carta dirigida a
Melisandra por Engracia, mujer que había vivido en la comunidad utópica con uno de sus
fundadores, el abuelo de Melisandra. Escribe la carta poco antes de morir, contaminada
por una de las pacas con desechos radioactivos que llegan a Faguas. Con ella, morirán
contaminados los muchachos que la ayudaban en el procesamiento de los productos
utilizables que llegan en los cartones. Morirá con ellos también Morris, un científico
afroamericano que elige la muerte con estos seres que él considera extraordinarios.

BIBLIOGRAFÍA SELECTA

Arellano, Jorge Eduardo. *Literatura nicaragüense.* Managua, Nicaragua: Ediciones Distribuidora
    Cultural, 1997. Véase "La poesía: Síntesis panorámica y promociones," 193–240.
Beverly, John, and Marc Zimmerman. "Nicaraguan Poetry of the Insurrection and Recon-
    struction." *Literature and Politics in the Central American Revolutions.* Austin: University of Texas
    Press, 1990.
Brooke, James. "Goiania Journal: Tourist Site Springs from a Nuclear Horror Story." *New York
    Times.* May 3, 1995: A 4.
Coronel Urtecho, José. "Posdata," *El ojo de la mujer* de Gioconda Belli, 5-a ed., 31–33. Madrid:
    Visor, 2000.

Moyano, Pilar. "La transformación de la mujer y la nación en la poesía comprometida de Gioconda Belli." *Revista Canadiense de Estudios Hispánicos* 17, no. 2 (1993): 319–31.

Randall, Margaret. *Sandino's Daughters Revisited: Feminism in Nicaragua.* New Brunswick, N.J.: Rutgers University Press, 1994. Sobre la participación de las mujeres en la insurrección y los batallones de mujeres, véase páginas 25–26.

Poemas

Y Dios me hizo mujer
(De *Sobre la grama,* 1970/1974)

Y Dios me hizo mujer,
de pelo largo,
ojos,
nariz y boca de mujer.
Con curvas
y pliegues
y suaves hondonadas
y me cavó por dentro,
me hizo un taller de seres humanos.
Tejió delicadamente mis nervios
y balanceó con cuidado
el número de mis hormonas.
Compuso mi sangre
y me inyectó con ella
para que irrigara
todo mi cuerpo;
nacieron así las ideas,
los sueños,
el instinto.
Todo lo que creó suavemente
a martillazos de soplidos
y taladrazos de amor,
las mil y una cosas que me hacen mujer todos los días
por las que me levanto orgullosa
todas las mañanas
y bendigo mi sexo.

La madre
(De *Línea de fuego,* 1974/1978)

La madre
se ha cambiado de ropa.
La falda se ha convertido en pantalón,
los zapatos en botas,
la cartera en mochila.
No canta ya canciones de cuna,
canta canciones de protesta.

Va despeinada y llorando
un amor que la envuelve y sobrecoge.
No quiere ya sólo a sus hijos,
ni se da sólo a sus hijos.
Lleva prendidas en los pechos
miles de bocas hambrientas.
Es madre de niños rotos
de muchachitos que juegan trompo en aceras polvosas.
Se ha parido ella misma
sintiéndose—a ratos—
incapaz de soportar tanto amor sobre los hombros,
pensando en el fruto de su carne
—lejano y solo—
llamándola en la noche sin respuesta,
mientras ella responde a otros gritos,
a muchos gritos,
pero siempre pensando en el grito solo de su carne
que es un grito más en ese griterío de pueblo
que la llama
y le arranca hasta sus propios hijos
de los brazos.

Waslala: Memorial del futuro (fragmento)

Querida Melisandra,

 ¿Por qué no te hablé de esto cuando habría sido posible que me miraras a los ojos, que me hicieras preguntas? No lo sé. Ha sido en estos días, mientras espero que todo acabe, cuando, tras prohibirme a mí misma largo tiempo, he vuelto a evocar Waslala y cuanto sucedió allí. Es muy doloroso para mí y uno tiende a esquivar[1] el dolor, escabullírsele con gran ingenio. Pero ya no tengo ese recurso; el dolor de mi cuerpo ha despertado los viejos dolores de mi alma. Te veo a vos[2] y me veo a mí misma a tu edad: razón y corazón en pugna, persiguiendo sueños antiguos que misteriosamente sorbimos en el agua turbia del vientre de nuestras madres. ¿Qué seríamos los seres humanos si no soñáramos? ¿En qué mundo plano, mediocre, cínico viviríamos? La humanidad se ha construido persiguiendo sueños. Pero, a medida que el mundo se complica, se nos dice que la era de los sueños ha terminado. Hemos soñado bastante ya y es la hora de que seamos pragmáticos y nos demos cuenta que los sueños son peligrosos. Es verdad que lo son, Melisandra; son tan peligrosos, como son necesarios.

 Yo servía el café en las reuniones donde tu abuelo y sus amigos poetas discutían día y noche la fundación de Waslala. No sé cuántos años tendría porque nunca he sabido mi edad, pero era muy joven, aunque ya me sentía mujer. Me tardaba mucho llevándoles el servicio, repartiendo las tazas, el azúcar, la leche. Mis manos siempre han sido torpes,[3] demasiado grandes. Más de una vez, en mi afán por escucharlos, les derramaba el café hirviente sobre los pantalones, o se me caían los utensilios. Todos me regañaban menos tu abuelo. Me tomó cariño. Yo me enamoré de él sin apelación. Lo miraba como cordero degollado y gracias a su complicidad, se me permitió quedarme sentada en el suelo, en una esquina, escuchándolos hablar de ese mundo igualitario y grácil, donde el amor, la cooperación y el bien común serían los pilares para erigir[4] una felicidad que ni ellos, ni yo, habíamos jamás conocido.

Cuando se dio el golpe de estado y se acordó[5] que era el momento de salir hacia Waslala, le rogué a tu abuelo que me llevara. Creo que, para ese entonces, él me quería un poco. Le preocupaba dejarme en esa vida de servidumbre, luego que yo vislumbrara los perfiles de otro tipo de existencia.

No tengo mucho tiempo y estoy cansada. Imagino que él te habrá contado algunos pormenores sobre la fundación de Waslala, pero, conociéndolo, estoy segura que omitió todo lo negativo y, por supuesto, cuanto sucedió entre nosotros.[6]

Empezamos queriendo ser muy democráticos. Nombramos una directiva[7] compuesta por los poetas, cada uno de los cuales supervisaba un área de la vida comunal. El poder, sin embargo, supuestamente, residía en una asamblea compuesta por los miembros de la comunidad mayores de dieciséis años. Todas las tardes nos reuníamos al caer el sol. Las reuniones eran interminables, pero amenas y estimulantes. Las cosas anduvieron muy bien por un tiempo mientras los poetas llevaron la voz cantante. Pero pronto nos dimos cuenta de que para que funcionara la comunidad era necesario establecer muchas reglas y regulaciones. La responsabilidad individual no era suficiente porque cada quien la interpretaba a su manera. Cuando nos pusimos a definir los límites y las obligaciones, la asamblea se tornó en un pandemonium. ¿Qué clase de democracia podía existir, Melisandra, si a muchos les interesaba resolver los problemas cotidianos de la comida, el vestido, el cuidado de los niños, las viviendas; mientras para los poetas lo importante era la creación de nuevos hábitos de vida, nuevos valores, un nuevo lenguaje y nuevas formas de relación? Había que definir los medios de vida,[8] les dijeron los de la asamblea, antes de preocuparse por definir la libertad.

Tu abuelo se deprimió bastante. En la tristeza me encontró. Creo que para él que siempre se sintió deficiente en los aspectos prácticos de la vida, yo le brindé la oportunidad de sentirse competente y sabio a la vez. Juntos construimos la casa, juntos pasábamos las noches, él leyéndome y yo escuchando, haciendo preguntas. Admiraba lo que llamaba mi malicia.[9] Él no sabía casi nada de la naturaleza humana. Las personas con las que él pensaba realizar su sueño, no existían más que en su mente. Eran seres abstractos: hombres y mujeres profundamente buenos, profundamente nobles. Por estos seres ideales, producto de su imaginación, estaba dispuesto a la abnegación; los seres humanos imperfectos que lo rodeaban debían estar dispuestos a someterse a cualquier privación, cualquier limitación, cualquier sacrificio, en aras de esa abstracción. Pero eso sólo lo comprendí después, Melisandra, mucho después incluso de que tu abuelo se marchara y estas realidades se hicieran evidentes en el accionar de los demás.

La asamblea, como te decía, degeneró. Cada día alguien llegaba con nuevas ideas, proponiendo que se dejara de hacer lo que se aprobara el día anterior. La fraternidad en la que tanto nos empeñamos privó en medio de las críticas, pero los poetas se empezaron a sentir cada vez más arrinconados y atacados. La Asamblea se convirtió en un pequeño monstruo, una dictadura arbitraria, impulsiva, inconsciente, fácilmente manipulable por las cabezas más calientes o los mejores oradores.

Al final, estuvimos de acuerdo todos en disolverla e iniciamos un nuevo intento con una propuesta inversa de simplicidad, donde los poetas fueron investidos de una autoridad casi total. Esto funcionó mejor por un tiempo. Se pudieron tranquilizar los debates y cada quien se dedicó a trabajar. No era lo ideal, pensamos, pero nos permitía concentrar la energía en otras tareas más urgentes. Durante este período tu abuelo y yo fuimos muy felices. Lo amé con todo el desaforo y energía de mi juventud y él me amó con la madurez y gentileza de sus años, hasta que la lealtad y el amor, también profundo, que sentía por tu abuela lo hizo tomar la decisión de salir a buscarla una vez que cesó el peligro y la represión en que estuviera sumida Faguas.

Estoy llegando al final de mis fuerzas y no sé si podré continuar escribiendo. Lamento no poder darte más detalles sobre Waslala, pero no te dejé esta carta sólo para darte mis reflexiones, sino para ayudarte a que la encontrés. La encontrarás, estoy segura.

Nunca creí en los intentos de tu abuelo. Creo que la buscó sin realmente desear alcanzarla porque temía hallarme de nuevo a mí y no estar preparado para vivir con su propia renuncia, con la decisión que yo siempre respeté.

Llevate el loro que está en mi cuarto y penetrá a la selva desde Las Minas, por el camino que Pascual —un baqueano[10] que debés buscar allí— te indicará. Seguí tus instintos, tus premoniciones. Escuchá atentamente tu corazón.

En Waslala encontrarás a tu madre y a tu padre. Ellos te explicarán cuanto quieras saber sobre nuestro experimento. Cualquier sea tu juicio, no quisiera terminar sin darte el mío:

Waslala fue lo más hermoso que me sucedió en la vida. No puedo imaginar qué hubiera sido de mí[11] sin esa experiencia. Por Waslala conocí lo inefable que es tener fe, creer en las inmensas posibilidades del ser humano y participar en la realización de sueños impracticables, tiernos y descomunales.[12] Quizás Waslala nunca llegó a ser el ideal que nos propusimos, es lo más probable, pero la vida me ha convencido que la razón de ser de los ideales no está necesariamente en su realización, si no en darle al ser humano el desafío,[13] la meta, la alegría que sólo puede existir si pensamos que somos capaces de transformar nuestra realidad y alcanzar un mundo donde podamos ser bienaventurados y donde ni yo, ni Morris, ni mis muchachos, ni tantos y tantos, tengan que morir y vivir entre los desechos[14] y los despojos.[15] ¿Por qué no nos vamos a permitir la libertad de soñar esto, Melisandra? Aceptar que los ideales son inalcanzables[16] y no ameritan nuestros esfuerzos quizás nos permita tranquilizar nuestra conciencia y admitir la impotencia de no poder cambiar las tristezas e injusticias de la vida, pero esto nos conduciría también a negar nuestra responsabilidad y a resignarnos a no poseer nunca la euforia de haber creído en nuestras aspiraciones más profundas y haberlas realizado, por muy efímero, limitado y falible que el esfuerzo haya sido.

Más que nunca estoy convencida que en la capacidad de imaginar lo imposible, estriba la grandeza, la única salvación de nuestra especie.

Ya ves, ¡aun en medio de la basura persisten los anhelos!

Mi única advertencia[17] es la siguiente: como dijo alguien que leí en Waslala: no permitás[18] que la idea, el sueño, se vuelva más importante que el bienestar del más humilde de los seres humanos. Ese es el dilema, el acertijo,[19] el desafio que te dejo, que muero soñando algún día podamos resolver.

Buena suerte, Melisandra. Cuidame a mis muchachos, a tu abuelo, a Faguas.

Engracia

Preguntas de comprensión del texto

Poemas

1. "Y Dios me hizo mujer" es uno de los poemas que causaron escándalo en Managua al comienzo de la década del setenta. ¿Es atrevido en su representación de la mujer? ¿Por qué? Interprete la visión de la mujer que proyecta.

2. ¿Qué autoridad invoca la hablante del poema identificada como "la madre"? ¿Qué efecto produce esto en el lector?

3. Compare la perspectiva y el tono de los dos poemas. ¿Quién está hablando en cada poema?

4. En el poema "La madre" ¿qué comunica el cambio de ropa? ¿Qué otros cambios han ocurrido? ¿Cómo se ha transformado la mujer del poema?

5. ¿Por qué llora la madre? ¿Qué conflicto sufre? ¿Qué nos comunica el adverbio "sólo" en los versos 10–11?

6. "Se ha parido ella misma" (v. 16). ¿Cómo se puede interpretar esta metáfora?

Waslala: Memorial del futuro

1. ¿Qué importancia tiene para Engracia el haber vivido en Waslala?

2. Describa la relación de Engracia con el abuelo de Melisandra.

3. Explique en sus propias palabras, qué nos cuenta Engracia sobre Waslala. ¿Qué propuestas y problemas surgieron?

4. Según Engracia, ¿valdría la pena perseguir ideales aun si su realización fuera efímera y hasta imposible?

Actividades

1. Traduzca al inglés la oración de la carta, "Quizás Waslala nunca llegó a ser el ideal que nos propusimos . . . que somos capaces de transformar nuestra realidad . . ."

2. Busque cinco verbos y pronombres que correspondan a la forma "vos" y dé sus equivalentes en el castellano de otros países hispanoparlantes.

3. *Utopía* es el título de una obra escrita por Tomás Moro (Sir Thomas Moore) en 1516. Allí se representa un estado ideal sin los males sociales tales como la pobreza y la maldad. Investigue sobre alguna comunidad o sociedad utópica que haya existido, por ejemplo, la comunidad de Solentiname en Nicaragua.

4. Usando el Internet o la biblioteca busque un poema de Gioconda Belli, tráigalo a clase y explique brevemente las razones para su elección. Alternativamente, busque el poema "Y Dios me hizo mujer" en inglés y comente la traducción.

Comprensión del video

1. ¿Cuáles fueron las principales fuentes de inspiración para la novela *Waslala*?

2. ¿Qué dice Belli sobre la comunidad de Solentiname y Ernesto Cardenal?

3. Belli plantea el deseo que a partir de "una propuesta poética del mundo se pudiera formar una utopía." ¿Cómo justifica ella ese concepto? Explique su propia reacción a esas propuestas.

4. ¿Por qué escribe Gioconda Belli? ¿Cómo se puede interpretar el que la autora se sienta como "un pararrayo celeste?"

5. ¿Cuáles autores influyeron en su escritura? ¿A quién considera como "su padre literario?"

6. Belli habla de su autobiografía, *El país bajo mi piel*. ¿Qué consideraciones la llevaron a escribir esta obra?

7. ¿Cómo relata Belli su papel de poeta revolucionaria?

8. Escuche con atención el fragmento de *Waslala*. Comente sobre la entonación y la pronunciación nicaragüense.

Para comentar y escribir

1. Partiendo del poema "La madre" y de "Y Dios me hizo mujer," discuta el rol de la mujer nicaragüense antes y durante la Revolución Sandinista.

2. En la entrevista, Gioconda Belli expresa que las utopías nacen de la necesidad de superar terribles situaciones vitales. Compare el tema de la utopía en la carta de Engracia (*Waslala*) y lo que dice la autora en la entrevista. ¿Dónde concuerda usted con las ideas de Engracia y dónde discrepa de ellas?

3. El accidente de la contaminación descrito en *Waslala* está basado en un suceso

real que tuvo lugar en la ciudad brasileña de Goiania, en septiembre de 1987
cuando 129 personas se contaminaron por Cesio 137. (Ver artículo de Galeano
citado en la bibliografía.) La preocupación por el medio ambiente está creciendo.
Escriba una reflexión propia sobre el tema ambiental y las repercusiones para el
futuro.

4. La utopía es un tema ampliamente tratado por la literatura universal. Compare la
visión utópica de Belli con otros libros o películas que haya leído o visto sobre
este tema.

5. "¿Qué seríamos nosotros si no soñáramos? . . . La humanidad se ha construido
persiguiendo sueños," dice Engracia. Escriba sobre la importancia de la imaginación en su propia vida.

Notas

1. esquivar: procurar o conseguir con habilidad no hacer algo
2. Te veo a vos: I see you. "Vos" es pronombre que se usa en América Central, Argentina y Uruguay principalmente. "Vos" sirve como sujeto del verbo y objeto preposicional equivalente a "tú" y "ti," respectivamente.
3. torpe: clumsy
4. erigir: to construct
5. se acordó que: it was agreed that
6. cuanto sucedió entre nosotros: all that happened between us
7. una directiva: board of directors, governing body
8. los medios de vida: economic resources
9. la malicia: wickedness, guile; a certain kind of knowing of human nature
10. un baqueano, un baquiano: a person with an intimate knowledge of the region, guide
11. qué hubiera sido de mí: what would have become of me
12. descomunales: extraordinarios, fuera de lo común
13. el desafío: challenge
14. los desechos: waste, scrap, junk
15. los despojos: (usable) waste, leftovers, scraps
16. inalcanzables: unattainable
17. advertencia: warning, piece of advice, reminder
18. no permitás (vos): no permitas (tú). Voseo. (Todos los verbos del presente del indicativo y subjuntivo que corresponden a "vos" están acentuados en la última sílaba.)
19. el acertijo: riddle, puzzle

Fig. 6. Campo do morte. La Coruña, Galicia. Foto de E. Sánchez-Blake.

Capítulo V

Manuel Rivas (España, n. 1957)

La lengua de las mariposas

Actividades de prelectura

1. Investigue sobre la Guerra Civil Española.

2. Vea la película "La lengua de las mariposas" del director José Luis Cuerda.

3. Busque información sobre Galicia y la literatura gallega. Localice Galicia en un mapa de España.

Introducción al autor

Manuel Rivas nació en La Coruña, Galicia (en la costa atlántica de España), en pleno auge del franquismo. Desde muy joven trabajó en periódicos y parte de sus reportajes están recogidos en antologías. Como escritor se ha distinguido en todos los géneros literarios: la narrativa, la poesía, el periodismo, el ensayo y guiones para cine. Su obra literaria está escrita originalmente en gallego en un intento por mantener la identidad de esta región de España. Rivas ha subrayado que el gallego es su primer amor.

La prosa de Manuel Rivas es moderna, ágil, dinámica, y refleja el sentir contemporáneo. Rivas se destacó primero como poeta. Sus primeras colecciones, "Balada nas praias do Oeste" (1985), "Mohicania" (1986), "Ningún cisne" (1989) y "Costa da Morte Blues" (1995), se encuentran reunidas en *El pueblo de la noche* (1997). Los temas que se destacan en su narrativa son la Guerra Civil Española, el alma gallega, los inmigrantes y la libertad. Entre sus obras narrativas se cuentan *Bala Perdida* (1996), *Un millón de vacas* (1990) y *Los comederos de patatas* (1992)—reunidas en el volumen *El secreto de la tierra* (1996)—*Salvaje compañía* (1994), ganador del premio de la crítica gallega, y la colección de cuentos *¿Qué me quieres amor?* que contiene el cuento "La lengua de las mariposas" (1996), ganador de los premios Torrente Ballester y del premio Nacional de narrativa en España. En 1998 publicó la novela *El lápiz del carpintero,* que le mereció el Premio de la crítica española. Sus obras recientes son *Ella, maldita alma* (1999), *La mano del inmigrante* (2000) y *Las llamadas perdidas* (2002). Sus obras han sido traducidas no sólo al castellano, sino también al inglés, portugués, francés, italiano y alemán.

Rivas destaca en sus obras "una poética de la memoria, de la memoria individual y colectiva que se convierte . . . en colectiva memoria de las desgracias, de las alegrías, de lo cotidiano y de lo excepcional, memoria de la emigración y memoria del tiempo, memoria de la nación de los gallegos. Detrás de esa memoria y dentro de ella, están los hombres y las mujeres sencillos, los hechos de cada día" (Xesús González, 10).

Para Manuel Rivas la escritura es algo artesanal que se equipara con el trabajo de carpintería. De ahí su simbología en *El lápiz del carpintero.* Ese lápiz que todos los carpinteros llevan detrás de la oreja es un utensilio tan imprescindible como aquél con que se manufacturan las palabras y se rescata la memoria colectiva. Según Rivas, "la escritura tiene que ser forma y sentido que parte de una forma de mirar el mundo." El escritor es también un labrador puesto que "para el escritor y el labrador, al cabo, la vida consiste en tener un cacho de tierra donde poder cavar por lo menos dos metros de melancolía" (*El pueblo de la noche,* 11). A fin de cuentas para Rivas la literatura también es escribir contra las abstracciones. Su escritura está cargada de sentidos a través de personajes que experimentan en el campo de las ideas. Es una forma de penetrar la realidad: "La literatura es penetrar la intrahistoria del mundo." Según Rivas, la clave y el misterio de la escritura se sitúan en el intervalo que existe entre el tic y el tac del reloj (entrevista Sánchez y Stycos).

Hay en las obras de Rivas una cadencia particular que recoge el ritmo y el tono de Galicia. Un estilo en que nada se afirma, sino que se sugiere; un lenguaje poético rico en imágenes donde el sentido tiene más importancia que la forma, donde el matiz de la mirada es portentoso. "Mi relación con las palabras es carnal y por eso no quiero contar ideas, sino sensaciones, y por eso recurro a todos los instrumentos (o géneros) a mi alcance, y tanto hablo del preso como de su vigilante" (Llorente, 1). Así, en *El lápiz del carpintero,* —la novela de Rivas que ha recibido mejor acogida—que sigue la vida de un médico republicano encarcelado por los franquistas, se representan también las vivencias y la intimidad de su guardián.

En "La lengua de las mariposas," relato estremecedor y avasallante, Rivas plantea el acertijo sobre la condición humana que permite múltiples interpretaciones pero que a la vez revela nuevos interrogantes. A partir de un relato de amistad entre un niño y su maestro en una población de Galicia, se plantean una serie de inquietudes sobre la amistad y lealtad, sobre los valores y la libertad. Aunque el relato nos habla de la Guerra Civil Española, hay un mensaje universal.

Rivas ha trabajado contra la degradación del medio ambiente como fundador en 1981 del Greenpeace en España. En el año 2002 actuó como mediador entre la comunidad gallega y el gobierno español para proteger a los pequeños pescadores y salvar la costa atlántica, rica en pesca, de la contaminación causada por el desastroso hundimiento de un buque petrolero.

BIBLIOGRAFÍA SELECTA

González Gómez, Xesús. "Ocho razones y una coda para leer la poesía de Manolo Rivas." Prólogo a *El pueblo de la noche* de Manuel Rivas, 8–10. Trad. de Dolores Vilavedra. Buenos Aires, México, Bogotá: Alfaguara, 1996.

Llorente, Manuel. Entrevista. "Uso harapos, retales . . . porque la vida es mi materia prima." Diario *El mundo. www.guerracivil,org/Diaris/981014mundo.htm*

Rivas, Manuel. *El pueblo de la noche.* Trad. de Dolores Vilavedra. Buenos Aires, México, Bogotá: Alfaguara, 1996.

Fig. 7. Una escena de
*La lengua de las
mariposas*. Miramax
Pictures.

La lengua de las mariposas
(Traducción del gallego de Dolores Vilavedra)

—Qué hay, Pardal? Espero que por fin este año podamos ver la lengua de las mariposas.

El maestro aguardaba[1] desde hacía tiempo que les enviasen un microscopio a los de la Instrucción Pública. Tanto nos hablaba de cómo se agrandaban las cosas menudas e invisibles por aquel aparato que los niños llegábamos a verlas de verdad, como si sus palabras entusiastas tuviesen el efecto de poderosas lentes.

—La lengua de la mariposa es una trompa enroscada como un muelle de reloj. Si hay una flor que la atrae, la desenrolla y la mete en el cáliz para chupar. Cuando lleváis el dedo humedecido a un tarro de azúcar, ¿a que sentís ya el dulce en la boca como si la yema[2] fuese la punta de la lengua? Pues así es la lengua de la mariposa.

Y entonces todos teníamos envidia de las mariposas. Qué maravilla. Ir por el mundo volando, con esos trajes de fiesta, y parar en flores como tabernas con barriles llenos de almíbar.

Yo quería mucho a aquel maestro. Al principio, mis padres no podían creerlo. Quiero decir que no podían entender cómo yo quería a mi maestro. Cuando era un pequeñajo,[3] la escuela era una amenaza terrible. Una palabra que se blandía en el aire como una vara de mimbre.[4]

—¡Ya verás cuando vayas a la escuela!

Dos de mis tíos, como muchos otros jóvenes, habían emigrado a América para no ir de quintos a la guerra de Marruecos. Pues bien, yo también soñaba con ir a América para no ir a la escuela. De hecho, había historias de niños que huían[5] al monte para evitar aquel suplicio. Aparecían a los dos o tres días, ateridos[6] y sin habla, como desertores del Barranco del Lobo.

Yo iba para seis años y todos me llamaban Pardal. Otros niños de mi edad ya trabajaban. Pero mi padre era sastre[7] y no tenía tierras ni ganado. Prefería verme lejos que no enredando en el pequeño taller de costura. Así pasaba gran parte del día correteando por la Alameda, y fue Cordeiro, el recogedor de basura y hojas secas, el que me puso el apodo: —Pareces un pardal.[8]

Creo que nunca he corrido tanto como aquel verano anterior a mi ingreso en la escuela. Corría como un loco y a veces sobrepasaba el límite de la Alameda y seguía lejos, con la mirada puesta en la cima del monte Sinaí, con la ilusión de que algún día me saldrían alas y podría llegar a Buenos Aires. Pero jamás sobrepasé aquella montaña mágica.

—¡Ya verás cuando vayas a la escuela!

Mi padre contaba como un tormento, como si le arrancaran las amígdalas con la mano, la forma en que el maestro les arrancaba la jeada del habla, para que no dijesen ajua ni jato ni jracias.[9] —Todas las mañanas teníamos que decir la frase *Los pájaros de Guadalajara tienen la garganta llena de trigo*. ¡Muchos palos llevamos por culpa de *Juadalagara!*— Si de verdad me quería meter miedo, lo consiguió. La noche de la víspera[10] no dormí. Encogido en la cama, escuchaba el reloj de pared en la sala con la angustia de un condenado. El día llegó con una claridad de delantal de carnicero. No mentiría si les hubiese dicho a mis padres que estaba enfermo.

El miedo, como un ratón, me roía las entrañas.[11]

Y me meé.[12] No me meé en la cama, sino en la escuela.

Lo recuerdo muy bien. Han pasado tantos años y aún siento una humedad cálida y vergonzosa resbalando por las piernas.[13] Estaba sentado en el último pupitre, medio agachado con la esperanza de que nadie reparase en mi presencia, hasta que pudiese salir y echar a volar por la Alameda.

—A ver, usted, ¡póngase de pie!

El destino siempre avisa. Levanté los ojos y vi con espanto que aquella orden iba por mí. Aquel maestro feo como un bicho me señalaba con la regla. Era pequeña, de madera, pero a mí me pareció la lanza de Abd el Krim.

—¿Cuál es su nombre?

—Pardal.

Todos los niños rieron a carcajadas. Sentí como si me golpeasen con latas en las orejas.

—¿Pardal?

No me acordaba de nada. Ni de mi nombre. Todo lo que yo había sido hasta entonces había desaparecido de mi cabeza. Mis padres eran dos figuras borrosas que se desvanecían en la memoria. Miré hacia el ventanal, buscando con angustia los árboles de la Alameda.

Y fue entonces cuando me meé. Cuando los otros chavales[14] se dieron cuenta, las carcajadas aumentaron y resonaban como latigazos.[15]

Huí. Eché a correr como un locuelo[16] con alas. Corría, corría como sólo se corre en sueños cuando viene detrás de uno el Hombre del Saco.[17] Yo estaba convencido de que eso era lo que hacía el maestro. Venir tras de mí. Podía sentir su aliento en el cuello, y el de todos los niños, como jauría de perros[18] a la caza de un zorro. Pero cuando llegué a la altura del palco de la música y miré hacia atrás, vi que nadie me había seguido, que estaba a solas con mi miedo, empapado de sudor y meos. El palco estaba vacío. Nadie parecía fijarse en mí, pero yo tenía la sensación de que todo el pueblo disimulaba, de que docenas de ojos censuradores me espiaban tras las ventanas y de que las lenguas murmuradoras no tardarían en llevarles la noticia a mis padres. Mis piernas decidieron por mí. Caminaron hacia el Sinaí con una determinación desconocida hasta entonces. Esta vez llegaría hasta Coruña y embarcaría de polizón[19] en uno de esos barcos que van a Buenos Aires.

Desde la cima del Sinaí no se veía el mar, sino otro monte aún más grande, con peñascos[20] recortados como torres de una fortaleza inaccesible. Ahora recuerdo con una mezcla de asombro y melancolía lo que logré hacer aquel día. Yo solo, en la cima, sentado en la silla de piedra, bajo las estrellas, mientras que en el valle se movían como luciérnagas los que con candil andaban en mi busca. Mi nombre cruzaba la noche a lomos de los aullidos de los perros. No estaba impresionado. Era como si hubiese cruzado la línea del miedo. Por eso no lloré ni me resistí cuando apareció junto a mí la sombra recia de Cordeiro. Me envolvió con su chaquetón y me cogió en brazos. —Tranquilo, Pardal, ya pasó todo.

Aquella noche dormí como un santo, bien arrimado[21] a mi madre. Nadie me había reñido.[22] Mi padre se había quedado en la cocina, fumando en silencio, con los codos sobre el mantel de hule, las colillas amontonadas en el cenicero de concha de vieira,[23] tal como había sucedido cuando se murió la abuela.

Tenía la sensación de que mi madre no me había soltado la mano durante toda la noche. Así me llevó, cogido como quien lleva un serón, en mi regreso a la escuela. Y en esta ocasión, con el corazón sereno, pude fijarme por vez primera en el maestro. Tenía la cara de un sapo.[24]

El sapo sonreía. Me pellizcó la mejilla con cariño.[25] —Me gusta ese nombre, Pardal.— Y aquel pellizco me hirió como un dulce de café. Pero lo más increíble fue cuando, en medio de un silencio absoluto, me llevó de la mano hacia su mesa y me sentó en su silla. Él permaneció de pie, cogió un libro y dijo:

—Tenemos un nuevo compañero. Es una alegría para todos y vamos a recibirlo con un aplauso.— Pensé que me iba a mear de nuevo por los pantalones, pero sólo noté una humedad en los ojos. —Bien, y ahora vamos a empezar un poema. ¿A quién le toca? ¿Romualdo? Venga, Romualdo, acércate. Ya sabes, despacito y en voz bien alta.

A Romualdo los pantalones cortos le quedaban ridículos. Tenía las piernas muy largas y oscuras, con las rodillas llenas de heridas.

Una tarde parda y fría . . .

—Un momento, Romualdo, ¿qué es lo que vas a leer?

—Una poesía, señor. —¿Y cómo se titula?

—*Recuerdo infantil.* Su autor es don Antonio Machado.

—Muy bien, Romualdo, adelante. Con calma y en voz alta. Fíjate en la puntuación.

El llamado Romualdo, a quien yo conocía de acarrear sacos de piñas como niño que era de Altamira, carraspeó como un viejo fumador de picadura y leyó con una voz increíble, espléndida, que parecía salida de la radio de Manolo Suárez, el indiano de Montevideo.

Una tarde parda y fría
de invierno. Los colegiales
estudian. Monotonía
de lluvia tras los cristales.
Es la clase. En un cartel
se representa a Caín
fugitivo y muerto Abel,
junto a una mancha carmín . . .

—Muy bien. ¿Qué significa *monotonía de lluvia*, Romualdo?,— preguntó el maestro.

—Que llueve sobre mojado, don Gregorio.

—¿Rezaste?,— me preguntó mamá, mientras planchaba la ropa que papá había cosido durante el día. En la cocina, la olla de la cena despedía un aroma amargo de nabiza.

—Pues sí,— dije yo no muy seguro. —Una cosa que hablaba de Caín y Abel.

—Eso está bien,— dijo mamá, —no sé por qué dicen que el nuevo maestro es un ateo.

—¿Qué es un ateo?

—Alguien que dice que Dios no existe.— Mamá hizo un gesto de desagrado y pasó la plancha con energía por las arrugas de un pantalón.

—¿Papá es un ateo?

Mamá apoyó la plancha y me miró fijamente.

—¿Cómo va a ser papá un ateo? ¿Cómo se te ocurre preguntar esa bobada?

Yo había oído muchas veces a mi padre blasfemar contra Dios. Lo hacían todos los hombres. Cuando algo iba mal, escupían en el suelo y decían esa cosa tremenda contra Dios. Decían las dos cosas: me cago en Dios, me cago en el demonio. Me parecía que sólo las mujeres creían realmente en Dios.

—¿Y el demonio? ¿Existe el demonio?

—¡Por supuesto!

El hervor hacía bailar la tapa de la cacerola. De aquella boca mutante salían vaharadas de vapor y gargajos de espuma y verdura. Una mariposa nocturna revoloteaba por el techo alrededor de la bombilla que colgaba del cable trenzado. Mamá estaba enfurruñada como cada vez que tenía que planchar. La cara se le tensaba cuando marcaba la raya de las perneras. Pero ahora hablaba en un tono suave y algo triste, como si se refiriese a un desvalido.

—El demonio era un ángel, pero se hizo malo.

La mariposa chocó con la bombilla, que se bamboleó ligeramente y desordenó las sombras.

—Hoy el maestro ha dicho que las mariposas también tienen lengua, una lengua finita y muy larga, que llevan enrollada como el muelle de un reloj. Nos la va a enseñar con un aparato que le tienen que enviar de Madrid. ¿A que parece mentira eso de que las mariposas tengan lengua?

—Si él lo dice, es cierto. Hay muchas cosas que parecen mentira y son verdad. ¿Te ha gustado la escuela?

—Mucho. Y no pega. El maestro no pega.

No, el maestro don Gregorio no pegaba. Al contrario, casi siempre sonreía con su cara de sapo. Cuando dos se peleaban durante el recreo, él los llamaba, —parecéis carneros,— y hacía que se estrecharan la mano. Después los sentaba en el mismo pupitre. Así fue como conocí a mi mejor amigo, Dombodán, grande, bondadoso y torpe. Había otro chaval, Eladio, que tenía un lunar en la mejilla, al que le hubiera zurrado con gusto, pero nunca lo hice por miedo a que el maestro me mandase darle la mano y que me cambiase del lado de Dombodán. La forma que don Gregorio tenía de mostrarse muy enfadado era el silencio.

—Si vosotros no os calláis, tendré que callarme yo.

Y se dirigía hacia el ventanal, con la mirada ausente, perdida en el Sinaí. Era un silencio prolongado, descorazonador, como si nos hubiese dejado abandonados en un extraño país. Pronto me di cuenta de que el silencio del maestro era el peor castigo imaginable. Porque todo lo que él tocaba era un cuento fascinante. El cuento podía comenzar con una hoja de papel, después de pasar por el Amazonas y la sístole y diástole del corazón. Todo conectaba, todo tenía sentido. La hierba, la lana, la oveja, mi frío. Cuando el maestro se dirigía hacia el mapamundi, nos quedábamos atentos como si se iluminase la pantalla del cine Rex. Sentíamos el miedo de los indios cuando escucharon por vez primera el relinchar de los caballos y el estampido del arcabuz. Íbamos a lomos de los elefantes de Aníbal de Cartago[26] por las nieves de los Alpes, camino de Roma. Luchábamos con palos y piedras en Ponte Sampaio contra las tropas de Napoleón. Pero no todo eran guerras. Fabricábamos hoces y rejas de arado en las herrerías del Inicio. Escribíamos cancioneros de amor en la Provenza y en el mar de Vigo. Construíamos el Pórtico de la Gloria. Plantábamos las patatas que habían venido de América. Y a América emigramos cuando llegó la peste de la patata.

—Las patatas vinieron de América,— le dije a mi madre a la hora de comer, cuando me puso el plato delante.

—¡Qué iban a venir de América! Siempre ha habido patatas,— sentenció ella.

—No, antes se comían castañas. Y también vino de América el maíz.— Era la primera vez que tenía clara la sensación de que gracias al maestro yo sabía cosas importantes de nuestro mundo que ellos, mis padres, desconocían.

Pero los momentos más fascinantes de la escuela eran cuando el maestro hablaba de los bichos. Las arañas de agua inventaban el submarino. Las hormigas cuidaban de un ganado que daba leche y azúcar y cultivaban setas. Había un pájaro en Australia que pintaba su nido de colores con una especie de óleo que fabricaba con pigmentos vegetales. Nunca me olvidaré. Se llamaba el tilonorrinco. El macho colocaba una orquídea en el nuevo nido para atraer a la hembra.[27]

Tal era mi interés que me convertí en el suministrador de bichos de don Gregorio y él me acogió como el mejor discípulo. Había sábados y festivos que pasaba por mi casa e íbamos juntos de excursión.[28] Recorríamos las orillas del río, las gándaras, el bosque y subíamos al monte Sinaí. Cada uno de esos viajes era para mí como una ruta del descubrimiento. Volvíamos siempre con un tesoro. Una mantis. Un caballito del diablo. Un ciervo volante. Y cada vez una mariposa distinta, aunque yo sólo recuerdo el nombre de una a la que el maestro llamó Iris, y que brillaba hermosísima posada en el barro o el estiércol.

Al regreso, cantábamos por los caminos como dos viejos compañeros. Los lunes, en la escuela, el maestro decía: —Y ahora vamos a hablar de los bichos de Pardal.

Para mis padres, estas atenciones del maestro eran un honor. Aquellos días de excursión, mi madre preparaba la merienda para los dos: —No hace falta, señora, yo ya voy comido,— insistía don Gregorio. Pero a la vuelta decía: —Gracias, señora, exquisita la merienda.

—Estoy segura de que pasa necesidades,—[29] decía mi madre por la noche.

—Los maestros no ganan lo que tendrían que ganar,— sentenciaba, con sentida solemnidad, mi padre. —Ellos son las luces de la República.

—¡La República, la República! ¡Ya veremos adónde va a parar la República!

Mi padre era republicano. Mi madre, no. Quiero decir que mi madre era de misa diaria y los republicanos aparecían como enemigos de la Iglesia. Procuraban no discutir cuando yo estaba delante, pero a veces los sorprendía.

—¿Qué tienes tú contra Azaña? Eso es cosa del cura, que os anda calentando la cabeza.

—Yo voy a misa a rezar,— decía mi madre.

—Tú sí, pero el cura no.

Un día que don Gregorio vino a recogerme para ir a buscar mariposas, mi padre le dijo que, si no tenía inconveniente, le gustaría tomarle las medidas para un traje.

—¿Un traje?

—Don Gregorio, no lo tome a mal. Quisiera tener una atención con usted. Y yo lo que sé hacer son trajes.

El maestro miró alrededor con desconcierto.

—Es mi oficio,— dijo mi padre con una sonrisa.

—Respeto mucho los oficios,— dijo por fin el maestro.

Don Gregorio llevó puesto aquel traje durante un año, y lo llevaba también aquel día de julio de 1936, cuando se cruzó conmigo en la Alameda, camino del ayuntamiento.[30] —¿Qué hay, Pardal? A ver si este año por fin podemos verle la lengua a las mariposas.— Algo extraño estaba sucediendo. Todo el mundo parecía tener prisa, pero no se movía. Los que miraban hacia delante, se daban la vuelta. Los que miraban para la derecha, giraban hacia la izquierda. Cordeiro, el recogedor de basura y hojas secas, estaba sentado en un banco, cerca del palco de la música. Yo nunca había visto a Cordeiro sentado en un banco. Miró hacia arriba, con la mano de visera. Cuando Cordeiro miraba así y callaban los pájaros, era que se avecinaba una tormenta.

Oí el estruendo de una moto solitaria. Era un guardia con una bandera sujeta en el asiento de atrás. Pasó delante del ayuntamiento y miró para los hombres que conversaban inquietos en el porche. Gritó: —¡Arriba España!.— Y arrancó de nuevo la moto dejando atrás una estela de explosiones.

Las madres empezaron a llamar a sus hijos. En casa, parecía que la abuela se hubiese muerto otra vez. Mi padre amontonaba colillas en el cenicero y mi madre lloraba y hacía cosas sin sentido, como abrir el grifo de agua y lavar los platos limpios y guardar los sucios.

Llamaron a la puerta y mis padres miraron el pomo con desazón.[31] Era Amelia, la vecina, que trabajaba en casa de Suárez, el indiano.[32]

—¿Sabéis lo que está pasando? En Coruña, los militares han declarado el estado de guerra. Están disparando contra el Gobierno Civil.

—¡Santo Cielo!,— se persignó mi madre.

—Y aquí,— continuó Amelia en voz baja, como si las paredes oyesen, —dicen que el alcalde llamó al capitán de carabineros, pero que éste mandó decir que estaba enfermo.

Al día siguiente no me dejaron salir a la calle. Yo miraba por la ventana y todos los que pasaban me parecían sombras encogidas, como si de repente hubiese llegado el invierno y el viento arrastrase a los gorriones de la Alameda como hojas secas.

Llegaron tropas de la capital y ocuparon el ayuntamiento. Mamá salió para ir a misa, y volvió pálida y entristecida, como si hubiese envejecido en media hora.

—Están pasando cosas terribles, Ramón,— oí que le decía, entre sollozos,[33] a mi padre. También él había envejecido. Peor aún. Parecía que hubiese perdido toda voluntad. Se había desfondado en un sillón y no se movía. No hablaba. No quería comer.

—Hay que quemar las cosas que te comprometan, Ramón. Los periódicos, los libros. Todo.

Fue mi madre la que tomó la iniciativa durante aquellos días. Una mañana hizo que mi padre se arreglara bien y lo llevó con ella a misa. Cuando regresaron, me dijo: —Venga, Moncho, vas a venir con nosotros a la Alameda.— Me trajo la ropa de fiesta y mientras me ayudaba a anudar la corbata, me dijo con voz muy grave: —Recuerda esto, Moncho. Papá no era republicano. Papá no era amigo del alcalde. Papá no hablaba mal de los curas. Y otra cosa muy importante, Moncho. Papá no le regaló un traje al maestro.

—Sí que se lo regaló.— —No, Moncho. No se lo regaló. ¿Has entendido bien? ¡No se lo regaló!

—No, mamá, no se lo regaló.

Había mucha gente en la Alameda, toda con ropa de domingo. También habían bajado algunos grupos de las aldeas, mujeres enlutadas, paisanos viejos con chaleco y sombrero, niños con aire asustado, precedidos por algunos hombres con camisa azul y pistola al cinto. Dos filas de soldados abrían un pasillo desde la escalinata del ayuntamiento hasta unos camiones con remolque entoldado, como los que se usaban para transportar el ganado en la feria grande. Pero en la Alameda no había el bullicio de las ferias, sino un silencio grave, de Semana Santa. La gente no se saludaba. Ni siquiera parecían reconocerse los unos a los otros. Toda la atención estaba puesta en la fachada del ayuntamiento.

Un guardia entreabrió la puerta y recorrió el gentío con la mirada. Luego abrió del todo e hizo un gesto con el brazo. De la boca oscura del edificio, escoltados por otros guardias, salieron los detenidos. Iban atados de pies y manos, en silente cordada. De algunos no sabía el nombre, pero conocía todos aquellos rostros. El alcalde, los de los sindicatos, el bibliotecario del ateneo Resplandor Obrero, Charli, el vocalista de la Orquesta Sol y Vida, el cantero al que llamaban Hércules, padre de Dombodán . . . Y al final de la cordada, chepudo y feo como un sapo, el maestro.

Se escucharon algunas órdenes y gritos aislados que resonaron en la Alameda como petardos. Poco a poco, de la multitud fue saliendo un murmullo que acabó imitando aquellos insultos.

—¡Traidores! ¡Criminales! ¡Rojos!

—Grita tú también, Ramón, por lo que más quieras, ¡grita!— Mi madre llevaba a papá cogido del brazo, como si lo sujetase con todas sus fuerzas para que no desfalleciera. —¡Que vean que gritas, Ramón, que vean que gritas!

Y entonces oí cómo mi padre decía: —¡Traidores!—[34] con un hilo de voz. Y luego, cada vez más fuerte, —¡Criminales! ¡Rojos!.— Soltó del brazo a mi madre y se acercó más a la fila de los soldados, con la mirada enfurecida hacia el maestro. —¡Asesino! ¡Anarquista! ¡Comeniños!

Ahora mamá trataba de retenerlo y le tiró de la chaqueta discretamente. Pero él estaba fuera de sí. —¡Cabrón! ¡Hijo de mala madre!— Nunca le había oído llamar eso a nadie, ni siquiera al árbitro en el campo de fútbol. —Su madre no tiene la culpa, ¿eh, Moncho?, recuerda eso.— Pero ahora se volvía hacia mí enloquecido y me empujaba con la mirada, los ojos llenos de lágrimas y sangre. —¡Grítale tú también, Monchiño, grítale tú también!

Cuando los camiones arrancaron, cargados de presos, yo fui uno de los niños que corrieron detrás, tirando piedras. Buscaba con desesperación el rostro del maestro para llamarle traidor y criminal. Pero el convoy era ya una nube de polvo a lo lejos y yo, en el medio de la Alameda, con los puños cerrados, sólo fui capaz de murmurar con rabia: —¡Sapo! ¡Tilonorrinco! ¡Iris!.

Comprensión del texto

1. Identifique el escenario y el tiempo del cuento.

2. ¿Cuáles son los personajes principales? Descríbalos y señale sus particularidades.

3. Describa la relación entre el niño y el maestro. ¿Qué valores representa el maestro?

4. Retrate a los padres de Moncho. ¿Qué diferencias hay entre sus creencias políticas? ¿Cuál es su actitud ante la religión y la iglesia?

5. ¿Cómo explica la madre al niño el significado de la palabra "ateo"?

6. ¿Qué importancia tienen los animales y la exploración de la naturaleza?

7. ¿Cuál es el ambiente político que se vive y cómo afecta a los personajes?

8. ¿Cómo interpreta usted el último párrafo del cuento?

9. ¿Qué importancia tienen las palabras que el niño le grita al maestro al final?

10. Analice el significado del título del texto.

Actividades

1. Traduzca y analice las siguientes expresiones dentro del contexto de la historia:

   "Aquel maestro feo como un bicho me señalaba con la regla."

   "Y todos los que pasaban me parecían sombras encogidas, como si de repente hubiese llegado el invierno y el viento arrastrase a los gorriones de la Alameda como hojas secas."

   "Iban atados de pies y manos en silente cordada."

2. Explique las siguientes referencias históricas:

   "¿Qué tienes tú contra Azaña? Eso es cosa del cura, que os anda calentando la cabeza."

   "¡La República, la República! ¡Ya veremos adónde va a parar la República!"

   ¿Quién era Azaña? ¿Qué significa, "La República"?

3. Identifique otras referencias históricas, regionales o lingüísticas, específicas a Galicia.

4. Busque el cuadro "Guernica" de Pablo Picasso. Explique lo que comunica el cuadro sobre la Guerra Civil Española y la relación con este cuento.

Comprensión del video

1. ¿Cómo explica Manuel Rivas su interés en la Guerra Civil Española? ¿A qué se refiere cuando habla del presente recordado y de la memoria colectiva?

2. "Los cuarenta años de franquismo hizo que la Guerra se prolongase." ¿Qué significa para usted ese comentario?

3. Según Manuel Rivas, los escritores de su generación escriben para "curar una sombra." ¿Cómo se aplica esa afirmación en el cuento "La lengua de las mariposas?"

4. ¿Cómo describe Rivas la genealogía de "La lengua de las mariposas?" ¿Cuál fue el proceso de creación y el desarrollo del cuento? ¿Qué representa el cuento como metáfora?

5. ¿Cuál es la clave del final del cuento? ¿Qué significan, según el autor, las palabras del niño? ¿Qué doble significado contiene la palabra "iris"?

6. ¿Cómo define el autor el proceso de escritura? ¿Qué preguntas hay que hacerse al escribir?

7. ¿Cómo complementan su comprensión del texto los comentarios del autor?

Para comentar y escribir

1. Discuta cuál es el mensaje implícito o explícito del cuento y compárelo con la película. Analice especialmente la escena final.

2. ¿Cómo cambia la conducta del ser humano o de una colectividad ante la proximidad de un peligro, por ejemplo, una guerra? Discuta algún ejemplo cercano a su propia experiencia.

3. Escriba el final del cuento a partir del momento cuando traen los presos políticos, desde el punto de vista de otro personaje, por ejemplo, la madre, el padre, el alcalde, o el mismo maestro.

4. Moncho como adulto decide escribir la historia de su relación con el maestro. Escriba en primera persona la narración de los hechos.

5. Escriba brevemente un resumen de la entrevista con el autor y destaque lo que más le ha impactado de sus comentarios.

Notas

1. Aguardaba: was waiting for
2. yema del dedo: fingertip
3. pequeñajo: (col.) very young boy, tiny tot
4. Una palabra que se blandía en el aire como una vara de mimbre.: A word that waved in the air like a wicker switch.
5. huían: ran away, fled
6. ateridos: extremely cold
7. sastre: tailor
8. Pardal: (gallego) gorrión, "sparrow" (translator's note in the Spanish text)
9. The author is referring to the way Galicians speak.
10. víspera: the night before, the eve of
11. el miedo me roía las entrañas: fear was gnawing my guts
12. mearse: to wet oneself
13. humedad cálida y vergonzosa resbalando por mis piernas: the warm embarrassing dampness running down my legs
14. chavales: (col.) boys, kids
15. resonaban como latigazos: resounded like lashes
16. locuelo: a crazy thing, a loony
17. Hombre del Saco: refers to a traditional story about a man who takes away children who misbehave
18. jauría de perros: pack of hounds
19. polizón: stowaway
20. peñascos: mountain peeks
21. bien arrimado: clinging to
22. Nadie me había reñido. No one had scolded me.
23. concha de vieira: scallop shell (These mollusks are closely associated with the region and historically with pilgrims who came in the Middle Ages to visit the tomb of St. Santiago of Compostela.)
24. sapo: toad
25. Me pellizcó la mejilla con cariño. He pinched my cheek lovingly.
26. Aníbal de Cartago: Hannibal of Carthage
27. El macho colocaba una orquídea en el nuevo nido para atraer a la hembra. The male placed an orchid in the new nest to attract the female.
28. excursión: field trip
29. Estoy segura de que pasa necesidades. I am sure he doesn´t get enough to eat.
30. ayuntamiento: city hall
31. mis padres miraron el pomo con desazón: my parents watched the doorknob with uneasiness
32. indiano: A Spaniard who returned to Spain after living in America and is considered rich.
33. entre sollozos: (lit.) between sobs; while sobbing

Fig. 8. *Una estrella*.
Producción. Cortesía
de Robert Muro y
Paloma Pedrero.

Capítulo VI

Paloma Pedrero (España, n. 1957)

Una estrella

Actividades de prelectura

1. Investigue sobre dramaturgas españolas contemporáneas y el teatro actual en España.

2. Busque información sobre la definición de "teatro intimista y realista."

Introducción al autor

En las últimas dos décadas del siglo XX ha crecido el número de mujeres que desempeñan su labor como dramaturgas. Paloma Pedrero se encuentra entre las autoras de teatro español más reconocidas a nivel internacional con más de veinte obras escritas y representadas. Nacida en Madrid donde reside actualmente, Pedrero es licenciada en Sociología por la Universidad Complutense. Además realizó estudios de interpretación y dirección escénica, de técnica de voz y de estructura dramática. Pedrero se dio a conocer con la controversial obra *La llamada de Lauren,* la cual quedó como finalista del premio Valladolid de Teatro Breve en 1984. Esta obra junto con *El color de agosto* han sido sus obras más representadas tanto en España como en el exterior. A finales de los años ochenta escribió *Besos de lobo e invierno de luna alegre* (Premio Tirso de Molina en 1987). A principios de la década de los noventa se conoció su trilogía de piezas breves titulada *Noches de amor efímero,* que contiene las obras cortas *Solos esta noche, Esta noche en el parque* y *La noche dividida* (1990). A finales de los años noventa se estrenaron *Una estrella, Cachorros de negro mirar* (inclusive en Nueva York), *La isla amarilla,* y *Locas de amar.*

Paloma Pedrero ha sido innovadora en el teatro contemporáneo español con un estilo de teatro intimista, y piezas realistas de gran intensidad dramática. De acuerdo con Phyllis Zatlin, "Típicamente en la obra de Pedrero se presenta un momento de crisis en la relación entre dos personas al enfocar la problemática del amor y de los roles sexuales. A veces hay momentos de gran comicidad; siempre hay un diálogo vivo, marcado por el tono coloquial, y una estructura teatral impecable" (143). En *La llamada de Lauren,* por ejemplo, se presenta un momento de crisis en la vida sexual de un matrimonio joven. Pedro y Rosa invierten los roles sexuales utilizando un disfraz para un carnaval. En el proceso las identidades sexuales de ambos personajes se van destapando y al final queda la inquietud sobre los verdaderos roles genéricos de los personajes. En *Noches de amor efímero* también se destaca la representación del discurso masculino/femenino. Christopher Weimer propone que hay una progresión a través de los tres textos, desde la dominación de la mujer por el discurso masculino de *Esta noche en el parque,* hasta llegar a un discurso más equilibrado de la pareja de *Solos esta noche.*

Pedrero ha señalado que su obsesión es desentrañar la problemática de la identidad a nivel individual y colectivo. Su objetivo es ir más allá de lo que nos impone la sociedad de consumo. "La única manera de ser alguien es preguntarse quiénes somos en un mundo totalmente manipulado por los medios de comunicación" (entrevista Sánchez y Stycos). En *Una estrella* la protagonista busca una respuesta a quién fue su padre y en el proceso se transforma.

Una estrella se estrenó en España en 1998, en la década cuando "ha cambiado la posición de la crítica ante las escritoras y la forma de mirar ellas a la sociedad," indica Virtudes Serrano, estudiosa de teatro español contemporáneo (*Juego de noches. . .* 22). La obra gira en torno de la relación de una joven con su padre alcohólico muerto hace tiempo. En la búsqueda por encontrar algún nexo con su padre, esta mujer entra a una taberna de mala muerte y descubre allí a un viejo amigo de su padre. El amigo, Juan Domínguez, le evoca una imagen del padre que Estrella nunca ha conocido de adulta. El resultado es un psicodrama, donde Estrella revive sus experiencias de niña para llegar a una nueva apreciación de quien fue su padre. A través de la lengua hablada de hoy y con un decorado simple, Pedrero logra penetrar en la intimidad de los personajes.

Las obras de Paloma Pedrero han tenido gran acogida en los Estados Unidos por el tipo de temas que trata. El énfasis en el cuerpo femenino y los asuntos de género han llamado la atención de la crítica feminista. De acuerdo con Zatlin, "En el teatro de Pedrero en general, la voz que suena más claramente es la de la mujer . . . pero no se descarta el sufrimiento del hombre dentro de inflexibles roles sexuales" (146).

La entrega al teatro de Paloma Pedrero va más allá que la sola escritura. Pedrero ha desempeñado diversas labores: como actriz, productora, administradora, directora y todos los cargos asociados con el mundo del teatro. Aunque ha producido guiones para televisión y ha sido invitada a trabajar en este medio, ella considera que el mundo del teatro está por encima del prestigio comercial y muchas veces subyugante de la televisión. "Prefiero ser y seguir siendo la Reina del teatro y no un anónimo guionista en el mundo de la televisión comercial" (entrevista Sánchez y Stycos).

BIBLIOGRAFÍA SELECTA

Pedrero, Paloma. *Juego de noches. Nueve obras en un acto.* Ed. de Virtudes Serrano. Madrid: Cátedra, 1999. V. Introducción: 9–58.

Serrano, Virtudes. "Dramaturgia femenina de los noventa en España." En *Entre Actos. Diálogos sobre Teatro Español entre Siglos,* eds. Martha T. Halsey y Phyllis Zatlin, 101–12. University Park, Penn.: Estreno, 1999.

Weimer, Christopher B. "Gendered Discourse in Paloma Pedrero's *Noches de amor efímero.*" *Gestos,* Año 8, Núm. 16 (1993): 89–102.

Zatlin, Phyllis. *El teatro alternativo español.* Ottawa: Girol Books, 2001.

Una estrella

Interior de un bar. La barra con algún taburete, un par de mesas con sus respectivas sillas, una máquina tragaperras[1] y un viejo aparato de discos de los que funcionan con monedas. Desde la sala contigua llegan los murmullos de jugadores de póquer. A veces, las voces se elevan con violencia contenida y podemos distinguir alguna palabra o frase suelta. En la barra,[2] sentada en un taburete, sola, vemos a Estrella. Es una mujer de treinta y pocos años, esbelta y con una hermosa melena de tonos rojos. Su forma de moverse y vestir es elegante pero nada convencional. Observa el local con curiosidad, mientras se toma un café. De vez en cuando escribe algo en un cuaderno. Hay en ella una actitud reflexiva y algo atormentada. El único camarero, que está dentro de la barra, la escudriña con cierta desconfianza.

Camarero.- Lo siento, señora, vamos a cerrar.

Estrella.- ¿Cerrar? (*Señalando hacia adentro*) Primero tendrán que salir todos ésos, ¿no?

Camarero.- Esos señores son socios. A partir de las doce sólo admitimos socios.

Estrella.- (*Con ironía*) Ya.

Camarero.- Son doscientas pesetas, el café.

Estrella.- (*Mirando el reloj*) Son las doce menos cuarto.

Estrella *Anota algo en su cuaderno. El camarero la mira mosqueado.*[3]

Estrella.- ¿Lleva usted muchos años trabajando aquí?

Camarero.- (*Limpiando la barra*) Algunos.

Estrella.- ¿Más de cinco?

Camarero.- Oiga, ¿Por qué me pregunta eso? ¿Qué está intentando averiguar?

Estrella.- No se preocupe, no hace falta que me conteste.

Camarero.- ¿Qué está anotando en ese cuaderno?

Estrella.- Nada que le interese. Cosas mías.

Camarero.- ¿No será usted policía o algo así?

Estrella.- No, tranquilícese, no soy policía.

Camarero.- ¿Periodista?

Estrella.- No, tampoco.

Camarero.- Son doscientas pesetas. Tengo que cerrar.

Estrella.- (*Sacando el dinero*) Déjeme quedarme.

Camarero.- ¿Para qué?

Estrella.- Me gustaría ver salir a los hombres . . . De ahí adentro.

Camarero.- Lo siento pero . . .

Estrella.- (*Cortándole*) Sólo a algunos.

Camarero.- Es imposible. No puede quedarse.

Estrella.- (*Después de una pausa*) Escúcheme, no voy a complicar la vida a nadie. Verá, soy escritora. Estoy preparando mi última novela y . . . Se desarrolla en un sitio parecido a éste. Necesito conocerlo, saber cómo es el lugar donde van a vivir mis personajes, ¿me comprende?

Camarero.- ¿Escritora?

Estrella.- (*Sacando un libro del bolso*) Mire, ésta soy yo, Estrella Torres. (*El camarero mira la foto del libro y después mira a Estrella con desconfianza*[4]) ¿Quiere que le enseñe el carné de identidad?

Camarero.- ¿Y qué va a sacar de aquí?

Estrella.- Ya se lo he dicho, necesito conocer el espacio, saber cómo son los hombres que están ahí adentro. No será mucho tiempo: ver salir a algunos, observarlos . . .

Camarero.- No lo sé . . . Hoy no está el jefe y yo tengo que estar adentro también. No, no puedo . . .

Estrella.- No le voy a causar problemas.

Camarero.- (*Observándola*) ¿Es usted famosa? ¿Ha salido en la tele?

Estrella.- (*Sonríe. Después de un momento*) Sí.

Camarero.- Entonces será mejor que se vaya. Este no es un mundo para gente delicada.

Se abre la puerta del bar y entra Juan Domínguez. Es un hombre de unos sesenta y cinco años. Pequeño de estatura, delgado y de ojos claros y chispeantes. Su aspecto es de vividor solitario y descuidado. Saluda al camarero que le responde con un mal gruñido.[5]

Juan.- ¿Dónde está el jefe?

Camarero.- No está. Esta noche el jefe soy yo.

Juan.- Ponme una copa. (*El camarero duda. Juan le enseña un billete. El camarero, de mala gana,*[6] *le sirve un trago.*)

Juan Domínguez está borracho y, sin embargo, consigue casi dominar la torpeza. Tiene el estado del ebrio crónico y orgullosamente digno. Se acerca a la máquina del tabaco y saca una cajetilla.[7]

Estrella observa a Juan y anota algo en su cuaderno.

Camarero.- (*A Estrella*) Dése prisa. No quiero líos.[8]

Juan se acerca a su vaso y repara en Estrella[9] *que está de espaldas a él. Abre el paquete de tabaco rubio y tira de los cigarrillos hacia arriba. Ofrece un cigarro al camarero y otro a Estrella que vuelve la mirada hacia el hombre.*

Juan.- ¿Quiere un cigarro, señorita?

Estrella.- No, muchas gracias.

Juan.- (*Saca otra cajetilla arrugada del bolsillo*) ¿Fuma usted negro?

Estrella.- No, fumo rubio, pero ahora no quiero fumar, gracias.

Juan Domínguez se queda callado, mirándola. Estrella le vuelve la espalda. Juan se acerca a ella por el otro lado.

Juan.- Perdone que la moleste . . . (*Se tambalea. Está a punto de tirarle la copa encima*)

Estrella.- Tenga usted cuidado.

Juan.- Perdóneme, señorita, hoy estoy un poco . . .

Estrella.- (*Sin dejarle acabar la frase*) Perdonado. (*Gira su cuerpo hacia el otro lado*)

El camarero comienza a barrer el local. Juan Domínguez vuelve a situarse frente a Estrella.

Juan.- Corríjame si estoy en un error . . . ¿No es usted Estrellita?

Estrella.- (*Le mira sorprendida*) Sí, me llamo . . . (*Estrella repara en su libro que está encima de la barra. Asiente con frialdad*) me llamo Estrella. (*Y guarda el libro en su bolso*).

Juan.- Yo soy Juan, Juan Domínguez.

Estrella.- (*Algo abrumada*[10]) Mucho gusto.

Juan.- ¿No ha oído hablar de mí?

Estrella.- No, lo siento.

Juan.- Quizá ya no se acuerda . . . Yo la recuerdo a usted perfectamente. No ha cambiado apenas. El mismo pelo rojo. Antes era una niña muy bonita y ahora es usted una mujer muy bonita. Con la expresión perdida e insolente al mismo tiempo . . .

Estrella.- (*Inquieta*) ¿Y usted quién es? Si no le importa decírmelo.

Juan.- Un íntimo amigo de Torres.

Estrella recibe el impacto. Se queda petrificada. Reacciona con violencia.

Estrella.- Lo siento, no me acuerdo ni de él ni de usted.

Juan.- ¿No me diga que sigue enfadada con Torres?

Estrella.- ¿Cómo dice?

Juan.- Sí, Torres me contó lo de aquel día. Estaba tan dolido que tuvo que decírmelo. Estaba desquiciado[11] y me decía: "Domínguez, Estrellita me ha insultado. Me ha llamado . . ."

Estrella.- (*Cortándole con brusquedad*) Ya le he dicho que no le recuerdo. Sencillamente, él no está en mi vida.

Juan.- ¿Qué hace usted aquí? (*Estrella no contesta*) Tenga, fume un cigarro.

Estrella.- No quiero fumar. No quiero conversación, ¿me ha entendido?

Juan.- Es usted una ingrata. Una niña que no quiere crecer. Una niña infeliz.

Estrella.- ¿Quiere dejarme en paz?

Juan.- ¿Por qué?

Estrella.- Apesta a alcohol.

Juan.- (*Tocándole el hombro*) Está bien, no le echaré el aliento.

Estrella.- ¡No me toque!

Juan.- Las manos las tengo limpias.

Estrella.- No me gusta que me toquen los borrachos, ¿sabe? Mean y después se quitan las babas de la cara sin lavarse las manos.

Juan.- Lo siento, no la comprendo.

Estrella.- Le estoy pidiendo que me deje en paz.

Juan.- Aunque yo me fuera de aquí ahora mismo usted no se quedaría en paz.

Estrella.- (*Nerviosa*) O deja de molestarme o hago que lo echen del bar.

Juan.- Me trata usted como a un perro . . .

Estrella.- (*Casi gritando*) ¡Déjeme en paz!

Camarero.- ¿Qué pasa? ¿La está molestando?

Estrella.- Sí.

Camarero.- (*A Juan*) No me gusta que vengas por aquí borracho.

Juan.- No estoy borracho, sólo estaba intentando . . .

Camarero.- (*Cortándole*) Venga, Domínguez, tómate la copa de un trago y lárgate.

Juan.- Háblame con educación, muchacho, yo no te he faltado al respeto a ti[12] . . .

Camarero.- Que te tomes la copa y te largues.

Juan.- Es temprano. No tengo prisa.

Camarero.- (*Agresivo le quita la copa*) Pues lárgate sin tomártela. Vamos, a la calle.

Juan.- Un momento. ¿Yo te pago o no te pago?

Camarero.- ¿Y qué?

Juan.- (*Dándole dinero*) Que si te pago me puedo tomar mi copa tranquilamente. ¡Y trátame con respeto que yo podría ser tu padre!

Estrella le mira.

Camarero.- Tú lo que tienes que hacer es irte a un banco a dormir la mona.[13]

Juan.- Y tú ponerte un bozal.[14]

Camarero.- ¡Lárgate ahora mismo antes de que se me hinchen los cojones . . . !

Juan.- (*Impotente. Sacando la voz*) ¡Me estás humillando delante de . . . ! Estrellita y ¡no te lo consiento![15]

Camarero.- (*Violento*) ¡He dicho que a la calle!

Juan.- Llevo treinta años viniendo aquí y . . . ¡No te atreverías a hablarme así si estuviera el jefe . . . !

El camarero le agarra bruscamente, arrastrándole hacia la puerta. Juan se queja.

Juan.- ¡Déjame . . . ! ¡Déjame . . . !

Estrella mira la escena horrorizada. Se levanta del taburete y va hacia ellos.

Estrella.- ¡Suéltele ahora mismo![16] ¡Le está haciendo daño!

Camarero.- (*Sin soltarle*) A éstos ya no les duele nada . . .

Estrella.- ¡He dicho que le suelte ahora mismo!

El camarero suelta a Juan y mira a Estrella.

Estrella.- ¿Quién le da a usted derecho a tratar así a la gente?

Camarero.- ¿Pero no acaba de decirme que la estaba molestando?

Estrella.- Ahora me molesta usted mucho más. Parece un buitre buscando carroña[17] . . .

Juan.- Si lo de carroña es por mí . . .

Camarero.- ¡Tú te callas!

Juan.- Yo nunca me he callado ante nadie y no pienso . . .

Camarero.- (*Con chulería*[18]) ¿No piensas qué?

Juan.- No pienso . . . No pienso . . . (*No se acuerda de lo que iba a decir. Se toca el bolsillo de la americana y saca tabaco*) ¿Un cigarrito?

Camarero.- (*Con desprecio*) Tómate el cubata y desaparece. (*A Estrella*) Y usted también. Voy a cerrar.

Estrella.- Me iré cuando me dé la gana. Y haga el favor de meterse dentro de la barra, tiene clientes.

Camarero.- Lo he hecho por defenderla . . . Señora.

Estrella.- Es usted demasiado peligroso para defender a nadie. Vamos, a su puesto si no quiere que llame a la policía. Un café y un whisky.

El camarero, acobardado, se mete detrás de la barra farfullando. Estrella vuelve a sentarse en el taburete. Juan Domínguez, desconcertado, se acerca a la máquina de tabaco y saca otra cajetilla.

Oímos las voces de los jugadores. Por la puerta de la sala de juego aparece Ramón. Es un hombre de unos cuarenta años. Esta descamisado y tiene el rostro rojo y desencajado.[19] *Al ver a Juan Domínguez sonríe. Se acerca hacia él y conversan en tono bajo y precipitado.*

Ramón.- Hombre, Juanito . . .

Juan.- ¿Cómo va la cosa?

Ramón.- Mal. ¿Puedes prestarme diez mil, Juan?

Juan.- ¿Diez mil? No jodas.[20]

Ramón.- Ya has cobrado la pensión, ¿no?

Juan.- Sí, pero . . . Ya me debes treinta y . . .

Ramón.- Venga, Juanito, tú ya no tienes familia que alimentar . . .

Juan.- ¿Es para tu casa?

Ramón.- Tengo que recuperarme.

Juan.- No, no fastidies . . .

Ramón.- Voy a por él. Ese cabrón . . . No puedo largarme ahora. ¿Cuánto tienes?

Juan.- Me quedan veinticinco y estamos a día . . . (*No lo recuerda*) ¿Qué día es hoy?

Ramón.- Préstame diez.

Juan.- Lo siento, Ramón, hoy no puedo. (*Mira a Estrella*)

Ramón.- ¿Quién es ésa?

Juan.- ¡Chist . . . ! A ésa ni mirarla.

Ramón.- Dame diez, te devuelvo quince en menos de una hora. (*Juan se resiste*) Veinte. (*Juan niega*) Veinticinco y entras conmigo.

Juan.- No, no puedo.

Ramón.- (*Agresivo*) No seas cabrón. Vamos, Domínguez, sabes que si no fuera por mí no jugarías una.

Estrella se vuelve hacia los hombres.

Juan.- (*Queriendo acabar con la situación*) Está bien . . . (*Saca el dinero. Algunos billetes se le caen al suelo. Estrella mira*) Toma.

Ramón.- (*Dándole palmaditas en el hombro*) Media hora, te los devuelvo y me voy para casa.

Juan.- Creo, Ramón, que . . .

Ramón.- (*Le deja con la palabra en la boca y hace un gesto al camarero*) Estamos secos. (*Después mira descaradamente[21] a Estrella y vuelve a entrar en la sala de juego*).

Camarero.- (*A Estrella. Poniéndoselos*) El café. El whisky.

Juan Domínguez pone un disco en el viejo aparato. Suena un tema de amor, un bolero. El camarero coge la bandeja y se dirige hacia la sala de juego.

Estrella escribe en su cuaderno. Juan, con temor, se acerca hacia ella.

Juan.- Gracias, Estrellita, sabía que eras buena.

Estrella.- No lo soy.

Juan.- Digna de ser una Torres.

Estrella.- (*Dándole el whisky*) Tenga, yo no bebo. Es para usted.

Juan.- (*Contento*) Digna de ser una estrella del universo. Una estrella pequeña pero . . . Eso decía tu padre siempre. Me decía: "Domínguez, tengo tres hijos oscuros y una estrella pequeñita pero brillante."

Estrella.- ¿Eso se lo decía cuando estaba sobrio o cuando estaba borracho?

Juan.- Pues no lo sé. No veo la diferencia.

Estrella.- Claro. No había diferencia.

Juan.- Torres era bueno siempre, un pedazo de pan. Y como jugador no tenía precio. Los grandes jugadores son hombres inteligentes. Unas veces ganaba, otras perdía, pero siempre era un gran jugador.

Estrella.- ¿Le ganaba usted el dinero, o se lo sacaban otros como a . . . Usted ahora?

Juan.- ¿Cómo dices? Oye, perdóname que te tutee pero . . . Tú eres Estrellita, la niña y . . .

Estrella.- Sí, claro, no se preocupe.

Juan.- "No te preocupes" llámame de tú, por favor. Yo era íntimo amigo de tu padre.

Estrella.- ¿No eras de los que le sacaban el dinero?

Juan.- Nunca. Torres era mi compañero, mi socio. Lo que ganábamos lo repartíamos.

Estrella.- Y después os lo bebíais juntos en compañía de unas cuantas putas.

Juan.- Eres una niña muy mal educada.

Estrella.- ¿Por qué? Es verdad.

Juan.- Escucha, mocosa,[22] hay mentiras que son amables y verdades que son de muy mala educación. Veo que Torres no supo educarte. Te tenía que haber dado algún cachete más.

Estrella.- Torres, como tú dices, nunca me tocó. Ni para pegarme, ni para acariciarme, ni para ponerme los guantes en invierno. Torres sólo sabía tocar las cartas, los billetes y las copas. Tu amigo Torres era un auténtico desastre.

Juan.- Eso no se debe decir de un padre.

Estrella.- ¿Es una verdad mal educada?

Juan.- (*Dolido*) Eso no se debe decir de un muerto.

Hay un momento de silencio, de tensión. Juan Domínguez bebe. Estrella se toca la frente.

Estrella.- Domínguez, dame un cigarro.

Juan.- (*Satisfecho saca las tres cajetillas*) ¿Rubio con boquilla? ¿Rubio sin boquilla? ¿O negro?

Estrella.- Rubio con boquilla.

Juan le da el cigarro rubio y toma uno para él. Ambos encienden su mechero a la vez. Se miran. Cada uno enciende el cigarro de su propio fuego.

Juan.- Si te viera ahora estaría muy orgulloso de ti. Una mujer tan hermosa y tan . . . importante. He leído tu novela. (*Estrella le mira sorprendida*) Sí, la compré. También te he visto en la televisión y en los periódicos . . .

Estrella.- ¿Te gustó?

Juan.- ¿El qué?

Estrella.- Mi novela.

Juan.- Me emocionó cada letra, cada coma y cada punto. Pero no sé lo que ponía, la historia no me interesaba. Me gustaba que el libro fuera de la hija de Torres. Eso era lo impresionante. De la niña nunca hubiera esperado tanto . . .

Estrella.- Ah, ¿pero esperaba algo de alguien?

Juan.- Claro que sí. Esperaba que sus hijos estudiaran una carrera, no como él, que fueran hombres importantes y honrados . . .

Estrella.- No como él.

Juan.- . . . Y que la chica . . . Que la chica encontrara un hombre bueno. Un hombre que no se pareciera a él.

Estrella.- Mira, en eso estábamos de acuerdo. Me he pasado la vida buscando a un hombre que no se pareciera a él en nada.

Juan.- ¿Y lo has encontrado?

Estrella.- (*Después de una pausa.*) No. Todos los hombres que han pasado por mi vida se parecían a él.

Juan.- (*Bebe*) Torres era muy bueno. Era . . . (*Se le cae el vaso al ir a dejarlo*)

Estrella.- (*Reacciona con furia*) Era un fantasma, un cobarde, un mal marido. Un degenerado que fabricaba hijos con espermatozoides borrachos . . .

Juan.- ¡Eso no es cierto!

Estrella.- Y tú eres como él.

Juan.- A mí puedes insultarme. Pero que insultes a Torres no te lo permito. ¡Era mi mejor amigo!

Estrella.- ¡Y mi puto padre!

Juan.- (*Muy afectado*) Eres una hija ingrata y resentida. No tienes derecho a hablar así de un pobre hombre . . . (*Tose*) enfermo. De alguien que . . . que . . . (*No se acuerda*) que vivió una guerra y le destrozaron la cabeza. (*Se toca la cabeza*) Ignorantes . . . Nos echaron ignorantes a la calle. Ni un dolor, ni miedo, ni un poco de hambre . . . Vosotros no sabéis lo que es sufrir. No sabes lo que es ser un hombre. Ser un hombre con la cabeza destrozada. (*Se calla en seco*) me voy. (*Se toca el pecho*) Se me ha puesto un dolor aquí. (*Llamando al camarero*) ¡Chico . . . ! ¡Chico . . . ! ¿Dónde está?

Aparece el camarero.

Camarero.- Sin gritos. ¿Qué quieres?

Juan.- Cóbrame. (*Señalando la consumición de Estrella*) Todo.

Camarero.- ¿Se van por fin?

Estrella.- Yo no.

Camarero.- Voy a echar el cierre.

Estrella.- (*Señalando la sala de juego*) ¿Y ellos por dónde van a salir?

Camarero- Hay una puerta trasera por donde salen los . . . Jugadores.

Juan.- Es mejor que te vayas. ¿Qué haces aquí?

Estrella.- (*Aturdida*) No, no puedo. Tengo que tomar algunas notas más. Tengo que enterarme. Ellos siguen jugando . . . Les oigo . . . Están ahí.

Camarero.- Usted sabrá. Pero yo voy a echar el cierre.

Juan.- (*Señalando la puerta de salida*) Sal por aquí. Vete a casa.

Estrella.- Me quedo.

Juan.- (*Encogiéndose de hombros*) Adiós, Estrella.

Estrella.- Adiós.

Juan.- Toma, quédate con el rubio. (*Estrella niega con la cabeza*) No lo he tocado. Sólo lo compro para invitar. (*Deja el tabaco encima de la barra*) Adiós.

Juan camina hacia la puerta de salida. En el momento en que la abre Estrella le llama. Su voz sale de muy adentro, es como un grito de socorro que suena a orden.

Estrella.- ¡Domínguez! (*Juan se vuelve y la mira*) Cuando mi padre no quería oír las verdades . . . Se iba. (*Pausa*) Quédate.

Juan Domínguez se queda parado. Después, lentamente, vuelve al lado de Estrella.

Camarero.- (*Harto*[23]) Se acabó. (*Echa el cierre metálico con brusquedad y sale*)

Estrella.- (*A Juan con dolor contenido*) Un día, no tendría yo más de ocho años, me coloqué delante de la puerta para que no pudiera salir de casa. Él, enfadado, me dijo:

"quítate de ahí, vamos, no hagas tonterías." Me tiré al suelo y me agarré a su pierna con todas mis fuerzas. ¿Sabes lo que hizo? Sacó un billete de mil pesetas y me lo enseñó. "¿No lo quieres?," me dijo, "es para ti." Yo solté una mano para coger el billete y él se deshizo de mí con facilidad. Cuando quise comprender ya se había marchado.

Juan.- Tu padre era un hombre generoso. No escatimaba[24] una peseta a nadie.

Estrella.- ¿No entiendes porque estás bebido o porque te falta alcohol? Dime. ¡Qué hay que hacer para que los hombres como tú comprendáis algo . . . ! ¡Qué hago hablando con un muerto!

Juan.- No te pongas así . . . Estás . . . Estás herida.

Estrella.- No.

Juan.- Estás temblando . . . (*Se acerca hacia ella*)

Estrella.- ¡No me toques!

Juan.- Tienes miedo . . .

Estrella, sin saber que hacer, intenta anotar algo en el cuaderno.

Juan.- ¿Quieres una copa? Te invito yo. ¡Camarero! ¡Camarero!

Estrella.- Te he dicho que no bebo.

Juan.- No beber alcohol nunca no es . . . bueno.

Vuelve el camarero que va y viene de la sala de juego.

Camarero.- ¿Qué coño quieres ahora?

Estrella.- (*Contundente*) Otro whisky para el señor. (*El camarero reta con la mirada a Estrella*) He dicho que otro whisky.

Camarero.- ¿Por qué no van a contarse la vida a otro sitio?

Estrella.- Está bien, deje la botella y no le molestaremos. ¿Cuánto vale?

Camarero.- (*Después de pensárselo*) Ocho mil pesetas. Precio de bar.

Estrella.- (*Dándole dos billetes de cinco*) Tenga.

Juan.- No, ni hablar . . . No puedo permitir que me invite una mujer.

Estrella.- Yo no soy una mujer . . . contigo.

Juan la mira en silencio. El camarero coge los billetes de Estrella.

Estrella.- Quédese con la vuelta y déjenos tranquilos.

El camarero deja la botella y sale.

Juan.- ¿Ves? Tú también eres generosa . . . Como tu padre.

Estrella.- (*Riéndose con cierta amargura*) Es verdad. Yo también compro a la gente.

Juan.- Te pareces tanto a Torres. En los gestos, en esa risa, en la forma de mover las manos, en el carácter . . . ¡Menudo carácter tienes![25] Eres tan parecida . . .

Estrella.- No me digas eso, por favor.

Juan.- Es cierto. Y es lógico . . . Lo que se ve se aprende.

Estrella.- Entonces es imposible que me parezca. Nunca estuve con mi padre. No recuerdo, apenas, nada de él. Regresaba a casa cuando yo dormía y se iba cuando yo dormía . . .

Juan.- ¡Eras una dormilona!

Estrella.- Era una niña, Domínguez.

Juan.- ¿Y después?

Estrella.- Después dejó de venir. No sé quien era. Se murió hace cinco años sin que yo tuviera la más remota idea de quien era.

Juan.- Era un hombre bueno.

Estrella.- ¿Qué más? Dime algo más. Necesito saberlo.

Juan.- Era . . . Era un gran jugador y un gran amigo.

Estrella.- Eso ya me lo has dicho. Cuéntame otras cosas. ¿Te hablaba de mí?

Juan.- (*Piensa*) Sí, a veces.

Estrella.- (*Con ansiedad*) ¿Qué te decía?

Juan.- Pues . . . No sé. No lo puedo recordar ahora.

Estrella.- (*Sirviéndole alcohol*) Haz un esfuerzo. ¿Qué te decía de mí?

Juan.- Te llamaba Estrellita.

Estrella.- ¿Qué más?

Juan.- Y me decía: "Juanito, tengo tres hijos oscuros y una Estrellita brillante . . ."

Estrella.- ¿Por qué?

Juan.- No sé . . . Ah, era tu pelo rojo, ¿o no? Sí, le gustaba tu pelo . . . ¿O es a mí a quien le gusta tu pelo?

Estrella.- Antes me has dicho que recordabas mi mirada perdida y . . . (*No lo recuerda*)

Juan.- Insolente. Insolente.

Estrella.- ¿Me conociste de pequeña? ¿Cómo fue? ¿Estaba yo con mi padre?

Juan.- (*Dudando*) No, no estabas con Torres.

Estrella.- Entonces, ¿cómo fue? Intenta recordarlo.

Juan.- (*Haciendo memoria*) Una noche vino tu madre contigo a buscar a Torres . . . Aquí.

Estrella.- ¿Aquí?

Juan.- ¿O fue en el club?

Estrella.- Piénsalo.

Juan.- Eso no lo recuerdo.

Estrella.- Por favor . . .

Juan.- Sí, fue aquí. Sí, seguro que fue aquí. (*Estrella se levanta y observa el bar como intentando recordar*) Apareció tu madre, muy morena, muy guapa. Una real hembra. Entró buscando a Torres. Tú estabas en sus brazos, no tendrías más de tres años, pero ya tenías los ojos enormes y la mirada insolente. Tu madre lloraba y gritaba a tu padre y tú . . . Tú mirabas a uno y a otro con esa mirada . . .

Estrella.- Eso no es insolencia, Domínguez, es terror.

Juan.- Tu padre decía: "No tenías que haber traído aquí a la niña, mujer." Y tu madre contestaba: "Si estuvieras en casa no hubiéramos tenido que venir a buscarte."

Estrella.- ¿Aquí? Yo he estado aquí antes . . .

Juan.- . . . Y tú lo mirabas todo, como hoy. Torres le dijo a tu madre: "Iros para casa, yo iré dentro de un rato."

Estrella.- ¡Qué desgraciado!

Juan.- Iba ganando mucho dinero. No podía cortar la partida. No es legal. Tu padre era un gran jugador.

Estrella.- ¡Un gran hijo de puta, eso es lo que era! O sea, que no podía dejar a esos . . . Indecentes perdiendo dinero y podía dejar a su mujer y a su hija volver a las tantas de la noche, a casa, solas. Su mujer desesperada y él . . . ¡qué canalla!

Estrella abre su bolso y saca monedas. Compulsivamente comienza a echarlas en la máquina tragaperras. Al cabo, empieza a dar golpes a la máquina entre expresiones de rabia. Los golpes son cada vez más fuertes. Juan Domínguez la observa asustado. Llena su taza de café con whisky y se acerca a ella.

Juan.- No te sulfures así.[26] Eso fue hace muchos años. ¿Por qué recordarlo ahora?

Estrella.- ¡Déjame!

Entra el camarero.

Camarero.- ¿Qué pasa aquí?

Estrella hace caso omiso.

Juan.- No pasa nada.

Camarero.- Esta mujer está loca. ¡Señora . . . !

Juan.- Déjala. Está un poco nerviosa . . .

Camarero.- Señora, va a estropear la máquina.

Estrella deja de golpear la máquina pero continúa echando monedas.

Juan.- (*Al camarero*) Ves, no pasa nada. Ya está. Se acabó el problema. (*Se oye alguna voz dentro*) Te están llamando.

El camarero, sin dejar de mirar a Estrella, llena la bandeja y sale.

Juan.- ¿Tú sabes jugar al póker? (*Estrella no le oye. Juan sube el tono de voz*) ¿Juegas al poker?

Estrella.- No. No. ¡No, por dios! Nunca en la vida he jugado al poker.

Juan.- Pues llevando la sangre que llevas serías una gran jugadora.

Estrella.- (*Sin escucharle*) ¿Tienes monedas?

Juan.- (*Buscando en sus bolsillos*) Toma.

Estrella, más calmada, sigue echando monedas.

Juan.- Yo, sin embargo, no soy amigo de las tragaperras, aunque, a veces, también echo alguna moneda. (*Señalando hacia dentro*) A ésos ya no les gusta jugar conmigo.

Sólo me dejan cuando no hay otro. Me falla la memoria y . . . (*tocando la máquina*) esto es sólo para mujeres solitarias y viejos . . . Denigrados.

A Estrella se le acaban las monedas.

Estrella.- (*Con ansiedad*) ¿Tienes alguna moneda más? Está a punto de cantar.

Juan.- Vamos, déjalo ya. Siempre parece que está a punto pero nunca llega.

Estrella.- (*Vaciando su bolso*) ¡Mierda! Dile a ése que venga a cambiarme. Vete a buscarlo, por favor.

Juan.- Eh, eh . . . , tranquilízate. Estás muy nerviosa. (*Sacando una moneda misteriosamente*) Toma, la última.

Estrella la echa. Comienza a sonar la musiquilla del premio.

Estrella.- ¿Has visto?

Juan.- ¡Vaya suerte! Había olvidado que eres una Torres.

El dinero comienza a caer precipitadamente. Estrella lo coge y da la mitad a Juan Domínguez.

Estrella.- Toma, esto es tuyo.

Juan.- No, ni hablar . . .

Estrella.- No seas tonto. La moneda era tuya. Cógelo.

Juan.- (*Con un gesto de dignidad*) He dicho que no.

Estrella.- Como quieras. (*Toma las monedas y empieza a meterlas de nuevo en la maquina*)

Juan.- Si las vas a perder, dame mi parte.

Estrella.- (*Dándoselas*) Toma, tu parte.

Juan.- (*Sonriendo satisfecho*) Es como estar con Torres . . . Otra vez. (*Hace ademán de ir a darle una palmada. Estrella se retira y, abatida, se sienta en una mesa*)

Juan se acerca al aparato de discos.

Juan.- Escucha, te voy a poner una canción. Es suave y calma los demonios. A tu padre también le gustaba mucho. (*Se ríe*) Se sabía la letra y la cantaba bien. Escucha, Torres.

Suena el bolero de antes. Juan empieza a tararearlo. Después se va animando y lo canta. Coge la botella y baila con ella como si fuera una novia. Estrella le mira entre triste, furiosa y perpleja. Juan termina el bolero cantándole a Estrella. Después se acerca hacia ella y le da la taza con whisky.

Juan.- Toma, esto es bueno. Da un trago.

Estrella.- (*Niega con la cabeza. Mira a Juan fijamente*) Dime, ¿quién eres?

Juan.- Un hombre. (*Pausa*) Un hombre viejo. ¿Y tú?

Estrella.- Tendría que contestarte que una mujer. Una mujer todavía joven, ¿no?

Juan.- Eso ya lo veo. Joven, hermosa y llena de éxito. Pero no es eso lo que quiero saber.

Estrella.- ¿Y qué quieres saber?

Juan.- ¿Estás casada? ¿Tienes niños?

Estrella.- ¿Casada? No. Bueno, estuve un tiempo con un hombre y tuvimos un hijo.

(*Sonríe y toda su cara se ilumina*) Ahora tengo un hijo precioso . . . (*Seria otra vez*) Pero no tengo hombre.

Juan.- ¿Os separásteis?

Estrella.- Sí. No nos entendíamos. (*Pausa*) En realidad fui yo. Nunca . . . Nunca he sabido qué hacer con un señor en casa.

Juan.- Con un hombre no hay que hacer nada.

Estrella.- Si no haces nada . . . se van.

Juan.- Pero siempre volvemos . . . Si se nos deja la puerta abierta, si sabemos que nos esperan, volvemos.

Estrella.- No, yo no sé esperar. Yo necesito que me esperen a mí.

Juan.- Eso es mal asunto, pequeña. Eso los hombres no lo sabemos hacer.

Estrella.- (*Desde muy adentro*) ¿Por qué? ¿Por qué no?

Juan.- Porque nosotros estamos hechos a medida de la calle. No podemos parar, ¿entiendes? Y para esperar hay que saber estarse quieto.

Estrella.- Qué pena, ¿no? Yo también tengo que estar por las calles. Mi vida está en la calle. Los argumentos de mis novelas están en la calle, mis personajes los encuentro en la calle. Tengo que salir a vender mis libros a la calle . . . (*Desde lo mas hondo*) Qué pena, ¿no?, qué pena que no sepan esperarme.

Juan.- ¿Todavía le quieres?

Estrella.- ¿A quién?

Juan.- Al padre de tu hijo.

Estrella.- No, que va. (*Reflexionando*) Creo que nunca le quise.

Juan.- No digas bobadas, tú no eres de ésas que se acuestan con cualquiera.

Estrella.- (*Sonríe ante su incomprensión*) No, no me has entendido. De que no amo me doy cuenta después, cuando ya no puedo hacer nada por remediarlo. (*Pausa*) Entonces también descubro que ellos tampoco me querían a mí.

Juan.- No digas tonterías. Una mujer como tú tiene que tener cientos de hombres a sus pies. Los jóvenes de ahora son unos gilipollas.[27] Si yo tuviera veinte años menos . . . No te dejaría escapar.

Estrella.- Tú qué sabes . . . Qué sabes como soy yo. Yo no soy dulce . . . Ni quiero serlo.

Juan.- Los bombones más dulces son los que mejor vienen envueltos, sólo hay que saber quitarles el papel de plata sin estropearlos.

Estrella.- (*Mira con ternura a Domínguez, pero en seguida reacciona a la defensiva*) Palabras. Todos los mundos están llenos de palabras. Yo también sé jugar con ellas, sí. Y casi todos los hombres de mi vida también sabían. Sin embargo, ninguno pudo quitarme el papel de plata y el bombón se puso rancio . . . Se hizo viejo. Ya sabes, ahora somos un hombre viejo y una mujer . . . (*Se toca el corazón*) Vieja. (*Estrella coge la taza llena de whisky y bebe*).

Juan.- (*Enfadado*) No sabes lo que dices. Sigues siendo una niña mal criada. Una ingrata. (*La mira y asiente*) Sí, pero tienes razón, pareces vieja. Tienes un terrible gesto de vieja.[28]

Estrella.- Y tú no tienes derecho a hablarme así. Yo . . . Yo . . .

Juan.- Pero cuando sonríes . . . Cuando sonríes y levantas los ojitos . . . ¡Sonríe, Estrella!

Estrella.- ¿Para qué? No tengo ganas de sonreír.

Juan.- Sonríe sin ganas. Vamos, inténtalo.

Estrella.- ¿Para qué?

Juan.- Hazlo un momento. Antes, cuando me has dicho que tenías un niño, lo has hecho muy bien. (*Estrella toma aire y suspira*) Sonríe, coño.

Estrella.- (*Hace una sonrisa falsa. Después sonríe de verdad*) Estás loco. Estás completamente pirao.

Juan.- Eso es. Ahora eres una mujer joven, con brillo en los ojos, con futuro. Ahora mírame a mí. ¿Qué ves en mi cara?

Estrella.- (*Desconcertada*) No lo sé.

Juan.- Sí que lo sabes. Dilo, no tengas miedo. Dilo.

Estrella.- (*Mirándolo detenidamente*) Veo arrugas. Un mapa lleno de arrugas cruzadas . . . Caminos rodeados de manchas. Amarillo, tonos amarillos en el fondo de tus ojos . . .

Juan.- Pues ahora sonrío. (*Sonríe*) ¿Qué ves ahora?

Estrella.- No te entiendo.

Juan.- Ahora sigues viendo una cara llena de arrugas y de manchas, unos ojos acuosos y amarillos. ¿Entiendes la diferencia que hay entre nosotros? Esa es la diferencia.

Estrella se queda callada. Enciende un cigarro de la cajetilla de Juan Domínguez.

Estrella.- ¿Tienes mujer?

Juan.- ¿Eh?

Estrella.- ¿Que si tú tienes mujer?

Juan.- No, murió hace nueve años. (*Pausa*) Tenía una enfermedad llamada Juan Domínguez. Es una especie de virus que va matando poco a poco. La última fase es la del odio, y el odio . . . conduce a la muerte. Fue una muerte lenta. Duró treinta años.

Estrella.- ¿Por qué no hiciste nada por evitarlo?

Juan.- ¿El qué? Yo no sabía qué hacer. Además ella tampoco quería curarse.

Estrella.- Tal vez te amaba.

Juan.- ¿Amarme? Sí, debía amarme. A veces nos queríamos y hacíamos el amor. Tuvimos dos hijos que se avergüenzan de mí y no vienen nunca a verme. Están enfermos . . . Ella . . . Ella les transmitió la enfermedad Juan Domínguez.

Estrella.- Eres peligroso.

Juan.- (*Se ríe*) ¿Peligroso yo? Nunca he sido capaz de matar ni una mosca. No, no es que me gusten, es que pienso que . . . Todo el mundo tiene derecho a vivir.

Estrella.- (*Dando otro trago*) Yo, sin embargo, odio las moscas y las mato. Son torpes e ignorantes. Son capaces de meterse por error en el oído de una persona y zumbar, zumbar . . . Yo cojo el spray y zas, las fulmino.

Juan.- (*Riéndose*) ¿Dentro del oído?

Estrella.- Cuando se cuelan en el oído mueren solas. No pueden encontrar la salida. El túnel se cierra y se pegan a la cera como si fuese miel. Pero es cera no miel. ¡Qué bichos más absurdos! Cuando amenaza tormenta se vuelven locas y pasean por tu cuerpo como si fuera su casa. No, no son agresivas, son idiotas y aman la mierda.

Juan.- Me gusta tu sentido del humor. Me gusta la gente con la que se puede hablar de todo.

Estrella.- (*Riéndose*) Sí, menuda conversación . . . Creo que la que se está volviendo loca soy yo.

Juan.- (*Riéndose ingenuo*) Filosofía, esto es filosofía pura, pequeña.

Se oyen pasos. Entra Ramón desencajado.[29]

Ramón.- Juan . . . Juanito . . . (*Mira a Estrella*) Lo siento, usted . . .

Juan.- Es Martita, mi hija.

Ramón.- (*Extrañado*) Ah, mucho gusto.

Estrella.- (*Duda. Después contesta*) Hola.

Ramón.- (*A Juan*) ¿Puedes venir un momento?

Juan.- Sí, claro. (*A Estrella*) Discúlpame, cariño.

Juan y Ramón se retiran a un lado. Oímos su conversación tensa y precipitada.

Ramón.-Tienes que dejarme cinco más.

Juan.- No puedo, Ramón, me dejas sin blanca.

Ramón.- Lo necesito, Juan. ¡Me cago en Dios. Tiene que cambiarme la suerte!

Juan.- Retírate, vete a casa.

Ramón.- Ahora no puedo. Déjame diez y juegas la última. Pastor está asfixiado, en un rato se abre. Préstame para recuperarme y juegas la última. Te doy mi palabra.

Juan.- (*Muy tieso*) No puedo. Me tengo que ir con mi hija.

Ramón.- No sabía que . . .

Juan.- Ha venido a buscarme. (*Orgulloso*) Tenía que hablarme de un asunto de familia. Un asunto urgente.

Ramón.- Es muy guapa.

Juan.- (*Verdaderamente encantado*) Mucho.

Ramón.- Vamos, Juan, préstame algo.

Juan.- (*Mirando a Estrella fascinado*) Muy guapa. Toma. (*Saca la cartera y le da dos billetes sin dejar de mirar a Estrella*) Muy guapa . . .

Ramón.- (*Haciendo un gesto de agradecimiento a Juan*) Te aviso si se larga Pastor, ¿de acuerdo? (*Entra rápidamente en la sala de juego*)

Juan Domínguez sale de su ensimismmamiento[30] y, asombrado, se mira la mano vacía. En el rostro de Estrella ha vuelto a aparecer un gesto de rabia.[31]

Juan.- *(Por Ramón)* Un buen amigo. Un gran jugador.

Estrella.- Sí, otro sinvergüenza que te saca la pasta . . . No soporto tanta basura. Me voy.

Juan.- ¿Irte? No te puedes ir ahora. Déjame presentarte a los otros.

Estrella.- ¿Estás loco? Yo no soy tu hija.

Juan.- ¿Qué te importa por una noche? Será un momento. ¿Has visto lo impresionado que se ha quedado Ramón? Si te conocieran volverían a respetarme. ¡Se darían cuenta de que no soy un desgraciado,[32] de que yo también tengo una familia . . . !

Estrella.- Sería otra de tus mentiras. Enseñarías a una hija que no es tu hija, que no te quiere.

Juan.- *(Sin dolor, solo intentando convencerla)* No importa, mi hija tampoco me quiere.

Estrella.- No, Domínguez, no voy a hacerte el juego. Estoy muy cansada . . . No he venido aquí a salvar la vida a nadie.

Juan.- Entonces, ¿a qué has venido?

Estrella.- *(No encuentra la respuesta)* No lo sé. Ya me voy.

Juan.- Por favor, entra conmigo. Serán unos minutos, sólo para que nos vean juntos, para que vean lo guapa que eres y cómo te pareces a mí.

Estrella.- ¡Domínguez! Creo ya estás con el delirium tremens.

Juan.- Por favor, Estrellita. Estoy viejo, tengo la cabeza destrozada, ¿no puedes entenderlo?

Estrella.- No, no puedo entenderlo. Te miro, te escucho pero . . . No puedo saber quien eres. Veo esa máscara sucia, irreal y . . . ¡Me duele tanto!

Juan.- Yo no era así. No creas que era así antes. Yo fui joven y muy atractivo. Tenía montones de mujeres detrás. Yo fui un hombre con futuro. *(Pausa)* También fui inteligente. Empecé tirando de una carretilla y acabé siendo un gran contable. Sí, yo también escribía libros como tú. Libros de . . . contabilidad. Números, miles de números, todos colocados en su sitio. Números a la izquierda, números a la derecha, números a la izquierda, números . . .

Estrella.- *(Interrumpiéndole)* Estoy muy cansada. He bebido y . . . No estoy acostumbrada. Me quiero ir de aquí.

Juan.- Tienes que escucharme antes. ¡No te puedes ir sin escucharme!

Estrella.- Los borrachos nunca dicen la verdad.

Juan.- ¡No estoy borracho! Sé perfectamente lo que digo. Además . . . Las personas somos algo más que palabras, ¿no?

Estrella.- *(Aturdida)* No lo sé . . .

Juan.- Somos personas.

Estrella.- Yo no sé nada.

Juan.- Lo que quiero decirte es que yo también he sabido amar. Y que todavía tengo un corazón, joder, y una boca y unas manos . . . Y que yo . . . (*Con verdad*) Yo te quiero mucho.

Estrella no reacciona. Conmovida baja la cabeza.

Juan.- Qué pelo rebelde . . . Ese pelo rojo. (*Va a tocárselo*)

Estrella.- (*Retirando la cabeza*) A mi padre es lo único que le gustaba de mí.

Juan.- Lo único no. Es lo que más le gustaba de ti. (*Pausa*) Tu madre también tenía un pelo precioso. Nada más verla me enamoró. Sí, fue increíble encontrarla. Otra vez sopas calientes, calcetines zurcidos y un pecho . . . Un pecho suave donde meter la cabeza. Sí, yo también estuve enamorado.

Estrella.- Pero no estabas nunca en casa, ¿no?

Juan.- Eso fue después, años después de casarnos. Dejé de ascender en la empresa, debió ser que se me fueron las luces. La cabeza rota, los plomos fundidos.

Estrella.- El alcohol . . . El alcohol . . .

Juan.- No ganaba lo suficiente para todos sus caprichos. Ella me lo reprochaba, me echaba broncas[33] por todo. Y me quitó su pecho. (*Pausa*) Hablaba y hablaba y yo . . . Callado. Parado ante la diosa, ante la víctima. Abrir la puerta de casa por la noche era como entrar en la jaula de la fiera . . .

Estrella.- Abrir la jaula a las tres, a las cuatro, a las cinco, a las seis de la mañana. Al día siguiente.

Juan.- Arañazos, bocados, golpes sin piedad . . . Si supieras qué miedo me daba.

Estrella.- Y tú entonces, salías corriendo como un cobarde y te escondías en este lugar espantoso, mientras ella barría, lavaba, cosía, sufría . . . Nos criaba sola. Esa fue mi casa. Una casa sin hombres. ¡Dios qué noches! ¡Cuántas noches me he pasado rezando para que llegaras pronto, para no oír los gritos! ¿Cómo se puede ser tan cruel e irresponsable?

Juan.- ¡Nunca te pegué! Nunca . . .

Estrella.- Yo no he dicho eso. Tú me torturaste de una manera más sutil.

Juan.- A mí sí. Mi padre me pegaba con el cinto y con los puños. Me llamaba cagón y enano. No podía soportar que fuera débil y . . . Pequeño. A los doce años me trajo a Madrid y me dejó tirado . . . Con la cabeza . . . Mira. (*Se retira el pelo y muestra a Estrella una enorme cicatriz[34]*).

Estrella.- (*Sobrecogida[35]*) ¿Qué es eso?

Juan.-La cabeza rota de arriba a abajo.

Estrella.- ¿Quién te hizo eso?

Juan.- No importa.

Estrella.- ¿Te lo hizo tu padre?

Juan.- (*Resentido*) Sí, porque él me mandó a la guerra. Yo no quería ir, era un niño todavía . . . (*Se queda callado*)

Estrella.- ¿Y qué pasó?

Juan.- Creo que nadie daba un duro por mí. Me dejaron en un catre solo, inconsciente. Pero un día . . . Me desperté.

Estrella.- ¿Pero cómo te lo hicieron?

Juan.- (*Duda*) Yo . . . Yo iba a la vanguardia del batallón. Los tanques enemigos se acercaban hacia nosotros . . . A lo lejos se escuchaba el ruido de la artillería . . . ¡Bunn . . . , Bunn . . . Bunn . . . !

Estrella.- (*Interrumpiéndole*) Estás mintiendo.

Juan.- ¿Sí, verdad?

Estrella.- ¿Por qué? ¿Por qué mientes siempre?

Juan.- No me doy cuenta. (*Pausa*) La cabeza. ¿Quién me dio el golpe? Perdóname, estoy viejo. Perdona, cariño.

Estrella.- No lo puedes haber olvidado.

Juan.- (*Pensando*) La cabeza . . . La cabeza . . . Ah, claro. (*Pausa*) ¿Si te digo la verdad no se lo dirás a nadie?

Estrella.- No.

Juan.- Me coceó un burro, en mi pueblo.

Estrella.- (*Sin poder evitar la risa*) ¡Qué bárbaro!

Juan.- Es que me gustaba mirarle. A ése sí que le jodían las moscas . . . Movía las orejas como un condenado. Ahí es donde yo aprendí. ¿Te acuerdas? (*Simpático*) Mírame, esto te encantaba de pequeña.

Juan se concentra y mueve las orejas.

Estrella.- ¡Uy, cómo las mueves! (*Se ríe*) ¡Si parece que vas a echar a volar!

Juan.- ¿Y esto qué te parece? (*Comienza a poner caras diferentes a cada cual más fea. Estrella se ríe*) Mira ésta. ¿Y ésta qué? ¿Y ésta?

Estrella.- (*Que parece una niña*) Qué feo . . .

Juan.- Pues mira ésta.

Estrella.- (*Gozando*) Ay . . . Qué cara . . . ¡Qué horror!

Juan.- ¿Ves como te gusta? Te ríes . . . Soy papá, el hombre más feo del mundo. Papá tonto. Papá oso. (*Comienza a hablar imitando la voz del oso Yogui*) oye, Bubu, vamos a raptar a esta niña traviesa y llevarla a la caseta del guardia . . . (*Imitando a Bubu*) ¿Qué dices, Yogui? (*Imitando a Yogui*) Que sí, que esta niña de pelo rojo me está hinchando las narices . . . Mírala, se está riendo de mí . . . Se está riendo de mí . . .

Juan persigue a Estrella que corre divertida para que no la pille. El camarero, que ha entrado, observa la escena perplejo. Juan y Estrella de pronto se dan cuenta de que está el camarero y se quedan parados en seco.

Camarero.- ¿Ustedes me están tomando el pelo o qué? ¿No se pueden ir a la calle a hacer payasadas?

Juan.- (*Con voz de oso*) Mira, niñita, qué perro más tonto se ha perdido en el parque.

Camarero.- ¡Te voy a dar una ostia[36] . . . !

Juan.- (*Siguiendo el juego*) Oh, no es posible. Eres un chiguagua enano y te puedo aplastar con mi pataza. (*Hace el gruñido de un oso*)

Camarero.- Estás muy envalentonado[37] tú delante de esta señora. No sé quien será pero . . .

Juan.- Díselo, señora.

El camarero mira a Estrella, ésta le pega un sonoro ladrido. El camarero alucina. Juan y Estrella se colocan frente a él y le gruñen y le ladran cada vez con más fuerza. El camarero hace un gesto de desprecio total y sale.

Estrella aplaude. Lo celebran.

Juan.- Ahora dame la mano.

Estrella.- (*Rompiendo el juego*) ¿Para qué?

Juan.- Vamos, que te voy a hacer un juego de magia.

Estrella.- (*Asustada*) Eso no.

Juan.- No seas tonta. (*Extiende su mano*) Vamos, que no te la voy a cortar.

(*Estrella extiende su mano, Juan va a cogérsela y Estrella la retira.*)

Estrella.- No. No puedo. No puedo tocarte.

Juan.- (*Después de un momento*) Ah, te doy asco. Lo había olvidado.

Estrella.- No, no sé lo que es pero . . .

Juan.- (*Abatido*) Puedo ir a lavarme las manos.

Estrella.- No. No.

Juan.- Si yo estoy limpio. Me lavo las manos todas las mañanas y me echo colonia. ¿No me crees? Soy un viejo idiota pero voy limpio.

Estrella.- Claro, ya lo sé.

Juan.- El tabaco, el alcohol y el tiempo ensucian, ensucian por dentro y por fuera. (*Se frota los dedos amarillentos*) ¿Ves? No se quita. Está dentro de la piel.

Estrella.- No digas eso. No me das asco. Pero . . . Es que no estoy acostumbrada. Él . . . Tú . . . Él nunca me tocó.

Juan.- No es cierto. Lo que pasa es que ya no te acuerdas.

Estrella.- No, no me acuerdo.

Juan.- (*Acercándose a ella*) Yo te cogía las manos y tú . . .

Estrella.- (*Con horror*) ¡No te acerques! ¡No me toques! ¡No soporto que me toquen los borrachos!

Juan se queda petrificado. Estrella también. Se miran en silencio.

Juan.- (*Decidido*) Espérame, ahora vuelvo.

(*Se dirige a los lavabos del bar. Estrella no sabe qué hacer. Automáticamente camina hacia la maquina tragaperras.*)

(*Entra Ramón sonriente y relajado.*)

Ramón.- ¿Dónde está su . . . Papá?

Estrella.- ¿Qué quiere?

Ramón.- Hablar con él.

Estrella.- ¿Va a devolverle su dinero?

Ramón.- ¿Dónde está?

Estrella.- Está en el servicio, pero puede darme el dinero a mí.

Ramón.- Cuando vuelva dígale que entre un momento.

Estrella.- ¿Que entre a qué?

Ramón.- Eso no es cosa tuya, guapa.

Estrella.- Devuélvame el dinero que le ha sacado. Es usted un indecente. Se aprovecha de él porque es mayor y . . .

Ramón.- ¿Y usted qué? ¿Eh?

Estrella.- ¿Qué insinúa?

Ramón.- Vamos, ¿te crees que me chupo el dedo? Ese no es tu padre.

Estrella.- Sí que lo es.

Ramón.- Ya, ¿y qué, habéis salido a tomar unas copas juntos?

Estrella.- Lo que hagamos mi padre y yo a usted no le importa.

Ramón.- ¿Así que tú también sabes cuándo cobra la pensión?

Estrella.- ¿Qué está diciendo?

Ramón.- Este no es un sitio para mujeres decentes.

Estrella.- (*Con desprecio*) Desde luego. (*Le da la espalda*).

Ramón.- (*Acercándosele demasiado*) Es usted demasiado guapa para caer tan bajo. (*Le agarra por la cintura*)

Estrella.- (*Se vuelve para darle una bofetada*[38]) ¡Y usted es un cerdo!

Ramón.- (*Sujetándola por las muñecas*) Estás loca . . .

Estrella.- (*Intentando soltarse*) ¡Devuélvale su dinero! ¡Devuélvaselo, cerdo!

Ramón.- ¡Quieta . . . !

Estrella.- ¡Borracho . . . ! ¡Degenerado . . . ¡

Ramón empuja a Estrella hacia atrás y después le tira unos billetes.

Ramón.- Toma. Dile al . . . viejo que puede pasar a jugar.

Ramón sale.

Estrella recoge los billetes y los pone encima de la mesa. Toma la botella de whisky y se sirve un poco en la taza. Está aturdida.

Entra Juan. Viene lavado y repeinado. Estrella le mira y sonríe.

Juan.- ¿Cómo me ves?

Estrella.- Estás . . . muy guapo.

Juan.- Me he lavado la cara y las manos con jabón. Estoy . . . nuevo.

Estrella.- Sí. (*Le da los billetes*) Toma, los trajo ese hombre para ti.

Juan.- Ah, Ramón. ¡Qué suerte, se ha recuperado! Un gran amigo . . .

Estrella.- (*Con temor*) Dice que puedes pasar a jugar.

Juan.- (*Contento*) ¿Sí? (*Mira hacia la sala de juego. Después mira a Estrella*) No, ahora no voy a pasar. Primero voy a hacer una magia para ti. (*Pausa*) ¿Me das la mano?

(*Estrella le mira asustada.*)

Juan.- Es muy fácil, pequeña, apenas rozaré tu piel . . . Dame la mano.

Estrella.- (*Moviendo lentamente sus manos que tiemblan*) ¿Cómo?

Juan.- (*Saca una bolita roja de su bolsillo*) Mira, siempre la llevo en el bolsillo para jugar con los niños de mi calle, ellos son simpáticos y se divierten conmigo. Me buscan los trucos y me meten las manos en las mangas y en los bolsillos . . . Nunca encuentran la bolita pero siempre hay una moneda o un caramelo . . . Me gustan los críos porque no se preguntan quién demonios soy. Me gusta aunque sé que cogen el caramelo y se van. (*Coloca la bola roja sobre la mesa*) Cógela y colócala sobre mi mano. (*Estrella, con lentitud, lo hace*) Ahora yo la cierro y tú echas unos polvos mágicos. (*Estrella, tímidamente, hace el gesto*) Así, muy bien. Ahora di: "Bola de ilusión, pasa de su mano a mi corazón."

Estrella.- Bola de ilusión, pasa de su mano a mi corazón.

Juan.- ¡Ta, ta, ta, chan . . . ! (*Abre la mano*) ¡La bolita ha desaparecido!

Estrella.- ¿Dónde está?

Juan.- Ah, no lo sé. Búscala.

Estrella.- Está en tu bolsillo.

Juan.- (*Sacándose los bolsillos*) No.

Estrella.- En la manga de la camisa.

Juan.- (*Subiéndose las mangas*) No, señorita, no está. Dame ahora tu mano. (*Con profunda autoridad*) Dámela. (*Estrella extiende su mano. Juan muestra la suya vacía*) Mira, no hay nada.

(*Juan coloca su mano encima de la de Estrella y comienza a tocársela con mucho cuidado. Es un momento largo y tenso. Estrella cierra los ojos impresionada.*)

Juan.- ¿Ves que fácil? (*Con mucha delicadeza*) Se frota por aquí.[39] Se frota por allá . . . Cierra la mano. (*Estrella lo hace. Juan sigue tocándole la mano cerrada*) Y se dice: "bola perdida pasa a la mano hermosa de mi niñita." ¡Ta, ta, ta, chan . . . ! Abre la mano. (*La bola está en la mano de Estrella*)

Estrella.- (*Fascinada como una niña*) ¿Cómo lo has hecho?

Juan.- Ah, cosa de magos.

Estrella.- Qué mano más suave[40] . . .

Juan.- Y ahora la bolita roja se convertirá . . .

Estrella.- (*Interrumpiéndole*) Dámela. Dame la mano otra vez. (*Estrella coge la mano de Juan y le toca los dedos con ternura. Después acerca la mano de Juan a su cara*) Es suave. Es muy suave . . . Es buena y tiembla . . .

Juan.- (*Retirando la mano*) ¡Y ahora el mago tonto va a sacar un pájaro de la cabecita de su niña. De la cabeza con el pelo más rebelde del mundo!

Estrella.- No.

Juan.- ¿No quieres que te saque los pájaros? (*Estrella niega*) Pues . . . Un pañuelo blanco como una paloma.

Estrella.-No.

Juan.- (*Nervioso*) A ver. . . A ver. . . Una servilleta de muchos colores . . .

Estrella.- No.

Juan.- Un peine roto . . .

Estrella.- No.

Juan.- (*Más nervioso*) ¿Un billete grande de miles de pesetas? (*Estrella niega con la cabeza*) Entonces, ¿qué quiere la muchachita?

Estrella.- (*Mirándole a los ojos*) Quiero que me acaricies. Acaríciame.

Juan, después de un momento, comienza a acariciar el pelo de Estrella. Está emocionado. Estrella esconde la cabeza entre sus manos.

Juan.- Quiero decirte . . . Me gustaría que supieras . . .

Estrella.- Chist . . . No digas nada. Acaríciame.

(*Juan la sigue acariciando con mucha ternura.*)

Estrella.- Dime sólo lo que sientes.

Juan.- Pues . . . No sé. No sé explicarlo . . .

Estrella.- ¿Te gusta?

Juan.- Sí, mucho. Me siento . . .

Estrella.- ¿Qué sientes, papá?

Juan.- Me siento . . . Persona.

Estrella.- (*Besándole las manos*) Eres . . . una persona importante. Eres bueno. Eres un hombre bueno . . .

Juan.- Soy un tarado mental,[41] niña. Un tarado que se ha pasado la vida perdido en . . . un sitio muy pequeño. Sin poder moverse de ahí. Parado como todos los cobardes . . . Yo . . . Yo quiero pedirte perdón.

Estrella.- (*Con una fuerza infinita*) Sí, te perdono. Te perdono.

Juan.- Me gusta oír eso. Es la primera vez que alguien me dice . . . Te perdono.

Estrella.- Pobrecito . . . Pobrecito . . . (*Le abraza y le acaricia como si fuera un niño*) Tan pequeño . . . Tan solito . . . Pobrecito mío . . . Mi papá Rafael, Rafita, Rafaelito . . .

(*Juan, al oír ese nombre, se separa de Estrella conmocionado. Al momento reacciona con energía.*)

Juan.- Rafael. ¡Rafael Torres! Es muy duro el fracaso, Estrella, algunos no pueden resistirlo y se mueren.

Estrella.- Pero tú no. Tú no te vas a morir nunca.

Juan.- Rafael Torres, tu padre, no pudo con él. Yo le he visto temblar. Darse golpes contra una pared . . .

Estrella.- (*Confusa*) ¿Qué? ¿Qué dices?

Juan.- Que yo he visto a tu padre llorar . . .

Estrella.- ¿A . . . A mi padre? ¿Por qué?

Juan.- Porque, Estrellita, su hija, le había llamado cabrón.

(*Estrella se lleva las manos al vientre como si hubiera recibido un impacto.*)

Juan.- Torres era un hombre débil y equivocado pero . . . tenía corazón. Un corazón encogido y lleno de . . . penas. (*Sacando la voz*) Y tenía un amigo: Juan Domínguez y . . . Y la cabeza rota.

Estrella.- Pobrecito . . .

Juan.- Le engañó la vida mentirosa. La vida nos la jugó.[42] Pero tú eres joven y todavía puedes triunfar, ser feliz, ¿me oyes? Tu padre quiso triunfar pero sabía que era imposible, desde muy pronto le fue imposible. Luego se quedó sin tiempo, el hígado le traicionó. Siguió bebiendo porque sin hígado y sin triunfo se pierde toda la voluntad . . .

Estrella.- Pobrecito mío . . .

Juan.- Yo le he visto darse golpes contra una pared porque Estrellita, su niña, le había llamado cabrón.[43]

Estrella.- ¡Ya me lo has dicho! Es verdad. Me hacía daño. No estaba nunca y . . . Yo me sentía culpable de tener un padre así. ¡Y yo no soy culpable! Yo no tengo la culpa de ningún golpe, de ningún hígado enfermo. Ni de los burros, ni de la mierda, ni del whisky . . . (*En un grito desgarrado*[44]) ¡Yo no soy culpable! (*Rompe a llorar*).

Juan.- Claro que no, tonta, claro que no. Tú eres sólo una estrella brillante que ha salido esta noche . . . (*Abriendo sus brazos*) una estrellita pequeña que me ha dado su luz. (*Estrella le abraza*).

(*Entra Ramón y les sorprende abrazados.*)

Ramón.- Joder con el viejo, y parecía tonto . . .

(*Juan y Estrella no le miran.*)

Ramón.- (*Haciéndose notar*) Pastor se va. ¿Quieres echar la última?

Estrella.- Nosotros también nos vamos.

Ramón.- Ya.

Estrella.- Se marcha y no va a volver por aquí.

Ramón.- Está bien. . . . (*Se da la vuelta para irse*)

Juan.- ¡Ramón! (*Ramón se vuelve*) ¿Cómo va la cosa?

Ramón.- (*Asiente con la cabeza. Saca unos billetes*) Toma, estamos en paz.

Juan.- Ahora voy.

Ramón.- Date prisa. (*Sale*)

Estrella.- (*Incrédula*) ¿Vas a entrar ahí?

Juan.- Sí, tengo un compromiso con este amigo.

Estrella.- ¿Compromiso? ¿Amigo? Ese no es tu amigo, ese hombre te utiliza . . .

Juan.- Calla, tú no puedes comprenderlo pero Ramón es un amigo.

Estrella.- Ese hombre es un chulo y esto es un . . . antro infecto. Vámonos de aquí.

Juan.- No puedo, Estrella, me necesitan para continuar la partida, ¿no lo comprendes?

Estrella.- Tienes que dejar esto. No entres, por favor. Vámonos de aquí.

Juan.- (*Con mucha calma*) ¿Vámonos? ¿A dónde?

Estrella.- A . . . A . . . (*No encuentra respuesta. Se queda callada. Comienza a asentir con la cabeza en un acto de reconocimiento, de aceptación. Sonríe y mira a Juan*).

Juan.- Vete tú, Estrella. Y no se te ocurra volver por aquí. (*Estrella asiente. En su cara hay una expresión dulce y relajada*). No se te ocurra volver por aquí. ¿Me has entendido?

Estrella.- (*Rotunda y transformada*) Sí.

(*Entra Ramón con el camarero.*)

Ramón.- ¿Entras o no, Domínguez?

Juan.- Sí, un momento. (*Estrella recoge sus cosas y se dirige hacia la sala de juego*) ¿Adónde vas?

Estrella.- Esa puerta está cerrada.

Juan.- Pues se abre. (*Al camarero*) Abre la puerta, muchacho.

Camarero.- Que salga por la otra.

Juan.- Ella sale por aquí aunque sea lo último que haga yo en mi vida.

Estrella.- Déjalo, qué más da.

Juan.- Chist . . . Tú siempre por la puerta de delante y con la cabeza bien alta, ¿entendido? (*Estrella asiente con felicidad*) ¿Qué he dicho?

Estrella.- Que yo siempre por la puerta de delante y con la cabeza bien alta.

Juan.- (*Al camarero*) Dame las llaves.

Ramón.- Dale las llaves, coño, que nos están esperando.

Juan.- (*Extendiendo la mano al camarero*) No te necesito. Todavía tengo fuerzas para abrirla yo.

El camarero le tira las llaves. Juan las coge, y sacando fuerzas de no se sabe dónde, levanta el cierre metálico.

Juan.- (*A Estrella cediéndole el paso*) Adiós.

Estrella va a salir. De pronto se vuelve.

Estrella.- (*En voz alta y firme*) Padre . . .

Juan.- ¿Eh?

Estrella.- Papá, te quiero.

(*Juan no sabe qué decir, mira a los hombres.*)

Juan.- Ya lo sé, tonta. Ya lo sé.

Estrella.- (*A los hombres*) Buenas noches. Muy buenas noches a todos. (*Sale*)

(*Juan Domínguez echa el cierre de la puerta con una fuerza sorprendente. Ramón y el camarero se miran.*)

Juan.- (*A Ramón*) Una Estrella . . . Una Estrella brillante es mi Martita. ¿Verdad, Ramón? (*Ramón se encoge de hombros sin salir de su perplejidad. Juan al camarero*) ¡Whisky, muchacho, whisky para todos. ¡Esta noche invito yo!

(*Ramón entra en la sala, detrás, tambaleándose, le sigue Juan Domínguez. Se va haciendo el oscuro.*)

FIN

Comprensión del texto

1. Describa la localización del drama y los personajes. ¿Sabemos por qué vino Estrella a este lugar? ¿Qué profesión tiene?

2. ¿Quién es Juan Domínguez? Descríbalo. Por qué se tambalea al entrar al bar?

3. ¿Cuál es la primera reacción de ambos personajes cuando se encuentran?

4. Analice la dinámica entre los tres personajes cuando el camarero agarra a Juan Domínguez para echarlo del bar. ¿Qué rol asume Estrella en esta escena? ¿Cómo cambia su actitud frente a Domínguez?

5. ¿Cómo era el padre de Estrella, según Juan? Contraste esa visión del padre con la de Estrella. ¿Qué recuerdos del padre tiene Estrella de su niñez?

6. ¿Qué aprendemos de la vida de Estrella y sus relaciones íntimas con los hombres? ¿Cómo entiende usted la metáfora del bombón que usa para describirse a sí misma?

7. ¿Qué relación tiene Juan con los otros jugadores del póker y en particular con Ramón? ¿Qué se puede extrapolar de esta situación para entender la situación paralela del padre de Estrella?

8. ¿Cómo evoluciona la relación entre Estrella y Juan a través de la obra? ¿Por qué lo llama "padre"?

9. ¿Qué importancia tiene el título, *Una estrella*?

10. Analice el final. ¿Cómo se despide Estrella de todos? Compare su estado anímico al comienzo y al final del drama.

Actividades

1. Escoja un fragmento de la obra *Una estrella* y preséntela ante la clase. Alternativamente, busque variaciones a la misma historia, otro final, o adaptaciones a otro tiempo, espacio o contexto cultural.

2. En grupos, creen diálogos referentes a relaciones conflictivas entre padres e hijos.

3. Identifique y haga una lista de frases coloquiales y expresiones propias del habla popular madrileña.

4. Traduzca al inglés y analice las siguientes frases dentro del contexto de la obra:

   "Es muy duro el fracaso, Estrella, algunos no pueden resistirlo y se mueren." (Juan Domínguez).

   "Yo . . . tengo que estar por las calles. Mi vida está en la calle. Los argumentos de mis novelas están en la calle, mis personajes los encuentro en la calle. Tengo que salir a vender mis libros a la calle . . ." (Estrella).

Comprensión del video

1. ¿Cuáles son los antecedentes de la obra *Una estrella*?

2. ¿En qué forma la autora transforma una experiencia personal en una obra de teatro?

3. ¿Cuál es la estructura de la obra según Pedrero, y cómo se aprecian los distintos niveles?

4. Identifique cuáles son las preocupaciones fundamentales de la escritura de Pedrero.

5. Resuma las apreciaciones de Pedrero sobre la mujer y el teatro. ¿Qué tipo de desafíos enfrentan las dramaturgas en España?

6. ¿Cómo completa la entrevista la compresión de la obra?

7. Observe con atención el fragmento de la obra y establezca una comparación entre el texto y la representación.

Para comentar y escribir

1. Analice en qué forma se puede considerar esta obra una terapia de conciliación. ¿Por qué etapas emotivas pasa Estrella en la obra?

2. Discuta sobre el carácter intimista y realista de la obra y el estilo de Pedrero para presentar a los personajes.

3. Analice el tratamiento de los diálogos en la obra y los recursos que utiliza la autora para dramatizar el conflicto entre los personajes.

4. Compare los roles masculinos y femeninos en la obra incluyendo los padres de Estrella.

5. Establezca una relación entre la situación del personaje de Estrella con la vida de la propia autora según la entrevista.

6. Compare la obra de Pedrero con otras obras que haya leído o visto sobre temas similares.

Notas

1. una máquina tragaperras: a slot machine
2. a la barra: at the counter, at the bar
3. mosqueado: annoyed
4. desconfianza: mistrust
5. gruñido: a growl
6. de mala gana: reluctantly, grudgingly
7. una cajetilla (de cigarrillos): a pack of cigarrettes
8. No quiero líos: I don't want any problems.
9. repara en Estrella: he notices Estrella
10. algo abrumada: a bit overwhelmed
11. desquiciado: (fig.) distressed
12. yo no te he faltado al respeto a ti: I have not been disrespectful to you
13. dormir la mona: to sleep off the hangover
14. un bozal: a muzzle
15. ¡no te lo consiento!: I will not tolerate it. I will not allow it.
16. ¡Suéltele ahora mismo!: Let him go right now!
17. Parece un buitre buscando carroña: You seem like a vulture looking for carrion.
18. chulería: cheekiness
19. Está descamisado . . . desencajado.: He looks wretched and his face is red and contorted.
20. No jodas.: Don't be a drag. Don't pester me.
21. descaradamente: impudently
22. mocosa: a snotty-nosed child, a brat
23. harto: fed up
24. no escatimaba: did not begrudge
25. ¡Menudo carácter tienes!: You're something!
26. No te sulfures así.: Don't get angry (like this).
27. unos gilipollas: (Esp. vulg.) jerks, idiots
28. Tienes un terrible gesto de vieja.: You have a horrible look of an old woman. gesto: facial expression
29. desencajado: distraught
30. ensimismamiento: reverie, self-absorption
31. un gesto de rabia: an expression of rage
32. un desgraciado: an unfortunate person; a wretched, miserable individual
33. me echaba broncas: she told me off
34. una enorme cicatriz: a huge scar
35. sobrecogida: startled
36. te voy a dar una [h]ostia: I'll punch you
37. envalentonado: emboldened, fresh, cheeky
38. darle una bofetada: to slap his face
39. Se frota por aquí.: You rub here.
40. Qué mano más suave . . .: What a gentle hand . . .
41. Soy un tarado mental: I am mentally defective, retarded
42. La vida nos la jugó.: La vida se burló de nosotros. Life cheated us.
43. cabrón: (vulg.) bastard
44. un grito desgarrado: a heartbreaking cry, a piercing cry

Fig. 9. Fumador. Foto de J. Mayone Stycos.

Capítulo VII

Sergi Belbel (España, n. 1963)

Después de la lluvia (fragmento)

Actividades de prelectura

1. Busque información sobre Cataluña y su posición dentro de España.

2. Investigue sobre el uso del catalán durante la dictadura de Franco y después.

Introducción al autor

Nacido en Terassa cerca de Barcelona de padres españoles, Sergi Belbel escribe en catalán pero también traduce sus obras al castellano. Dramaturgo, director, traductor teatral, guionista ocasional y profesor, Belbel se lució como autor en 1986 cuando fue galardonado con el primer premio Marqués de Bradomín por su obra *A.G./V.W. Caleidoscopios y faros de hoy.* La fecha marca el inicio de un período de gran fermentación en el teatro catalán con una "avalancha" de autores jóvenes, según Carles Batlle i Jordà (39), y apoyo institucional para nuevas obras con premios, becas, subvenciones y festivales. El Aula de Teatre de la Universitat Autònoma de Barcelona (1986), La Sala Beckett para el teatro alternativo y el monumental Teatre Nacional de Catalunya (oficialmente abierto en 1997) ofrecieron nuevas oportunidades para representaciones de obras "de texto", a diferencia del teatro visual y colectivo que había predominado hasta entonces.

Belbel cuenta con una veintena de obras. Entre ellas, *Elsa Scheinder,* Premio Nacional Ignasi Iglèsias 1987, *Tàlem (Lecho conyugal,*1989), *Caricies (Caricias,* 1991) y *La sang (La sangre,*1998). Sus dos dramas más galardonados son *Morir* con Premio Borne de Teatro 1994 y Premio Nacional de Literatura Dramática de Ministerio de Cultura Española 1996 y *Desprès de la pluja (Después de la lluvia,* 1993), con el Premio Nacional de Literatura Dramática de la Generalitat de Catalunya 1993–95, Premio de la Crítica "Serra d'Or" 1994, Premio Meliá Parque 1997 a la mejor obra dramática, Premio "Molière 1999" a la mejor obra cómica de la temporada en la producción del Théatre de Poche Montparnasse de París 1998–99, más el Premio Max de las Artes Escénicas a la proyección Internacional en 2002. *Morir (o no)* y *Caricias* han sido llevadas al cine por Ventura Pons.

En la creación de Sergi Belbel se destaca "la voluntad de poner en evidencia los dispositivos inconscientes de la violencia ... [que] anida en el interior de cada uno de nosotros, [y] sólo hace falta un contexto adecuado para hacerla brotar" (Batlle, 44). Sus obras, claramente posmodernas, están marcadas por la desestabilización de la relación realidad/ficción, parodia, distanciamiento, juegos repetitivos y ausencia de personajes únicos o centrales. Así en *Morir* como en *Después de la lluvia* los personajes carecen de nombres propios. En *Morir*, drama en dos partes, Belbel reescribe en la segunda parte las escenas de la primera pero con diferentes desenlaces. La trama de *Después de la lluvia* comparte la construcción bipartita sólo que a diferencia de *Morir*, la segunda parte que lleva el título de la obra tiene que ser imaginada por el lector o espectador. En el teatro posmoderno de la "Generación Bradomín" no hay versión "autorizada" o fija de la realidad; se dan más bien versiones plurales o indeterminadas.

El tema que más se destaca en *Después de la lluvia* es las relaciones interpersonales en una sociedad deshumanizada. En su entorno urbano con la agresión siempre presente bajo la superficie de la cotidianeidad oficinista, *Después de la lluvia* se puede comparar con los filmes de Pedro Almodóvar y en particular, *Mujeres al borde de un ataque de nervios*. La trama transcurre en el techo de un rascacielos donde los personajes fácilmente pueden sufrir del vertigo y al acercarse a la frágil barandilla, que delimita la seguridad del techo del vacío abajo, llaman la atención sobre su existencia siempre "al borde" de la muerte. La obra, sin embargo, está construida como una comedia con un "final feliz." Como es de esperar, diferentes públicos o espectadores/lectores responden de maneras diferentes al humor de la obra, según su contexto cultural y personal. Lyn Gardner observa simplemente —en el periódico británico *The Guardian*—, que la política de las relaciones sexuales de la pieza es prehistórica ("the sexual politics of the piece are prehistoric" [cited in George, 52]).

Sergi Belbel se ha establecido como autor contemporáneo reconocido no sólo en España sino también en otros países de Europa y de las Américas. Sus obras han sido representadas en Argentina, Colombia, Uruguay, Portugal, Francia, Italia, Alemania, Croacia, Eslovenia, Bélgica (lengua flamenca), Dinamarca, Canadá y Brasil; también se han traducido al ruso y sueco, sin estrenar.

BIBLIOGRAFÍA SELECTA

Batlle i Jordà, Carles. "La nueva dramaturgia catalana: de la perplejidad a la diversidad." *Estreno* 24.2 (otoño 1998): 39–49.

Feldman, Sharon G. "Homage to Catalan Theater: Introduction," *Estreno* 24.2 (otoño 1998): 1–13.

George, David. "The Reception of Sergi Belbel's *Després de la pluja*." *Estreno* 24.2 (otoño 1998): 50–53.

Huguet-Jerez, Marimar. "La muerte posmoderna de Sergi Belbel: *Morir o el grito emblemático de una generación*," *Letras Peninsulares* (otoño 2001): 297–304.

Fig. 10. *Después de la lluvia*. Producción. Cortesía de Sergi Belbel.

Después de la lluvia (fragmento)[1]

Personajes

(Personal de una empresa financiera de las cuatro o cinco que ocupan el edificio)
Programador Informático
Programador Administrativo
Secretaria Rubia
Secretaria Morena
Secretaria Pelirroja
Secretaria Castaña
Mensajero Local
Directora Ejecutiva
Lugar: azotea de un rascacielos de 49 plantas, edificio inteligente de oficinas de alto standing. Cielo plomizo, sin que amenace lluvia.
Tiempo: ahora. Futuro muy cercano.

Antes de la lluvia
Escena I

El Programador Administrativo y el Programador Informático entran sigilosamente.

Programador Administrativo.- Aquí.

Programador Informático.– Hace demasiado frío.

Programador Administrativo.– Mientras no haga viento . . .

Programador Informático.– O no llueva . . .

Programador Administrativo.– ¿Qué?

Programador Informático.– Nada, nada, qué tontería, es imposible, claro, era . . . una broma.

Programador Administrativo.– Después de todo este tiempo . . . Dos años, ya, o quizá más, ¿verdad? Qué fatalidad, dos años sin caer una sola gota de lluvia y precisamente hoy iba a ponerse a . . . No. Tranquilo, chico. Lo habrían anunciado todos los periódicos en primera plana.[2]

Programador Informático.– ¿Y aquí no nos dirán nada?

Programador Administrativo.– No.

Programador Informático.– ¿Y si nos ven? ¿Si nos . . . pescan?[3]

Programador Administrativo.– ¿Quién?

Programador Informático.– Puede subir alguien.

Programador Administrativo.– Si sube alguien, será para hacer lo mismo que nosotros.

Programador Informático.– Ah. Quizá sí. No lo había pensado. Pero quizá no.

Programador Administrativo.– No sería la primera vez.

Programador Informático.– ¿Siempre ha estado prohibido?

Programador Administrativo.– Sí. Desde el mismo día de la inauguración.

Programador Informático.– Quiero decir para la gente de la empresa. Antes de trasladaros aquí, por ejemplo.

Programador Administrativo.– ¿Antes? No. Tampoco estaba permitido. Pero no había controles rigurosos. Ni en la entrada ni en los lavabos ni en la cafetería.

Programador Informático.– ¿Y dices que conoces a alguien que haya subido aquí para . . .

Programador Administrativo.– Sí. Bueno, verlos, no los he visto nunca, pero me imagino quiénes son.

Programador Informático.– ¿Cómo lo sabes?

Programador Administrativo.– Tengo el olfato muy fino. Por el aliento.

Programador Informático.– Ah.

Programador Administrativo.– Por cierto, nunca hubiera dicho que tú también . . .

Programador Informático.– Pues sí, me da un poco de vergüenza reconocerlo, pero . . . sí.

Programador Administrativo.– Contigo me ha fallado el olfato. ¿Vergüenza, has dicho?

Programador Informático.– Lo he ocultado bien. No sé cómo he podido aguantar tanto.

Programador Administrativo.– ¿Hoy es la primera vez?

Programador Informático.– Sí. Durante el trabajo, sí.

Programador Administrativo.– Tres meses aguantando tantas horas, no está nada mal. Porque llevas tres meses con nosotros, ¿no?

Programador Informático.– Sí. Me ha costado lo mío reprimirme las ganas. Por eso a veces me pongo tan nervioso. Sobre todo con los pesados y las pesadas[4] que no paran de molestarme con sus consultas. Quiero decir las secretarias, claro, sobre todo con ellas.

Programador Administrativo.– Ya. Bueno, basta, venga, basta ya, deprisa, antes de que nos echen de menos.

El Programador Administrativo saca dos cigarrillos de una cajita de plata y un encendedor. El Programador Informático mira a todas partes, nervioso.

Programador Informático.– ¿No crees que hay demasiado viento? [. . .]

Programador Administrativo.– Toma.

El Programador Administrativo enciende los dos cigarrillos y le ofrece uno al Programador Informático.

Programador Informático.– Gracias. ¿Cuánto te debo?

Programador Administrativo.– Cien.

Programador Informático.– Toma.

Programador Administrativo.– Gracias.

Programador Informático.– Sí que es cara esta marca.

Programador Administrativo.– Han subido.

Programador Informático.– Sí, es verdad.

Programador Administrativo.– Y ahora, cálmate. Tenemos tiempo.

Programador Informático.– ¿Sí?

Programador Administrativo.– Sí. Oh, qué placer.

Programador Informático.– Sí. ¿Y . . . y dices que no somos los únicos?, ¿que más gente de la empresa sube aquí a fumar?

Programador Administrativo.– Sí. Algunos.

Programador Informático.– ¿Quiénes?

Programador Administrativo.– Los fumadores ocultos.

Programador Informático.– Uno o dos, además de nosotros, vaya.

Programador Administrativo.– Más de uno, más de uno.

Programador Informático. —Creía que yo era el único que estaba engañando a la empresa. Me costó tanto mentir en las pruebas de selección de personal. Mmm . . . me encanta fumar, oye, no puedo evitarlo . . . Quiero decir . . . mentir . . . desde un punto de vista moral claro. Mucho, sí, me costó mucho.

Programador Administrativo.– Mi mujer y yo nos divorciamos.

Programador Informático.– Ah, ¿sí?

Programador Administrativo.– Sí.

Programador Informático.– Así dejaréis de pelearos.

Programador Administrativo.– Por eso nos divorciamos.

Programador Informático.– Claro.

Pausa.

Programador Administrativo.– No sabemos qué hacer con la niña.

Programador Informático.– ¿La quieres tú?

Programador Administrativo.– Sí.

Programador Informático.– Quiero decir si la quieres contigo.

Programador Administrativo.– Sí, sí.

Programador Informático.– Quiero decir su custodia.

Programador Administrativo.– Sí. Sé que será difícil.

Programador Informático.– ¿La quiere ella?

Programador Administrativo.– ¿La niña?

Programador Informático.– La custodia.

Programador Administrativo.– Me temo que sí.

Programador Informático.– ¿Ya se lo habéis dicho?

Programador Administrativo.– ¿El qué?

Programador Informático.– A la niña.

Programador Administrativo.– ¿Qué?

Programador Informático.– Que os os os os . . . divorciáis. Qué palabra más fea.

Programador Administrativo.– Sí.

Programador Informático. – ¿Y qué dijo?

Programador Administrativo. – Nada. No dijo nada. Que se lo esperaba.

Programador Informático. – Ah.

Programador Administrativo. – ¿Eh?

Programador Informático.– Nada.

Programador Administrativo.– ¿Cómo que "nada"?

Programador Informático.– Nada, no decía nada.

Programador Administrativo.– Sí, sí, no dijo nada.

Programador Informático.– ¿Eh?

Programador Administrativo.– La niña.

Programador Informático.– Ah.

Pausa.

¿Echas la ceniza al suelo?

Pausa.

Programador Administrativo.– ¿Qué?

Pausa.

Programador Informático.– Mi mujer y yo queremos tener un hijo.

Programador Administrativo.– Enhorabuena.

Programador Informático.– Gracias.

Programador Administrativo.– Os cambiará la vida.

Programador Informático.– Por eso queremos tenerlo.

Programador Administrativo.– ¿Qué quieres decir?

Programador Informático.– Para que nos cambie la vida.

Programador Administrativo.– Ah. ¿Ya estáis hartos de la que lleváis?

Programador Informático.– Hombre . . . No.

Programador Administrativo.– ¿Cómo, no?

Programador Informático.– Bueno, sí.

Programador Administrativo.– Ah.

Programador Informático.– Quiero decir . . . no.

Programador Administrativo. ¿Tenéis problemas?

Programador Informático.– ¿Cómo? ¿Qué?

Programador Administrativo.– De pareja.

Programador Informático.– ¿Qué? ¡Qué va! ¡Qué va! Ni mucho menos.

Programador Administrativo.– Entonces, ¿cambiar, por qué?

Programador Informático.– Ay, pues, mira, yo qué sé, cambiemos de tema, ¿vale?, quizá no es el mejor momento para hablar de esto, yo qué sé, oye, mira, queremos tener un hijo y se acabó, así de sencillo.

Programador Administrativo.– Enhorabuena.

Programador Informático.– Gracias.

Pausa.

Programador Administrativo.– Si no pudiera fumar de vez en cuando, no sé qué me pasaría, me gusta tanto.

Programador Informático.– A mí también. Lástima que sea malo.

Programador Administrativo.– ¿Malo?

Programador Informático.– Sí, para . . . para . . . para la salud, ¿no?

Programador Administrativo.– ¿Qué salud?

Pausa.

Programador Informático.– ¿A cuántos metros debemos de estar del suelo?

Programador Administrativo.– Cuarenta y nueve pisos, pongamos tres metros y medio por piso, poco más o poco menos, eso hace . . . si no me equivoco . . . cuarenta y nueve por tres cincuenta por tres ciento cincuenta menos tres ciento cuarenta y siete más la mitad de cuarenta y nueve veinticuatro coma cinco ciento cuarenta y siete más veinticuatro coma cinco ciento setenta coma cinco, es decir ciento setenta metros y medio aproximadamente.

Programador Informático. – ¡Ciento setenta metros!

Programador Administrativo. – Y medio.

Programador Informático. – ¡Y medio!

Programador Administrativo.– Perdón perdón perdón perdón perdón, me he equivocado, sí, claro, sí, sí, claro, porque ciento cuarenta y siete más veinticuatro coma cinco no son ciento setenta coma cinco, no, claro que no, son ciento setenta y uno coma cinco, por lo tanto no son ciento setenta metros y medio sino ciento setenta y un metros y medio más exactamente.

Programador Informático.– Bueno, hombre, total, por un metro.

Programador Administrativo.– Un metro es un metro.

Programador Informático.– Ya, ya. ¿Es el más alto de la ciudad?

Programador Administrativo.– No, ven y verás.

Programador Informático.– ¡¡¡Cuidado!!!

Programador Administrativo.– No pasa nada, la barandilla es segura, ¿lo ves?

Programador Informático.– ¡¡No!! ¡No hagas eso! Todo es tan nuevo, tan reluciente, tan . . . ¿No ves que podrías resbalar? Y todo parece tan frágil, que . . .

Programador Administrativo.– ¡Mira!

Programador Informático.– ¡¡Ah!!

Programador Administrativo.– Era una broma. ¿Tienes vértigo?

Programador Informático.– No . . .

Programador Administrativo.– ¿Entonces?

Pausa.

Programador Informático.– Es que me has asustado.

Programador Administrativo.– ¿Yo?

Programador Informático.– Sí.

Programador Administrativo.– ¿Por qué?

Programador Informático.– No lo sé. Por . . .

[. . .]

Pausa.

[. . .]

Programador Informático.– Debe de ser duro para tu hija.

Programador Administrativo.– ¿El divorcio?

Programador Informático.– Sí.

Programador Administrativo.– No.

Programador Informático.– Ah.

Pausa.

Programador Administrativo.– Quizá sí.

Programador Informático.– ¡Ciento setenta metros!

Programador Administrativo.– Sí.

Programador Informático.– Se ve todo tan pequeño desde aquí. Tan ridículo.

Pausa.

Programador Administrativo.– Sí.

Pausa.

Programador Informático.– ¿Y para ti?

Programador Administrativo.– ¿Qué?

Programador Informático.– ¿Ha sido duro?

Programador Administrativo. – ¿El qué?

Programador Informático. – ¿Es duro?

Programador Administrativo. – No.

Programador Informático.– Ah.

Pausa.

Programador Administrativo.– Un poco.

Programador Informático.– No me lo imagino.

Programador Administrativo.– ¿Qué quieres decir?

Programador Informático.– Nada, que como yo no tendré nunca problemas de ese tipo, problemas de ésos, problemas de de de de de pareja, como dices tú, pues eso, que nada, que, claro, pues que me cuesta entender todo ese rollo, ¿sabes?, quiero decir eso tuyo, eso del del del di . . . di . . . di, de la separación, vaya, porque mi mujer y yo, ¿sabes?, como juntos siempre estamos tan bien, ¿sabes, siempre hemos estado tan bien, será imposible, completamente imposible que nos separ . . .

El Programador Administrativo lanza la colilla de su cigarrillo al vacío y se apoya en la barandilla para contemplar la caída.

Programador Administrativo.– Uno, dos, tres, cuatro, cinco, seis, siete lo pierdo de vista.

Programador Informático.– ¿Qué?

Programador Administrativo.– El cigarrillo. Más de siete segundos seguro.

Programador Informático.– ¿Para qué?

Programador Administrativo.– Para llegar al suelo.

Programador Informático.– Ah.

Programador Administrativo.– Dame el tuyo.

El Programador Administrativo coge el cigarrillo del Programador Informático y lo lanza al vacío.

Uno, dos, tres, cuatro, cinco, seis, siete, ocho lo pierdo de vista.

Programador Informático.– ¿Cuanto debe de tardar un cuerpo en llegar al suelo desde aquí?

Programador Administrativo.– Eso mismo estaba pensando.

Programador Informático.– Más de diez segundos seguro.

Programador Administrativo.– Seguramente. ¿Qué decías de tu mujer?

Programador Informático.– ¿Yo? Nada.

Programador Administrativo.– Puede que hasta quince y todo.

Programador Informático.– Que no nos separaremos nunca.

[. . .]

Programador Informático.– ¿Nos vamos?

Programador Administrativo.– No.

Se miran. El Programador Administrativo saca la cajita de plata. Rápidamente, en una especie de arrebato, enciende ansiosamente dos cigarrillos.

[. . .]

. . . Fuman

Escena IV

Entran el Programador Administrativo y el Programador Informático. Caminan hacia la barandilla. Se miran. El Programador Informático abraza al Programador Administrativo. Se separan. Se miran. El Programador Administrativo asiente con la cabeza, solemnemente. El Programador Informático se lanza al vacío. Grito. Eco. El Programador Administrativo contempla con absoluta frialdad la caída.

Programador Administrativo.– Ocho segundos. Aproximadamente.

Enciende un cigarrillo.

Escena V

Entra la Secretaria Rubia.

Secretaria Rubia – Es la primera vez que subo aquí. Huy, qué bonito.

Pausa.

¿Me oye?

Pausa.

¿Puedo hacerle una pregunta?

Pausa.

¿Me oye o no me oye?

Pausa. Entra el Programador Administrativo.

Huy, ¿por qué me mira así?

Programador Administrativo.– ¿Qué pregunta?

Secretaria Rubia.– Mmm . . . ¿usted fuma?

Programador Administrativo.– No.

Secretaria Rubia.– Yo tampoco.

Programador Administrativo.– Aquí no fuma nadie, ¿no se acuerda?

Secretaria Rubia.– Sí, sí, claro, claro que me acuerdo, pues nada, perdón, ¿eh, ay, sí, no sé cómo se me ha ocurrido preguntarle semejante tontería, ja ja ja . . .

Pausa.

Programador Administrativo.– ¿Era ésa la pregunta que quería hacerme?

Secretaria Rubia.– Mmm . . . pues no.

Programador Administrativo.– Entonces, ¿cuál?

Secretaria Rubia.– No sé si tendré valor para . . . Pero como estamos aquí, fuera del despacho y tal . . . bueno, venga, sí: ¿por qué lo hizo?

Programador Administrativo.– ¿Qué?

Secretaria Rubia.– El vestido.

Programador Administrativo.– No puedo responder a esa pregunta.

Secretaria Rubia.– ¿Por qué?

Programador Administrativo.– Motivos personales.

Secretaria Rubia.– Perdone pero no le entiendo.

Programador Administrativo.– Es que no tiene que entender nada.

Secretaria Rubia.– Ay, ¿por qué no? Qué cosas dice usted. Mire, ahora le seré franca . . . Un regalo . . . un regalo es . . . un regalo significa . . . quiere decir que entre el que lo hace y el que lo recibe, la que lo recibe, quiero decir que cuando una persona regala algo a otra y peor todavía, o mejor, cuando le regala algo tan personal como un vestido o algo íntimo o algo tan personal como unos sostenes o unas bragas o un liguero o por ejemplo un vestido o también una barra de labios o un perfume o algo tan personal y tan íntimo como un vestido por ejemplo, pues lo que quiero decir es que cuando alguien hace eso generalmente, quiero decir que lo más normal y natural y normalísimo del mundo es que entre él y yo, quiero decir entre ése que se gasta el dinero y yo que recibo el regalo, pues la cosa más naturalísima es que entre ellos o entre él y yo haya, cómo se lo diría, ay, ahora no sé cómo decírselo ja ja ja, pues eso que nada que creo que tiene que haber una relación un poco más, un poquito más, cómo decirlo, a ver, más más estrecha, ¿no?, quiero decir más . . . así, ¿verdad?, mucho más . . . así que la que puede haber entre una secretaria, por muy eficiente e inteligente que sea, y su cosa, quiero decir su jefe, ¿verdad?, quiero decir que . . .

Programador Administrativo.– Basta.

Secretaria Rubia.– Ah.

Pausa.

Programador Administrativo.– Es usted tan imbécil.

Pausa.

Secretaria Rubia.– Oh.

Programador Administrativo.– Tan imbécil, tan obtusa, tan limitada, tan patética . . . que enternece.[5]

Secretaria Rubia.– Oh. No sé qué decir.

Programador Administrativo.– Entonces cállese.

El Programador Administrativo saca un cigarrillo y fuma.

Secretaria Rubia.– ¡Oh!

Programador Administrativo.– ¿Qué le pasa?

Secretaria Rubia.– ¡¡Fuma!!

Programador Administrativo.– ¿Le importaría limpiarse esos mocos, por favor? Es bastante desagradable.

Secretaria Rubia.– Usted me había dicho . . .

Programador Administrativo.– No sólo no es la primera vez que usted sube aquí sino que además le sale la nicotina por las orejas, la nariz, la boca, los ojos y todos los demás orificios de su cuerpo, con perdón. Pero no la he obligado a subir aquí para acusarla de viciosa, como habrá podido comprobar yo también soy un vicioso; tampoco para pedirle nada . . . nada especial, usted ya me entiende, ¿me entiende o no me entiende?, ¿sí, no? Sino que la he traído aquí para hablarle muy seriamente de un error lamentable que ha cometido.

Secretaria Rubia.– ¿Cuál?

Programador Administrativo.– Decir a sus compañeras que le regalé un vestido.

Secretaria Rubia.– ¿Eso es un error lamentable?

Programador Administrativo.– Sí, sin lugar a dudas.

Secretaria Rubia.– Oiga, ¿y por eso soy imbécil?

Programador Administrativo.– No, por eso no, usted es imbécil en general.

Secretaria Rubia.– ¿Y limitada y patética?

Programador Administrativo.– También, también, en general. Lo ha sido, lo es y lo será siempre.

Secretaria Rubia.– Oh.

Programador Administrativo.– Deje de llorar de una vez, se lo ruego.

Secretaria Rubia.– Es que no entiendo nada . . . y cuando no entiendo nada, entonces me pongo nerviosa y me entra la llorera.

Programador Administrativo.– ¿Qué es lo que no entiende?

Secretaria Rubia.– Que por qué eso de decir que usted tan amable y encantadoramente me regaló un vestido tiene que ser un error, y encima lamentable.

Programador Administrativo.– Porque ahora mis compañeros, por su culpa, se ven obligados a hacer lo mismo que yo. Si no, sus secretarias les han amenazado con hacer huelga.

Secretaria Rubia.– Ji ji ji.

Programador Administrativo.– Evidentemente, no les ha hecho ninguna gracia, todos me señalan con el dedo, y alguno de ellos incluso ha pensado en sancionarme.

Secretaria Rubia.– Ji ji ji.

Programador Administrativo.– ¿Ha imaginado alguna vez lo que ocurre cuando un cuerpo cae al vacío y se estrella contra el suelo desde casi doscientos metros de altura?

Secretaria Rubia.– Ji ji . . . No.

Programador Administrativo.– Yo sí. El cuerpo explota.

Secretaria Rubia.– Huy, ya me callo, ya me callo.

Pausa.

¿Explota?

Programador Administrativo.– Sí.

Secretaria Rubia.– ¿Como el helicóptero de ayer?

Programador Administrativo.– Peor, mucho peor, porque explota por dentro.

Secretaria Rubia.– Huy, qué asco, ¿no?

Programador Administrativo.– Es usted tan imbécil.

Secretaria Rubia.– ¿De verdad no quiere nada . . . de mí?

Programador Administrativo.– Es imbécil pero guapa. Ahora bien, sepa que no conseguirá nada de mí. Nunca.

Secretaria Rubia.– Se equivoca. Huy, perdón, ¿eh? Al menos he conseguido . . . un vestido.

Programador Administrativo.– Ah. Sí.

Secretaria Rubia.– ¿Motivos personales, ha dicho?

Programador Administrativo.– Sí.

Secretaria Rubia– ¿Era un regalo para su mujer, verdad?

Pausa.

O mejor dicho . . . ex mujer.

Pausa.

Programador Administrativo.– Sí.

Pausa.

Secretaria Rubia.– Está pálido.

Programador Administrativo.– Hace frío.

Secretaria Rubia.– ¿Tiene vértigo?

Programador Administrativo.– ¿Y usted?

Secretaria Rubia.– Yo no.

Programador Administrativo.– Yo tampoco.

Secretaria Rubia.– No es verdad.

Programador Administrativo.– Sí.

Secretaria Rubia.– Pues está muy pálido.

Programador Administrativo.– Me encuentro bien.

Secretaria Rubia.– Yo también.

Programador Administrativo.– ¿Le ha molestado lo que le he dicho?

Pausa.

Secretaria Rubia.– Ay, ¿qué me ha dicho?

Pausa.

Programador Administrativo.– Nada.

Secretaria Rubia.– Ah.

Programador Administrativo.– ¿De verdad estoy pálido?

Secretaria Rubia.– Mucho.

Programador Administrativo.– He pasado una mala noche. He tenido una pesadilla. Uno de los programadores informáticos de la empresa se lanzaba al vacío desde esta misma barandilla, delante de mí.

Secretaria Rubia.– ¿El que ha subido toda esta semana aquí con usted a fumar?

Programador Administrativo.– ¡Ah, también nos espía!

Secretaria Rubia.– ¿Yo? Ay, no sé, alguien me dijo algo, no sé,

yo no sé nada, ay, mire, oiga, yo no soy ninguna espía, ¿eh?, ¿por qué siempre piensa mal de mí? ¿Y qué más pasaba en el sueño?

Programador Administrativo.– Nada más.

Secretaria Rubia.– ¿Y su cuerpo explotaba?

Programador Administrativo.– Sí.

Secretaria Rubia.– Ay, qué asco, ¿no?

Programador Administrativo.– Yo no veía nada.

Secretaria Rubia.– ¿Y eso qué tiene que ver con su mujer? Porque estábamos hablando de ella, ¿no?

Programador Administrativo.– No me acuerdo.

Pausa.

Bajemos.

Secretaria Rubia.– No.

Programador Administrativo.– ¿Qué ha dicho?

Secretaria Rubia.– ¿Yo? Nada.

Programador Administrativo.– No tarde. Tenemos mucho trabajo.

Secretaria Rubia.– Espere.

La Secretaria Rubia va hacia él, que ya se disponía a salir, y lo retiene. Le mete la mano en el bol-

sillo del pantalón, voluptuosamente saca un cigarrillo y un encendedor. Enciende el cigarrillo, le tira el humo a la cara y le mete el encendedor en el bolsillo. El Programador Administrativo se incomoda visiblemente.

Gracias. Puede irse. Bajaré enseguida. Cuando me acabe el cigarrillo. Me da permiso, ¿no? Y no dirá nada a nadie, ¿verdad? Gracias. Ah, si todavía se encuentra mal, tómese alguna pastilla, yo tengo un bote en el bolso que está en el respaldo de mi silla. Ah, será mejor que no baje en ascensor, el ascensorista tiene la nariz muy fina.

Programador Administrativo.– Yo también.

Secretaria Rubia.– Sí, pero él es un chivato.[6] Y usted no.

Programador Administrativo.– No.

El Programador Administrativo sale. La Secretaria Rubia va hacia la barandilla. Fuma y mira al vacío. De repente, le entra un ataque de risa. Se retuerce. Al cabo de unos segundos, deja de reír en seco.

Secretaria Rubia. — ¿Pero de qué me estoy riendo?

Fuma y se queda pensativa.

(La Directora Ejecutiva y el Programador Administrativo piensan abrir una empresa nueva e invitan a la Secretaria Castaña a participar. La Secretaria Castaña rechaza contundamente su "proyecto asqueroso." Luego ocurren cambios internos en la empresa donde trabajan todos. La Secretaria Castaña es nombrada la Directora Adjunta de la Empresa. Sin embargo, ella está más preocupada por su vida personal, por tener un hijo. Se siente infeliz por ser estéril debido a los anticuerpos que produce. Sólo podría tener un hijo con "un hombre entre un millón.")

Escena IX

[. . .]

Secretaria Morena.– Ahora todo cambiará.

Secretaria Castaña.– No lo sé.

Secretaria Morena.– Ahora tienes poder.

Secretaria Castaña.– Antes también tenía. Sin ningún cargo. El poder no es una cuestión de cargos, ni de posiciones, ni de valores, ni de escalas, ni de escalas de valores. El poder real se encuentra en la mirada y en la voz, en las palabras, el poder está en el gesto, en el silencio, no en un despacho ni en un papel ni en un vestido ni en el dinero ni en nada que pueda medirse. El poder no puede medirse. Y la mirada no miente, disimula mal; las palabras que engañan siempre acaban traicionando a quienes las pronuncian; los gestos bruscos, histéricos, los tics, la crispación de los músculos y la tensión de los cuerpos, los movimientos en falso, el malestar y la incomodidad del silencio después de una disputa, son las miserias de los falsos poderosos. La mirada transparente y la palabra libre, armonía en el gesto y sosiego en el silencio: ése es mi poder y lo tengo desde siempre.

Secretaria Morena.– Me das miedo.

Secretaria Castaña.– No. Tú te pareces a mí.

Secretaria Morena.– Qué más quisiera yo.

Secretaria Castaña.– Sí.

Secretaria Morena.– Yo soy débil.

Secretaria Castaña.– Yo también.

Secretaria Morena.– Si supieras lo que estaba soñando . . . Soy débil y cobarde; te envidio.

Secretaria Castaña.– Algún día tendrás hijos y te envidiaré yo a ti.

Secretaria Morena.– ¿Qué?

Secretaria Castaña.– No puedo ser madre, soy estéril.

Secretaria Morena.– Oh.

Secretaria Castaña.– Pues sí, soy estéril. Me lo confirmaron ayer. Parece imposible hoy en día, ¿verdad? Lo he probado todo, créeme, todo. Primero me dijeron que tenía una malformación en la matriz. Pero no era verdad. El último especialista que visité me dijo ayer lo que me sucedía, soy un monstruo: mis ovarios segregan una sustancia extraña que impide la fecundación. No sé explicarlo. Hablaba de anticuerpos. Que actúan como un espermicida. Me dijo que la única esperanza posible es encontrar el esperma de un hombre que sea inmune a esa sustancia, a esos anticuerpos. La probabilidad es de uno entre un millón. No lo encontraré. Ya lo ves. Según tú, lo tengo todo, según yo, no tengo nada, porque no tengo lo único que deseo: un hijo. Un hijo de un hombre entre un millón. Soy un monstruo, no tengo a nadie, estoy sola y dentro de poco mi cuerpo estéril empezará a pudrirse.

Secretaria Morena.– No digas eso, no digas eso.

Secretaria Castaña.– Sola, sin nadie, quiero morirme.

Secretaria Morena.– Cállate.

Secretaria Castaña.– Estás llorando. ¿Por mí?

Secretaria Morena.– ¿Crees en los sueños?

Secretaria Castaña.– No.

Secretaria Morena.– Tienes que creer, cree en los sueños, sé que encontrarás a ese hombre.

Escena XII y Última

Entran la Secretaria Rubia y la Secretaria Pelirroja. Encienden cigarrillos.

Secretaria Rubia.– ¡Ah, éste es el último!

Secretaria Pelirroja.– Ah, ¿sí?

Secretaria Rubia.– No sé muy bien lo que está pasando, pero sé que algo gordo está pasando, ¿tú qué opinas?, ¿cuál es tu teoría sobre lo que está pasando?

Secretaria Pelirroja.– ¿Teoría? No te entiendo.

Secretaria Rubia.– Ay, cariño, ¿qué tienes?, no pareces la misma.

Secretaria Pelirroja.– Ah, ¿no?

Secretaria Rubia.– Ooooh, todo el mundo está enfermo, todos están fataaaal. ¿Sabes por qué te he dicho que éste va a ser el último cigarrillo que nos fumamos?

Secretaria Pelirroja.– No.

Secretaria Rubia.– El Jefe de Personal me ha convocado en su despacho y ha dicho que iba a sancionarme con tres meses sin sueldo por subir aquí a fumar, dice que sabe perfectamente quiénes somos y que nos tiene controlados; yo he adivinado enseguida por dónde iban los tiros, he visto lo que había pasado, porque para estas cosas no tengo un pelo de tonta, ya lo sabes, y sin pensármelo dos veces voy y le digo con todo el descaro que me caracteriza: ¡ah, vaya, no sabía que usted también fuese marica!; el tío abre los ojos así y se calla en seco, yo que aprovecho que el tío se traga la lengua y le digo: ¡así que se ha ligado al chivato del ascensorista, ¿eh?!, qué mal, hijo mío, qué mal, le digo, porque el nene ese le está tomando el pelo, pero ¿no se da cuenta?, ¿no ve que el chaval ese hace mucho que sabe que unos cuantos subimos aquí a fumar y ha esperado a ligárselo a usted y a chivarse en el mejor momento?, lo que es el mocoso ese es un escalador, hombre, y lo está utilizando a usted vilmente para conseguir el cargo de Jefe de Selección de Personal, ¿a ver, a ver?, le digo, seguro que ya tiene aquí encima de la mesa algún papel con la solicitud del nombramiento; y yo voy y le desordeno todos los papeles de la mesa de un manotazo, oh, si hubieras visto su cara . . . un poema; ha empezado a atragantarse y a toser y a tartamudear y balbucear tres o cuatro palabras: que no, que no, que no me sancionaría y que me largara inmediatamente de su despacho; pero esto no es nada, cariño, agárrate que ahora viene lo bueno: nada más salir de su despacho, me encuentro a mi jefe llorando, ¡mi jefe llorando!, él que siempre dice que eso de llorar lo encuentra antiestético y tal, imagínatelo con los ojos rojos rojos, llenos de legañas amarillas, la nariz llena de mocos verdes y la boca con burbujitas de saliva y un hilillo de baba cayéndole hasta la solapa de la americana, otro poema; yo le pregunto: pero, ¿qué le ha pasado, jefe?, y él me dice que acaban de retirarle la paternidad legal de su hija y que quiere convertirse en un vegetal: ¡¡¡quiero ser una zanahoria, quiero ser una zanahoria!!!, gritaba, imagínatelo al pobre, ya sabía yo que acabaría como un cencerro, también; y espérate, cariño, que no acaba aquí la cosa; acompaño a mi jefe al lavabo [. . .] y me encuentro a la de Selección de Personal, la Morena, la ordinaria, con toda la cara llena de sangre, ¿pero chiquilla cariño hija mía?, le digo, ¡parece que acabas de pelearte con un león!, ¡¡con una leona!!, me dice ella, una hija de puta que acaba de clavarme las uñas en la cara, y va y resulta que la leona hija de puta no es ni nada más ni nada menos que tu jefa, [la Directora Ejecutiva] y cuando le pregunto a la Morena que por qué le ha hecho eso, me dice que por defender a la de Relaciones Públicas [la Secretaria Castaña] que resulta que, ahora agárrate, cariño, agárrate fuerte, no vayas a desmayarte porque esto sí que es una bomba: ¡¡¡acaban de ascenderla a Directora Adjunta de la Empresa!!!, sí, chica, sí, oh, por poco me da un colapso a mí también, ¡¡¡se han vuelto loooocos, se han vuelto loooocos!!!, ¡poner a una filósofa de Gran Jefe Adjunto, una colgada, ay, adónde iremos a parar, he pensado, yo calladita, punto en boca, claro, sin decirle nada a la Morena, claro, que apuesto lo que sea a que mañana mismo será nombrada Jefa de Selección de Personal por la vía directa, que todo el mundo sabe que ésas dos se defienden la una a la otra y son carne y uña y van juntas a todas partes; ay, ahora sí que estás lista, he pensado, ay, pobre de mí y de mi amiga (eso de amiga va por ti, cariño, va por ti) [. . .] y al ir a mi despacho a reponerme del susto, me encuentro al Informático, al guapo, al soseras, con la cara desencajada, sucio, maloliente, la mirada desviada, bizco vaya, ¡ay ay ay ay ay otro que se ha vuelto loco!, yo, entonces, para animar la cosa y hacer alguna bromita que en estos casos siempre queda bien y desdramatiza la cosa, le digo, pero, ¿dónde va con esa pinta, con esa cara?, parece que venga de un entierro; y él va y me arrea un bofetón tan fuerte, tan espantoso, que me he mordido la lengua y mira, nena, mira qué ampolla me ha salido en la punta; y después se larga gritando como un histérico diciendo un nombre de mujer que no había oído en la vida; al cabo de dos minutos, mientras me reponía del bofetón y me secaba las lágrimas, del daño, monada, del daño, alguien me dice que lo que le pasa al Informático es que está desesperado porque su mujer había muerto ayer, asesinada, torturada y violada por seis jovencitos mientras paseaba tan tranquilamente por la calle a las seis de la tarde; hombre, claro, entonces entiendo su reacción, pero yo no sabía nada, cariño, nada, te lo juro, y voy corriendo a buscarlo para pedirle perdón por lo que le había dicho del entierro y me lo encuentro tirado en el suelo del pasillo, desmayado, y nadie lo coge. Entonces [. . .] me pongo a chillar histérica como una cerda y he ido a buscarte para decirte: nena, necesito hablar contigo y desahogarme, [. . .] me muero de miedo.

Pausa.

Secretaria Rubia.– Oye, cariño, te encuentro muy relajada y tal, ¿no?

Secretaria Pelirroja.– ¿Sí?

Secretaria Rubia.– Sí.

Secretaria Pelirroja.– Es que . . . es que ya no oigo voces.

Secretaria Rubia.– Oh.

Se abrazan y se dan un beso. Entra el Programador Informático. Se dirige como un sonámbulo hacia la barandilla.

Programador Informático.– ¿Alguien ha visto por aquí a mi mujer?

Secretaria Rubia.– ¡Ay, qué susto! Ah, por cierto, ahora que lo encuentro aquí, querría pedirle disculpas por lo que le dije antes de . . . yo no sabía que su mujer se había muerto . . .

Secretaria Pelirroja.– Shttt.

Entra corriendo el Programador Administrativo, que perseguía al Programador Informático. Éste está andando hacia el vacío con intención de tirarse.

Programador Administrativo.– ¡Cuidado, deténganlo!

Secretaria Pelirroja.– (*Al Programador Informático*) ¡¡No!! No lo haga.

Silencio.

Por favor, no lo haga. Mire allí. Al cielo. Sé que usted no me cree. Que cree que estoy loca. Pero por un instante, créame. Se lo ruego. Mire al cielo y escuche bien lo que voy a decirle: dentro de muy poco llegará la lluvia.

Programador Informático.– Sí. Tendría que llover.

Secretaria Pelirroja.– Va a llover.

Programador Informático.– ¿Sí?

De repente, el ambiente se vuelve cálido, sensual, mágico. Se oyen voces, murmullos, tumulto, ruidos de sirenas, de aviones, motores, helicópteros, coches, radios, televisores, músicas lejanas. El Programador Informático, la Secretaria Rubia, el Programador Administrativo y la Secretaria Pelirroja se miran. Una ráfaga de viento cálido atraviesa la azotea. Pasan nubes. Una atmósfera sensual y vertiginosa domina hasta el final, es una sensación de velocidad nada desagradable que invade súbitamente no sólo el exterior de la azotea, sino también el ánimo de todos los personajes.

Entra corriendo, gritando, la Secretaria Morena. Respira agitadamente.

Secretaria Morena.– Ah. Ah. Ah. ¡¡Por . . . favor, escuchadme, no os lo vais a creer . . . bajad, venid conmigo, bajad, escuchadme, lo han anunciado, parece increíble, acaban de anunciarlo, venid!!

Secretaria Rubia.– ¿Qué te pasa? ¿Por qué estás tan alegre si tú siempre estás tan triste?

Secretaria Morena.– Acaban de anunciarlo en todas partes, en todas partes, todos están celebrándolo.

Secretaria Pelirroja.– Ya lo sabemos.

Secretaria Rubia.– Yo no sé nada.

Programador Administrativo.– ¿Qué han anunciado?

Secretaria Morena.– La lluvia.

Programador Informático.– La lluvia.

Relámpago. Grito de exclamación colectivo. La Secretaria Rubia abraza a la Secretaria Pelirroja.

Secretaria Rubia.– Oh. Oh. ¿Qué hacemos?

Secretaria Pelirroja.– Acompáñame, ven conmigo, tengo que hacer algo importante. Ahora mismo.

La Secretaria Rubia y la Secretaria Pelirroja salen. El Programador Informático se queda mirando al vacío. La Secretaria Morena mira al cielo. El Programador Administrativo va a salir, pero se detiene y contempla a la Secretaria Morena.

Secretaria Morena.– (*Mirando al cielo*) ¿Qué va a pasar?, no creo en nada, no creo en nadie, no soy nadie, pero sé que necesito . . .

Relámpago. Entra la Directora Ejecutiva, se detiene frente al Programador Administrativo. Ve a la Secretaria Morena y va hacia ella.

¿Por qué me mira así? ¿Va a volver a pegarme?

Programador Administrativo.– No lo hará.

Directora Administrativa.– ¿Es usted igual que ella [la Secretaria Castaña]?

Secretaria Morena.– No lo sé. Sí.

Directora Ejecutiva.– Necesitamos . . .

Programador Administrativo.– ¿Qué?

Secretaria Morena.– No. A mí no. Gracias de todos modos.

La Secretaria Morena se ríe. Da un beso a la Directora Ejecutiva y sale. La Directora Ejecutiva se queda rígida, tensa.

Directora Ejecutiva.– ¿Qué vamos a hacer?

Programador Administrativo.– ¿Con qué?

Directora Ejecutiva.– Con nuestra empresa. Nos ha fallado aquella traidora. Necesitamos.

Programador Administrativo.– Nada. No necesitamos nada. Tú necesitas, sólo tú necesitas. Yo no necesito nada, no cuentes conmigo.

Directora Ejecutiva.– ¿Qué?

Programador Administrativo.– Todo cambiará a partir de ahora, lo sé, confío en la nueva directora, me quedo aquí.

Directora Ejecutiva.– ¿Sabes lo que eres? ¿Te lo digo? Un cobarde, un cobarde ridículo, insignificante, eres débil.

Programador Administrativo.– Y tú demasiado fuerte. (*Sin respirar*) ¡¡Estoy harto, harto de las mujeres fuertes, no puedo más, no las soporto, eres igual que ella, igual que muchas, sois demasiado fuertes, mucho más que los hombres, más que yo, sí, nosotros tendríamos que parir y vosotras llevar los negocios, sí, ya ves, tantos años trabajando y ahora me doy cuenta de que no sirvo para esto, no sirvo para trabajar, no tengo fuerzas para trabajar, ¿sabes?, mi madre fue una de las últimas mujeres que conocí, quiero decir una de las últimas mujeres-mujer, de las de antes, una mujer cuyo trabajo consistía en meternos la cuchara en la boca y cuidarme a mí y a mis hermanos [. . .] y parecía feliz, sí, ella era débil, sumisa, dócil, inactiva, la llamábamos la zanahoria porque siempre decía que donde se encontraba verdaderamente a gusto era en la tierra quieta, reposando, y murió, murió diciendo "he sido feliz, hijo mío", y no fue nada, ni quiso ser nadie, sólo una simple y vulgar zanahoria, y ahora yo quiero ser madre, encerrarme, enterrarme, no ser nada, sólo quiero ser una mujer de las de antes; mi ex mujer, tendría que decir mi ex hombre, mi ex mujer-hombre, me ha robado a mi hija y ya no soy nada, y cuando te miro a ti la veo a ella y me das asco, te odio, odio tus proyectos, tu pequeña-enorme empresa, odio tu potencia, tu fuerza, tu cara, tus manos, tu olor de macho, tu voz y tu mirada y sólo quiero fumar fumar fumar fumar y quedarme aquí hasta que la lluvia me apague el cigarrillo!!

Directora Ejecutiva.– Eres una rata.

Programador Administrativo.– Ni siquiera eso. Soy una zanahoria.

Directora Ejecutiva.– Una rata acorralada.

Programador Administrativo.– Tú eres la rata, acorralada por tu orgullo. Te ha vencido una mujer de verdad, ahora está donde le corresponde, por encima de ti y no puedes soportar que te dé órdenes.

Directora Ejecutiva.– Me voy. Sola. Podré hacerlo. No te necesito. Ni a ti ni a ella. Por mí, ya puedes tirarte desde aquí. Al suelo, a la tierra, ya que es donde quieres quedarte, venga, venga, ¿por qué no te tiras, yo que tú lo haría, no te necesita nadie, tu trabajo puede hacerlo perfectamente una máquina, sobras, ¿sabes?, sobras en este mundo, por lo tanto, tírate, venga, tírate, ¡cornudo, cornudo, cornudo[7]!

El Programador Administrativo abofetea salvajemente a la Directora Ejecutiva. El Programador Informático, que estaba absorto, los mira.

¡Quiero fumar, necesito fumar!

Programador Informático.– Si quiere uno de los míos . . .

Directora Ejecutiva.– Usted cállese, imbécil.

El Programador Administrativo vuelve a golpear violentamente a la Directora Ejecutiva. El Programador Informático se ríe.

No me gusta nada. No estoy bien con nadie. Yo sólo sirvo para trabajar. A mí, me educaron para trabajar. Aquí se trabaja mal. Sólo quiero ser feliz. Trabajando. En algo que me guste. Es mi única ambición. Quiero dignidad. Necesito la dignidad. Yo soy buena. Soy una buena persona, aunque no lo parezca. Lista, inteligente pero . . . poco sensible, lo sé. Sólo necesito a alguien sensible, como tú, como aquella traidora. Ayúdame a salir de aquí.

Programador Administrativo.– Demasiado tarde. Mira el cielo.

Directora Ejecutiva.– Qué cielo qué dices. Me voy.

Programador Administrativo.– Adiós.

Directora Ejecutiva.– Quiero decir para siempre.

Programador Administrativo.– Mejor. Llámame algún día.

Directora Ejecutiva.– Sí.

La Directora Ejecutiva sale, intentando mantener la dignidad, con el pelo despeinado y la mirada desviada. Parece haber tomado una decisión irrevocable. Suena un trueno potente. El Programador Administrativo y el Programador Informático miran al cielo.

Programador Informático.– ¿No ha sido una explosión?

Programador Administrativo.– No. Es la tormenta.

El Programador Informático se asoma a la barandilla. Entra el Mensajero Local, corriendo.

Mensajero Local.– ¿Han oído la noticia? ¡Ah, otra vez! ¡Se va a caer, no se tire!

Programador Informático.– ¿Qué dice?

Mensajero Local.– Que no . . . hola.

Programador Administrativo.– ¿Han anunciado ya la hora exacta?

Mensajero Local.– No, pero por el aspecto del cielo, no creo que tarde mucho, ¿no? Acabo de ver a mi amiga, ya saben, la tía buena, je je je, y hemos quedado aquí para verlo, no queremos perdernos el acontecimiento.

Programador Informático.– Su amiga lo ha predicho antes de que lo anunciaran.

Mensajero Local.– Sí, es que ella es una tía intuitiva, je je, es una tía genial.

Programador Informático.– Parece que se haya enamorado de ella.

Mensajero Local .– ¿Verdad que sí? A mí también me lo parece, oye. Pues, ¿qué le vamos a hacer, no? Las cosas son así, [. . .] sabes que estás perdido y no quieres que la tía se te escape porque sus ojos te alucinan y tienes miedo de no volver a encontrar jamás unos ojos como aquéllos y tienes miedo de que lo que te pasa no vuelva a pasarte nunca.

Programador Informático.– Por cierto, ¿ha visto por aquí a mi mujer?

Mensajero Local .– ¿Qué? Ande, cállese, ¿eh?, cállese y mire al cielo y no piense en nada más, ¿eh?, que falta poco y no hay que perdérselo, ¿eh? Uf.

El Mensajero Local y el Programador Administrativo se miran. Entra corriendo la Secretaria Morena.

Secretaria Morena.– ¡Sólo faltan cinco minutos!

Mensajero Local.– Ah, hola.

Secretaria Morena.– Por favor, ¿alguien ha visto por aquí a la nueva Directora? Necesito verla . . .

Programador Informático.– ¿Y usted? ¿Ha visto a mi mujer? También necesito verla . . .

Silencio. Todos se miran. El Programador Informático se da cuenta de la situación de tensión y sale.

Mensajero Local.– Está fatal, ¿eh?

Secretaria Morena.– Qué lástima.

Programador Administrativo.– Me da miedo que quiera hacer alguna tontería; la muerte de su mujer le ha afectado demasiado. Estaba tan ilusionado con ella. Pobre ingenuo: nunca me separaré de ella, me dijo. Quería tener un hijo . . .

Secretaria Morena.– ¿Qué?

Programador Administrativo.– ¿Cómo?

Secretaria Morena.– ¿Qué ha dicho?

Programador Administrativo.– ¿Yo? No sé . . . que quería tener un . . .

Relámpago. Trueno.

Mensajero Local.– ¡¡Joder!!

Secretaria Morena.– (*Al Programador Administrativo*) Por favor . . . estoy nerviosa . . . déme un cigarrillo. ¿De verdad no ha visto a la nueva Directora? Tengo que decirle algo importante, tiene que . . . oh, da igual.

Entra corriendo la Secretaria Rubia.

Secretaria Rubia.– Pero, ¡qué nervios, qué nervios! La loca de mi amiga está haciendo locuras por ahí, ah, hola a todo el mundo, ya vuelvo a estar aquí, ah, que me parto de risa y de nervios, ah, hola jefe, ah, estoy un poquito histeriquilla con todo esto de la lluvia, es que no sé si quiero que llueva o no, como hace tanto tiempo que no llueve, pues ya no me acuerdo de si me gustaba o no, ja ja ja, ay, qué risa, que me meo . . .

Entra corriendo la Secretaria Pelirroja. Va hacia el Mensajero Local y lo besa apasionadamente en la boca.

Secretaria Pelirroja.– Ah. Ya está. Vámonos, vámonos, vámonos de aquí.

Mensajero Local.– ¿Qué? ¿Ahora te quieres ir?

Secretaria Pelirroja.– Sí.

Mensajero Local.– Pero, ¿a dónde?

Secretaria Pelirroja.– ¡Lejos lejos lejos muy lejos de aquí!

Secretaria Rubia.– Hola, ¿eh?, cariño.

Secretaria Pelirroja.– Hola. (*Al Mensajero Local*) ¡¡Venga, vámonos, por favor, me lo dice el corazón, no, no tengas miedo, no voy a hacer teorías, no es ninguna teoría, es un impulso que nace aquí dentro, en lo más profundo de mi corazón, no son palabras ni voces, nadie me dicta nada, es una necesidad, sé que he de dejarlo todo y salir corriendo, contigo, de la mano; lo he dejado todo, he dejado el trabajo, tengo que salir de aquí, mi jefa también ha dimitido, se ha vuelto loca, como todos, está rabiando porque me ha pedido que me fuera con ella a trabajar a otra parte y le he dicho que no, que se vaya a la mierda, y ahora estoy tranquila porque sé lo que tengo que hacer: ¡dejar de trabajar!, no hay que trabajar, nadie debe trabajar, el trabajo es una mierda, nunca más trabajaré, dame la mano y vámonos de aquí para siempre, la lluvia tiene que sorprendernos fuera de aquí, lejos de aquí, donde no haya nadie y nadie pueda vernos cogidos de la mano corriendo, gritando y besándonos besándonos besándonos!!

La Secretaria Pelirroja vuelve a besar al Mensajero Local apasionadamente.

Mensajero Local.– Ah. Siempre serás una radical, tía.

[. . .]

Entra la Directora Ejecutiva, va directamente hacia la Secretaria Rubia. El Mensajero Local y la Secretaria Pelirroja siguen besándose. La Secretaria Morena ríe y mira al Programador Administrativo, que le ofrece tabaco y fuman.

Directora Ejecutiva.– (*A la Secretaria Rubia*) ¿Quiere ser usted mi Secretaria? ¿O también es usted una escaladora estúpida o una hipócrita traidora que aspira a ser algo sin tener las mínimas aptitudes básicas e imprescindibles para serlo?

Secretaria Rubia.– Ay, no sé, mujer, así, de entrada . . .

Directora Ejecutiva.– Es que yo me largo ahora mismo de la empresa, ¿sabe? Acabo de dimitir hace dos minutos y medio. Tiene tres segundos para pensárselo. Empezaríamos a trabajar mañana. Usted y yo. Las dos, solas. Mi idea es muy simple: pequeña empresa cualquiera, sea cual sea, en realidad no me importa, sin afán de lucro, sólo con afán competitivo, por el placer del trabajo, para ser auténticas adalides de ese trabajo, aún no sé cuál, pero si usted quiere, lo hablamos ahora mismo, elegimos el que más nos guste, a mí en realidad no me importa, o sea que elija usted misma, cuando diga alguno que le guste, me lo dice: asesoría de imagen, asesoría fiscal, asesoría jurídica, control y selección de personal, promoción de empresas, preproducción industrial, posproducción, diseño publicitario, control publicitario para empresas, reciclaje y docencia privada, programación informática, asistencia técnica informática, gestoría administrativa empresarial, agencia inmobiliaria, seguros de vida, médicos, para la vejez y el ahorro, servicio de préstamo primera segunda hipoteca, administración de fincas, facturación, créditos, servicios psicotécnicos, psicomotrices, mnemotécnicos, gabinete psicológico, de asistencia social, mecenaje artístico, agencia literaria, matrimonial, escuela de estética, masaje-relax, contactos, ¿cuál le gusta más?

Secretaria Rubia.– ¡Contactos! Quiero ser su secretaria.

Directora Ejecutiva.– Me gustaría tener la fuerza y el valor suficientes para matarme. Pero no los tengo.

Secretaria Rubia.– No diga tonterías. Ahora me tiene a mí. Empezaremos a trabajar mañana mismo. Tengo muy buenos amigos. Y amigas.

Directora Ejecutiva.– Ah, ¿sí?

Secretaria Rubia.– Sí.

Directora Ejecutiva.– Dígame una cosa: ahora que seremos socias y tendremos que soportarnos . . . ¿cómo me encuentra usted?

Secretaria Rubia.– Guapa, inteligente y un poquito masculina.

Directora Ejecutiva.– Sensible no, ¿verdad?

Secretaria Rubia.– Pues . . .

Directora Ejecutiva.– Bueno, ¿qué hacemos?

Secretaria Rubia.– Salir de aquí, bajar, vámonos, todos se han vuelto locos, y ahora más con todo este follón de la lluvia.

Directora Ejecutiva.– Perdón, ¿ha dicho antes que me encontraba . . . guapa?

Secretaria Rubia.– ¿Yo he dicho eso?

Directora Ejecutiva.– Me parece que sí.

Secretaria Rubia.– ¿Usted está casada?

Directora Ejecutiva.– No.

Secretaria Rubia.– ¿No tiene pareja?

Directora Ejecutiva.– No. A mí no me gustan las parejas, me gustan los negocios.

Secretaria Rubia.– Ah, pues manos a la obra.

Directora Ejecutiva.– Me parece que usted me tranquiliza.

Secretaria Rubia.– Fumemos un cigarrillo antes de irnos.

Directora Ejecutiva.– Sí. El último.

Secretaria Rubia.– ¿El último? ¿Qué dice, mujer? El primero.

Directora Ejecutiva.– Ah.

Secretaria Rubia.– ¿No nos vamos a largar de aquí? Entonces fumemos hasta que reventemos y que se jodan todos.

Directora Ejecutiva.– Ay, sí, sí, decididamente, usted me tranquiliza.

Relámpago. Trueno. Todos miran al cielo. Entra, alterada, la Secretaria Castaña, hablando en un susurro.

Secretaria Castaña.– Una mujer triste en la ventana espera al hombre desconocido la mujer sigue allí en la ventana el hombre desapareció se llamaba . . .

Secretaria Rubia.– ¿Dónde va esa loca?

Programador Administrativo.– Mírela.

Secretaria Morena.– ¡Hola!

Secretaria Castaña.– . . . no sé cómo se llamaba pero era un hombre entre un millón la mujer lo soñó el hombre no existía . . .

Secretaria Morena.– ¿Dónde vas?

Programador Administrativo.– Deténgala.

Mensajero Local.– Otra que quiere tirarse.

Secretaria Pelirroja.– Déjala.

Secretaria Rubia.– ¡Que se tira!

Directora Ejecutiva.– (*A la Secretaría Rubia*) Sólo quiere llamar la atención.

La Secretaria Castaña está muy cerca de la barandilla. La detiene la voz de la Secretaria Morena.

Secretaria Morena.– ¡No! ¿Qué haces?

Secretaria Castaña.– No sé qué estoy buscando.

Secretaria Morena.– Yo sí lo sé.

Secretaria Castaña.– ¡Está lloviendo!

Secretaria Morena.– Aún no.

Secretaria Castaña.– Allí, sí, en la casa de la mujer. ¡Mira!

Secretaria Morena.– ¿Qué?

Secretaria Castaña.– ¿Me lo estoy inventando?

Secretaria Morena.– No.

Secretaria Castaña.– ¿Me he vuelto loca?

Secretaria Morena.– No. La casa existe. Es aquélla. La mujer también. Cálmate. Nos han hecho demasiado daño estos dos años y medio sin lluvia y ya está aquí, tienes razón, allí ya esta lloviendo.

Secretaria Castaña.– ¿Y el hombre? ¿Existe?

Secretaria Morena.– Yo sé quién es.

Relámpago. Trueno más fuerte. Todos gritan.

Secretaria Pelirroja.– ¡Vámonos!

Mensajero Local.– Sí, vamos. Pero, oye, ¿a dónde vamos?

Secretaria Pelirroja.– ¿Quieres que te lo diga? ¡Al campo!

Mensajero Local.– ¿Quéee?

Secretaria Pelirroja.– ¡¡¡Al campo, a la naturaleza, me lo dice el corazóooon!!!

Mensajero Local.– ¡¡¿Y eso del campo dónde está?!!

Relámpago. Trueno más fuerte. Entra el Programador Informático corriendo. Todos gritan.

Programador Informático.– ¡La lluvia!

Secretaria Castaña.– ¡La lluvia!

Directora Ejecutiva.– ¡Vamos!

Secretaria Rubia.– ¡¡Jefe, que me voy con ella, no sé si volveremos a vernos!!

Mensajero Local.– (*A la Secretaria Pelirroja.*) ¡¡Hala, no se hable más, al campo!!

Cae un rayo en la azotea. Salen el Mensajero Local con la Secretaria Pelirroja y la Directora Ejecutiva con la Secretaria Rubia. La Secretaria Morena se refugia en los brazos del Programador Administrativo.

La Secretaria Castaña y el Programador Informático se encuentran en el centro de la azotea y se miran intensamente a los ojos. Luz cegadora y gran estruendo.

Programador Administrativo.– No tenga miedo. ¿Viene conmigo?

Secretaria Morena.– ¡Mire, ya se han encontrado!

Programador Administrativo.– ¿Cómo?

Secretaria Morena.– Ya está.

Programador Administrativo.– ¿Se queda con ellos? ¿No quiere venir conmigo?

Secretaria Morena.– ¿Qué?

Programador Administrativo.– ¿Quiere venir conmigo?

Secretaria Morena.– Repítamelo, por favor.

Programador Administrativo.– Ven conmigo. No sé por qué, pero ven conmigo.

Secretaria Morena.– Antes, déjame decirte algo.

Programador Administrativo.– ¿Qué?

Secretaria Morena.– Yo soy una persona normal.

El Programador Administrativo abraza a la Secretaria Morena y salen. Cae otro rayo. El Programador Informático y la Secretaria Castaña continúan inmóviles mirándose a los ojos.

Silencio.

Programador Informático.– He perdido a mi mujer.

Secretaria Castaña.– ¿Es usted un hombre entre un millón?

Cae la lluvia silenciosamente. Los dos se quedan inmóviles mirándose fijamente bajo la lluvia.

Epílogo

Después de la lluvia

El sol.

FIN

Comprensión del texto

1. ¿Dónde transcurre la acción y qué importancia tiene ese lugar para la obra?

2. ¿Qué prohibición hay? ¿La respetan los empleados de la empresa?

3. Analice los temas y el estilo del diálogo de la primera escena de la comedia.

4. Explique la relación entre la Secretaria Rubia y el Programador Administrativo en la escena V.

5. Analice los personajes femeninos y masculinos y comente sus nombres.

6. ¿Qué efecto produce la Escena IV y qué añade a la obra ?

7. Compare la relación matrimonial del Programador Informático con la del Jefe Administrativo. ¿Qué accidente sufre la esposa del Programador? ¿Cómo contribuye ese incidente al significado de la obra?

8. ¿Cómo está representada la Directora Ejecutiva y qué rol tiene en la comedia?

9. ¿Cómo cambian los personajes con la aproximación de la lluvia?

10. ¿Cuál es su reacción al desenlace de la obra? Explique.

Actividades

1. En grupos, escriban una escena dialogada. Inventen variaciones de la misma historia, otro final, o adáptenla a otro tiempo, espacio o contexto.

2. Escojan un fragmento de la obra y represéntenlo ante la clase.

3. Identifique escenas donde se maneja el humor, la ironía y el absurdo. Busque una obra del teatro del absurdo, —de Samuel Beckett por ejemplo—, y relaciónela con el estilo de Belbel.

4. Observe el fragmento actuado en el video y analice el texto versus la representación.

Comprensión del video

1. ¿Cuál es la genealogía y proceso de la escritura de *Después de la lluvia*?

2. ¿Cuál es el simbolismo de la lluvia y la sequía, según el dramaturgo?

3. ¿Cómo escoge la caracterización de los personajes femeninos y por qué?

4. ¿Qué experiencias personales se reflejan en la obra?

5. Belbel habla sobre los antecedentes y el estado actual del teatro catalán. Resuma sus observaciones.

6. ¿Qué autores influyeron la escritura de Belbel?

7. ¿Cómo resume Belbel su experiencia dentro del teatro?

8. ¿Cómo afecta su recepción de la obra, ver el fragmento actuado y escuchar los comentarios de Belbel?

Para comentar y escribir

1. Busque una definición de la comedia como género literario y relaciónela con *Después de la lluvia*.

2. Discuta el simbolismo de la sequía, la lluvia y el sol en la obra.

3. Cómo pone en evidencia Sergi Belbel "los dispositivos inconscientes de la violencia . . ." (Carles Batlle i Jordà, 44), en *Después de la lluvia*?

4. Elija uno o dos personajes y analícelo/s. Destaque su importancia en la obra.

5. ¿Cómo complementa la entrevista su comprensión/interpretación de la obra?

6. Compare las experiencias en el teatro de Paloma Pedrero y Sergi Belbel, sirviéndose de las entrevistas.

7. ¿Cuál es el mensaje de la obra y cómo se comunica?

Notas

1. Por razones de espacio, sólo se incluyen cuatro escenas de la comedia: I, IV, V y XII más un fragmento de la escena IX. Marcamos así: [. . .] otros cortes. Hemos incluído un resumen de la trama entre paréntesis.

2. en primera plana: on the front page (of a newspaper)

3. ¿Si nos . . . pescan?: (col.) What if they catch us?

4. Sobre todo los pesados y las pesadas que no paran de molestarme: Above all those bores (men and women) who keep on bothering me

5. que enternece; (irónico) that you're touching, you're pitiful

6. un chivato: a stool pigeon, an informer

7. cornudo: cuckold

Capítulo VIII

Carmen Boullosa (México, n. 1954)

Duerme (fragmento)

Actividades de prelectura

1. Investigue sobre la colonización de México.

2. Busque información sobre culturas indígenas precolombinas en México.

3. Vea el filme *Orlando* (Sally Potter, 1993) basado en la novela de Virginia Wolf.

Introducción al autor

Nacida en la Ciudad de México, Carmen Boullosa es poeta, novelista y dramaturga. En 1989 recibió el premio Xavier Villaurrutia por la novela *Antes, La salvaja* (poesía) y *Papeles irresponsables* (novela). Sus libros han sido traducidos al francés y al alemán. Tanto la crítica, como el público en general, exaltan sus libros como ejemplos de lo mejor que se está produciendo en el campo de la literatura mexicana. Una fuerte entereza poética caracteriza todas sus narraciones.

A principios de los años noventa, Boullosa publica novelas sobre temas históricos, que sería erróneo denominar "históricas." Dos de ellas son relatos de piratas, tópico que recurre sobre todo en la literatura popular, en el cine, en la novela, en relatos para niños y en la literatura romántica de Byron en adelante. El interés de Boullosa por los piratas seguramente se debe a la negación que hacen de sus orígenes.

Dos libros de Boullosa —*Son vacas, somos puercos: filibusteros del mar Caribe* (1991) y *El médico de los piratas* (1992)— se basan en el relato de Exquemelín, publicado en 1678. Exquemelín llega como esclavo a las tierras de la Compañía Francesa de las Indias Occidentales, fundada por el Cardenal Richelieu. Allí es testigo de la crueldad de un sistema que sólo se alivia gracias a la amistad del Negro Miel, quien le transmite su sabiduría.

En 1997 Boullosa publicó *Cielos de la tierra*, una novela en tres tiempos que presenta la historia como ruptura —la gran destrucción del mundo indígena. Los tres tiempos están marcados por violentas rupturas, por la soledad de los narradores y por la destrucción de proyectos alternativos de comunidad. Los tiempos se vinculan no por la historia sino por la experiencia de frustración compartida. Boullosa también recurre al tema nacionalista. Plantea, analiza y cuestiona el México actual a partir de su pasado,

Fig. 11. Mujer maya en Mérida, Yucatán. Foto de
Robert W. Blake.

su presente y su futuro. *La Milagrosa* es la novela que trata de una mujer que hace
milagros en un país que de repente cree que el milagro es lo único que le queda como
esperanza.

Duerme, publicada en 1994, presenta el intrincado personaje de Claire, una mujer
del "Viejo mundo" que gusta de vestir como hombre y vivir en tesitura masculina, en
la orilla del riesgo, en tierras recién conquistadas por Europa. Mientras los españoles
construyen piedra sobre piedra la cristiandad donde antes se erguían templos majes-
tuosos, sobre las espaldas y a costa de los indios, Claire se desembaraza, a veces a su
pesar, de diversas identidades cuando las situaciones se vuelven apremiantes. En esta
novela Boullosa recrea con un despliegue de recursos el mundo colonial, en el que se
funden la realidad hispana y las creencias mágicas indígenas, y nos presenta una novela
de aventuras, ampliamente documentada en sucesos históricos. Según Jean Franco,
"*Duerme* es una novela perturbadora porque explora las áreas subterráneas que ha producido el mestizaje, en un momento en que se opera un cruce de géneros, lenguajes,
razas y clases, creando un México profundo —un subconsciente no individual donde se
han fundido elementos subalternos, donde no parece irracional la posibilidad de hacerse de esta nación en lengua mexicana." (9).

Sobre *Duerme,* Carmen Boullosa considera que más que una obra picaresca es una
novela de aventuras o de hadas, pero al mismo tiempo es una novela sobre su pleito con
la materia, la identidad sexual, y el cuerpo femenino (entrevista Sánchez y Stycos).

BIBLIOGRAFÍA SELECTA

Droscher, Barbara, y Carlos Rincón, eds. *Acercamientos a Carmen Boullosa: Actas del Simposio "Conjugarse en infinitivo—la escritora Carmen Boullosa."* Berlin: Frey, 1999.

Franco, Jean. "Piratas y Fantasmas." *La Jornada Semanal,* 22 de marzo de 1998: 6–9.

Gallo, Rubén. "Carmen Boullosa by Rubén Gallo." *Bomb Magazine* 74 (2001): 56–61.

Jacobus, Mary. "Reading Woman (Reading)." In *Feminisms: An Anthology of Literary Theory and Criticism,* edited by Robyn R. Warhol and Diane Price Herndl, 1029–45. New Brunswick, N.J.: Rutgers University Press, 1997.

Monzón, Lorena. "Algunos aspectos de la metaficción en *Mejor desaparece* y *Duerme* de Carmen Boullosa." *Revista de Literatura Mexicana Contemporánea* Año V, no. 15, vol. 8 Enero a Abril (2002): 39–45.

Duerme (fragmento)

Capítulo uno

Ya oigo: "por aquí," "por aquí." "Tlamayauhca," "Nite, uica".[1] "Es aquí." Nuestro alrededor sigue totalmente oscuro. Me sorprendo vociferando. Mis palabras (mudas, no puedo abrir la boca) son un torrente gritando "¡suéltenme!," "¡déjenme ir, déjenme!." Gritan desesperadas e inútiles, no se escuchan. A pesar de su revuelo,[2] alcanzo a oír atrás de ellas "nite, uica." Ya oigo, pero no puedo moverme. Ni los párpados puedo abrir. Me estoy helando. Debieran cubrirme. Como cargan conmigo como con un saco inerte al hombro, mi pecho, mi vientre y un lado de la cara sienten la tibieza del hombre que me lleva, pero en el otro lado de mi cuerpo siento un frío casi de muerte.

De pronto, el vocerío de adentro se calla y rompe en mí una gana de reír incontenible, igualmente invisible, los músculos no responden. Soy un cuerpo yerto. Ni saberlo me quita la risa. Pero la risa pasa también, y consigo despejar un poco la imbecilidad que invadió mi cerebro. ¿Dónde vamos? Yo bebí una copa que llevó a mi habitación solícito un criado, caí en la inconsciencia, y ahora voy aquí, trotando a cuestas de un hombre. ¿Dónde me llevan? Con un enorme esfuerzo, abro un poco los ojos. Primero no veo nada. Después nos acercamos a la luz, seguramente a quien lleva la antorcha. "Acopca," nos dice, y empezamos a subir los escalones. La antorcha se queda atrás de mi montura, ilumina un túnel. Nos hemos desplazado bajo tierra. Arriba, me acuestan en los adoquines. Veo el cielo nocturno, cuajado de estrellas. Veo la luna, sonriendo. Me regresa el deseo de reír y mis músculos entumecidos ceden un poco al impulso. Se envalentona la risa y revienta en carcajadas convulsivas que no estallan, mis músculos están duros como maderos. Ni cuenta me doy de quién me carga.

Cuando han pasado las carcajadas,[3] noto que me han puesto en una cama. Las sensaciones adquieren otro signo, el de la ebriedad. Unas manos tibias me tocan la cara:

—Está helado. Cecmiquiliztli . . .

Tienen voz de mujer. Me cubren con mantas y frazadas. Las llamas de las velas bailan, todos menos yo se están moviendo, siento que el mundo gira alrededor de mí. Las manos tibias me acarician la cara. Habla otro, hacia mí. Los brazos de las manos tibias me impiden verlo.

—Recién llegado. Tiene dos días. Vino con la gente del Capitán, me informé que a acordar desde tierra adentro contrabando. No puede estar aquí por mucho, es francés, se dice que ha tenido tratos con piratas, y si lo sé yo lo averigua cualquiera, así que quienes lo han traído tendrán premura porque salga. Es mucho riesgo estar aquí . . . Luterano, francés, pirata, contrabandista. Muchos motivos para alcanzar la horca y para arrastrar a quienes se le acerquen, ahora que el Virrey busca . . .

Lo interrumpe otra voz.

—Quién sabe, tal vez hasta es judío. Es fácil verlo, ahora que le cambien la ropa.

La comodidad de mi embriaguez en el lecho me permite que vuelva la risa —ya consigo mover mi cara y el pecho— y además ha dado entrada a un apetito feroz. Como la cordura[4] no me ha abandonado, veo lo estúpido de mis reacciones y trato sin suerte de controlarlas. Además, la gravedad de mi situación no debiera dar cabida más que a la desesperación.

—¿Y si mañana le escuchan lo francés?

—Creerán que Vuestra Merced tuerce el tono de la voz para salvarse, ¿qué más podrían creer?

—No me convence que sea francés . . .

—Sería peor un cristiano.[5] No hablemos más. Tenemos poco tiempo. Y si descubren que él no es el Conde, el Conde no estará ya aquí . . .

—Ya lo oí hablar —es la voz de las manos tibias, la única de mujer que aquí he escuchado—, tiene un castellano bueno, sin acento extranjero. Seré india, pero distingo si un español lleva el habla extraña. Voy a quitarle la ropa, ya no está frío. Debieron cubrirlo en el paso subterráneo, traían su capa . . .

¿Voy a quitarle la ropa? El corazón me da un brinco. O me lo daría si no me hubieran paralizado por completo.

¿Quiénes eran? Indios revueltos con españoles, fueran quienes fueran serían aberración. ¿Para qué desvestirme?

—¿Me quedan sus ropas?

—Sí —le contesta la de las manos tibias—, usted es menudito.[6] A él le quedarán también las suyas.

Empieza a quitarme la ropa, sin dejar de hablar. Yo, sin poder defenderme, sin poder hablar siquiera, que yo le diría: "Me la quito, no hay problema. Mire al otro lado y lo hago en un segundo," total, poco tiempo tenían las prendas viviendo conmigo. Pero ni una palabra consigo formular. Trato de poner en orden mis pensamientos. Van a cambiarme las ropas con las de un español y yo no puedo defenderme. ¡Maldición! ¡Y esta maldita risa!

La de las manos tibias me quita prenda por prenda,[7] y me cubre con una manta, no sin antes entregarlas para que las lleven al español, una por una, y por estar enviando uno y luego otro a llevar prenda por prenda que me quita, se queda a solas, y hurga con demasiado detenimiento en las partes de mi cuerpo. Cuando termina, me cubre hasta el cuello con una gruesa cobija. Para mi sorpresa guarda silencio, ni maldice ni hace alharaca, ni llama a voces para decirles su descubrimiento. Se queda junto a mí, con sus dos manos en mi cara, en completo silencio. Los otros regresaron de la habitación vecina:

—¿Es judío? –pregunta el español que viste mi ropa. No consigo ver su rostro, lo tapa la india, no puedo moverme para ver cómo la tiene quien me suplanta.

—No . . . es . . . —la sentí titubear—. No es judío.

—¡Pobre hombre!

—Trataremos de librarlo.

—Mi conciencia estaría más tranquila si lo hicieran. Si consiguen librarlo, denle trato de Señor; aunque sea luterano es inocente, y le deberé la vida . . .

Alguien arroja las ropas del español a mi pecho. Veo volar la orilla de mi capa en camino al cuerpo que me suplanta.

—Cuídese— le dice la india—. Nite nauatia . . .

Todos salen con el español. Van, seguramente, a mi habitación. Él será Monsieur Fleurcy cuando en la madrugada deje esta ciudad a la que no debí venir nunca. Si consigue irse en la madrugada, que yo creo que en dos días no lo dejarán salir, hasta que lleguen al acuerdo que esperan que yo . . .

La india de las manos tibias acerca las velas. Se queda una en las manos. Me descubre y me revisa, esta vez sin tocarme. Si tanta mano metiste en todos mis rincones, ¿por qué pones esa cara de asombro? Sí, soy mujer, ya lo viste. Yo me siento humillada así expuesta. Creí que ya lo había vencido, que nunca más volvería a ser ésta mi desgracia, el cuerpo expuesto, ofrecido (como si él fuera mi persona) al mundo. "¡Yo no soy lo que ves!," quiero gritarle. No puedo, y no me serviría de nada. Ella ve que no soy lo que quiero ser. Y que, total, sólo esto heredé de mi madre. Por más que lo rehuya será siempre mi condenación.

Quiero llorar y aun así no puedo contener la risa. Quiero llorar. Se ha muerto el único hijo que yo querría tener, me lo han matado en mi propio cuerpo. Me han dormido para que yo no pueda defender a mi vástago: yo, sí, yo soy mi propio hijo, Claire vuelta varón.[8]

La india deja a un lado la vela y puedo verla. Me vuelve a cubrir, sin acomodar en nada mis pocas prendas, todas revueltas. Siento la aspereza de la manta en un pecho desnudo. Pienso poco en lo que me está ocurriendo, porque el hambre y las ganas de reír no me dejan en paz. Si pudiera levantarme, me echaría a correr, sería capaz de comerme vivo uno de los muchos perros, dueños nocturnos de las calles de esta ciudad.

La india regresa y vuelve a sentarse a mi lado. En una mano trae una piedra filuda,[9] y en la otra un cántaro de barro.[10] Frente a mis ojos golpea el uno contra el otro, para estar segura de que los veo. Me descubre, me acomoda alzada la cabeza, mirando mi cuerpo, y me clava con todas sus fuerzas la piedra en mi pecho desnudo, el izquierdo. Esta india quiere despellejarme,[11] abrirme como hacen los suyos. No puedo moverme y casi no siento el corte.

Fig. 12. Vasija de
barro. Foto de Robert
W. Blake.

—Altia nite –dice para sí, y para mí—: no te haré mal. Ya pasó el dolor.

En la herida abierta deja caer agua del cántaro. Al abrirme con la piedra, mi sangre roja se deslizó abundante por la piel, sin premura, a tibia velocidad. Ahora con sus dedos abre la herida, jalando cada uno de sus bordes a extremos opuestos, vuelca agua en ella, y a pesar de forzar los bordes de la profunda herida a una posición que la debiera hacer sangrar más, la sangre deja de brotar. Con el paso del agua, el centro de la herida queda limpio, como si no fuera carne abierta. El agua sigue cayendo del cántaro, pero no cae sobre mi piel, es absorbida por la herida. Veo cómo una vena, en un gesto excepcional, bebe del agua a tragos, como si fuera la garganta sedienta de un polluelo. Ahora cierro los ojos. Trato de explicármelo. Los vuelvo a abrir. La india me envuelve en una sabanilla suave antes de poner sobre mí la manta.

Entran, casi corriendo, los que habían salido; los que habían acompañado al español ya están de vuelta.

—Ya lo dejamos, lo acompañamos hasta la mera recámara para estar seguros de que todo estaba bien.

—¿Y? –preguntó la india.

—Todo está bien.

—Pues acá todo está muy extraño. Este hombre es sin ropas mujer.

Nadie hizo aspavientos,[12] nadie dijo nada.

—De una vez voy a vestirlo, no vayan a descubrirlo . . .

Y empieza a vestirme, frente a ellos, con ropa ajena. Como me sienta para ponerme

Fig. 13. Mujeres
mayas. Foto de
J. Mayone Stycos.

la camisa, los veo, algunos son indios, por lo menos uno español; veo con dificultad, borrosamente, todo se me desdibuja. Ya no sé si tengo los ojos abiertos o cerrados, sólo alcanzo a percibir una luz móvil, como arena cayendo, como cataratas de arena, y tengo náuseas. Casi no siento las cuatro manos que me visten, ni los ojos que me ven mujer, humillándome. Y no consigo dejar este gesto de poner en palabras cuanto me va sucediendo. ¿Para qué lo hago? ¿Para qué narrarme a mí lo que va sucediendo? Tampoco dejo de escuchar con claridad lo que dicen cerca de mí. Pero no los entiendo. Sus palabras no pueden entrar en mi cabeza.

Capítulo dos

Dormí como un lirón,[13] me digo a mí misma ahora que despierto con dificultad. Recuerdo de golpe dónde estoy, que me han cambiado las ropas, que duermo en la cama de otro hombre . . . Me escucho decirme lo que va pasando y no intento combatirlo, apenas puedo conmigo, me zarandean para despertarme,[14] me obligan a beber un café, me acomodan la ropa, me ponen las botas, con dificultad consiguen ponerme en pie. No ha pasado el efecto de lo que pusieron en mi copa, claro que ya no estoy paralizada, pero no consigo despertar los músculos. Me vuelven a sentar, me dan otra taza de café con la que casi queman mis labios. Me levantan otra vez, siento que ya no voy a caerme.

—Ya están aquí —me dice uno de ellos, indio, ya no veo españoles a mi alrededor—. No diga palabra.

Y tomándome entre dos de ambos brazos, me llevan hacia afuera, cruzamos un largo pasillo, el patio, y llegamos al salón. Ahí me esperan varios hombres vestidos de negro. Ninguno de ellos alza los ojos, parecen avergonzados, clavan sus miradas en el piso. Yo me siento en el deber de decir:

—Disculparéis, me encuentro un poco indispuesto . . .

Los dos criados indios me siguen deteniendo. Un tercero acerca una silla en la que me desplomo.[15] U no de los hombres de negro extiende hacia mí un papel y lo deja en mis manos. Lo abro para leerlo:

"Nueva España. 19 de agosto de 1571."

"Su Excelencia, Conde Enrique de Urquiza y Rivadeneira." . . Ése soy yo. Alzo la mirada para observar la magnificencia del salón. Ésta es mi casa. Vuelvo a poner la mirada en el papel, un poco más abajo, "conspiración." . . "horca".[16] Me salto ya todas las palabras para llegar a la firma "Depositario del poder de su Majestad, Felipe 11, el Excelentísimo Señor Virrey Don . . .," etcétera, etcétera . . .

Estiro la mano devolviendo el papel a quien me lo ha dado. Apresurado, lo toma, no fuera a quemarme. Reviso el salón que es momentáneamente mío: por fin soy rico, un Caballero, un Noble, de Buena Cuna.[17] Es mi consuelo, morir siendo lo que siempre quise ser en vida.

—Conde . . . Nosotros . . .

Calló. Hice un gesto con la mano, significando algo así como "ni preocuparse, así es."

—El carro del Virrey espera afuera.

Mis dos criados me ayudan a levantarme, y me guían hacia el exterior. Salimos. Giro la cabeza para ver mi casa: es un magnífico palacio, frente a la amplia calzada de Tacuba, la creo reconocer. Me suben casi en vilo al carro del Virrey. Qué extraño, mucha cosa sería el Conde Urquiza para no llegar en mula hacia la cárcel y la horca. Mucha cosa que no fueran a arrastrarme por las calles antes de mi ejecución. El carro echa a andar. Tengo que hacer acopio de todas mis fuerzas[18] para no caerme del asiento. Me asomo y veo a mis criados cortejándome, ahí viene la criada de las manos tibias. Creo recordar que mientras yo dormía ella derramó más agua del cántaro en la sedienta herida. Ahora sí me duele mi pecho. Con todo, no la veo con antipatía, me da confianza e incluso gusto. No debiera estar para agrados, demonios, voy a la horca. Pero —oh absurdo estado de ánimo— conforme consigo despertarme más, me siento mejor y de muy buen ánimo. No tengo miedo. Ésta será tal vez la resaca de la copa de anoche, esta entereza, esta confianza estúpida.

Llegamos a la casa del Virrey y sus Oidores. El coche se detiene. Aquí se encuentra la Cárcel Real, en la que me encerrarán antes de llevarme al patíbulo. Puedo bajarme en mis propios pies, ya no estoy débil ni mareado. Entramos. Cruzamos los corredores de hermosos arcos de cantería. Las salas y estrados de audiencias están aún vacíos. El Virrey, los Oidores y sus familias sí deben de estar aquí adentro, en algún lado, que aquí viven, pero no se aparecen para no ver al huésped prisionero, al Conde Urquiza. Los empleados de la Casa de Moneda no han llegado aún, ni un caballero ejercita en la tela dispuesta para eso en la Plaza. Bajo un arco, donde pega tibio el rayo del sol temprano, un hermoso moro hila seda, sentado sobre un cojín de terciopelo. No alza los ojos para vernos, abstraído en su labor. Entramos a mi celda. Y digo entramos, porque la india de las manos tibias ha pedido permiso para entrar conmigo. Apenas cierran la puerta, pega su cara a mi oreja, para que nadie más la escuche decirme: Señor. Caballero francés. Usted que es hombre vestido y mujer sin ropas no merece la muerte. No va a morir hoy en la horca, délo por seguro. Permita sólo que vacíe un poco más de agua en su herida. Es agua de los lagos de los tiempos antiguos. Era un agua tan limpia que estancada en ollas de barro desde hace muchos dieces de años no da muestra de pudrición o estancamiento.[19] El agua tiene de cada lago, dulce o salado, de cada canal, aquí revueltas. Es curación desde nuestros padres y nuestros abuelos, y nunca ha sido puesta en un español. Era el agua tan limpia —sigue diciendo, mientras yo, de espaldas a la puerta, me abro la ropa y saco mi pecho izquierdo, abierto pero no sangrante— que nuestros abuelos no vaciaban en ella siquiera sus orines. A diario pasaban canoas a recolectarlos, y sacaban los orines de Temixtitan y los barrios, de ellos extraían fijadores para pinturas y tintes, las que usaban nuestros magníficos artistas, y los húmedos donde remojaban los hilos para bordar o hacer telas. Entonces nuestras telas no eran blancas . . . De esas aguas he llenado el cántaro, ayer a la noche, y hoy lo he vuelto a colmar por la mañana. Dos cántaros enteros protegerán tu sangre de la muerte. Éstas son aguas purísimas, no tocadas por las costumbres de los españoles, ni por sus caballos, ni por su basura. Usted que no eres hombre ni mujer, que no eres nahua ni español ni mestizo, ni Conde ni Encomendado, no mereces la muerte. Dicen que vienes del mar, que has estado con los que arrebatan a los españoles lo que se llevan de aquí. No mereces morir.

Deja de escanciarme[20] el agua del cántaro. Mi pecho ha quedado aún más henchido de ella. Lo miro con asombro y lo empiezo a acomodar con dificultad entre mis ropas, su voluminoso cuerpo me da problema para ocultarlo. Por fin consigo hacerlo. Ella sigue hablando:

Cuando cuelgues de la horca, no hagas nada. Finge que has muerto. Deja suelto tu cuerpo, gobernado por su peso. No te vayas a mover. No sé cuánto tarden en bajarte. Si es mucho, no temas orinarte y cagarte en las calzas, lo hacen todos los muertos. Cuando te bajen, yo estaré ahí. Te cubriré. Te llevaré a casa. Y de la sepultura, luego hablamos. Para de hablar. Con su piedra filuda abre una pequeña herida en la frente, se pone en cuclillas y con gestos me indica que acomode la cara en su regazo. Ahí vacía el poco de agua que resta en el pocillo, mientras me repite: "Xeluihqui, xeluihqui, xeluihqui . . ."

—¿Qué me dice?

—Xeluihqui quiere decir "cosa partida." . .

Estoy tan convencida como ella de que no me voy a morir. Por dos cosas: porque me conviene pensarlo y por la confianza que ella me inspira, ahora que descanso mi necia cabeza en su regazo. Además, si fuera a morir algo de muerte sentiría, y no, no es así . . . Me pide que me levante, se pone de pie, esconde el cántaro en su mantilla de india. Toca a la puerta, le abren y se va, sin voltear a mirarme. Quedo a solas, muy poco tiempo; oigo subir la tranca y girar la llave en mi puerta. Entra el cura a la confesión.

—Conde . . .

No hay un mueble en mi celda. No quiero estar de pie. Me siento en el piso. Cubro mi cara con mis manos. ¿Qué le digo a este cura? ¿Cómo se hace una confesión? Si se trata de acusarme, ¿de qué me acuso? Separo un poco los dedos para espiarlo. Está de pie, frente a mí, pegado a la puerta, tiene miedo. Gano confianza. Silencio. Vuelvo a separar los dedos, se ve agitado, incómodo, ya casi está aterrorizado. ¿Él me delató? ¿Y de qué me delató? Se pone sobre el corazón su Sacramentario, a manera de escudo.

—En los juegos de naipes —le digo, sin separar de mi cara las manos—, siempre llega el momento de conocer la identidad de las barajas.[21] La que se sospechó sota se revela diamante, el rey de oros, cuatro de copas . . . Igual es la vida.

Apenas termino la frase, pienso que es un poco estúpido que yo, el Conde Urquiza, me ponga a hablar de naipes. El caballero jamás debió tenerlos en sus manos. Pero el cura inmundo no repara en esto, sólo dice:

—Sí, Vuesía[22] no debe necesitar confesión. No han pasado quince horas de la anterior. Puedo administrarle los Sagrados Sacramentos.

Digo No con la cabeza, en un gesto que, por lo brusco, considero muy convincente.

—El Sacramento es la señal de una cosa sagrada en cuanto que Santifica a los hombres.

Digo No otra vez con la cabeza.

—Res sensibus —a latín se brincó el cura, por no hallar barda a la mano que lo cubra, está muerto de miedo—— subjeta quoe ex Dei institutione sanctitas et justitiae tum significandae tum efficiendae vim habet.

NO, con la cabeza contesto, pero también por la boca dejo salir un furioso NO, que se me está acabando la paciencia . . .

—La Extremaunción . . .

—Si no salís, Vuesía, por la puerta, yo os retorceré el pescuezo y os haré cruzar las puertas del Cielo, sin Sacramentos.

Golpea la puerta. Le abren de inmediato y sale, por piernas.

Me quedo ahí sentado, de muy buen talante, pensando lo mal que he hecho quedar al Conde . . . No creo que le importe gran cosa, sabía que dejaba su prestigio en manos de un pirata luterano . . . Y hasta este momento pienso que debí enseñarle mi rostro para que lo escudriñara, y dejarlo escuchar mi voz con detenimiento, para que viera que yo no soy quien soy, que van a llevar al falso a la horca . . . Estoy aturdido, no pienso . . .

Todos tienen prisa para deshacerse de mí. No he tenido tiempo de nada, quisiera jugar a imaginar cómo huyó el Conde de México hoy en la mañana, si lo dejan irse o lo fuerzan a permanecer hasta llegar al trato que a ambas partes favorece, cuando entran los cuervos que me recogieron por la mañana. Ya están aquí por mí. Si ya he dejado tan mal parado al Conde en sus últimos momentos, puedo seguir . . .

—Perfecto. Salgamos. No sé para qué me han traído aquí. No lo comprendo. Ni el Virrey ni los Oidores han acudido a saludarme, y en mi celda no hay banca ni silla que me ampare. Yo digo "Vayamos." Me alegra salir de aquí, aunque la horca no me hace mucha gracia.

Una espada en la mano, y cortaría a estos marimaricas la cabeza, que poco la han de usar. Prometo no tocarles su preciado culo, será lo único ponderable en sus personas. Pero no lo digo. Casi lo digo. ¿Lo digo? Ahora no son mis criados sino dos soldados quienes me escoltan.

—¡Señores! —digo, pero nadie voltea a escuchar mi discurso. ¿Para qué lo digo, si no han de escucharme?

Ya estamos afuera del dormido Palacio. A un costado de él, un ejército de hormigas indias levanta el Templo Metropolitano. Pasando el canal del Palacio, está el Templo Mayor de los aztecas. El día anterior, yo me paré entre los dos templos, estuve entre el ir y venir de los acarreadores de piedras,[23] que las quitan de lo que queda del Templo azteca y las llevan para levantar el metropolitano. Una piedra tras la otra, destruyendo para construir el de la cristiandad. De música de fondo, la voz de los curas leyéndoles en latín, mientras ellos van y vienen, esforzados. Buen trabajo el de los curas, que sólo dejan resbalar palabras por sus bocas. Y yo ahora en el carro del Virrey, de nuevo, hacia la horca. ¿Temen que alguien salga a defenderme? Aquí nadie defiende nada. Si permiten que desmantelen su Templo sin decir ni pío, y qué digo, si con sus propias manos desbaratan el Templo para acarrear las piedras a la iglesia cristiana, ¿qué puede esperarse de este sitio? El carro del Virrey se deberá a otro motivo. Tal vez él quiere que digan que me trató como un Caballero hasta el último momento, aunque yo lo haya traicionado, que el desleal soy yo y no él. Eso ha de ser.

En la calzada,[24] cabemos con amplitud el carro y el cortejo, sin que quienes vayan en este último se mojen los pies en el canalete central. Pero yo siento, y con un regusto que no consigo descifrar, que mi persona se va desgarrando por los costados, como si al avanzar dejara ropa y jirones de carne en las fachadas, porque me siento inmensa, a reventar, tal vez por efecto del pecho hinchado de agua que me he fajado con tanto esfuerzo en mis ropas de español, pero también porque, aunque sé que no voy a morir, temo la horca, porque empieza a subírseme el miedo, pero viene soberbio, me vuelve ancha, como si estar aterrorizada se confundiese con venir hinchada de soberbia . . .

Hemos llegado a la plaza del mercado. Bajo del carro hacia el barullo,[25] y subo los escalones hacia la muerte. Miro abajo, nadie se acerca a ver mi ejecución, qué extraño, el barullo del mercado sigue intacto, no lo hemos afectado con nuestra ceremonia. Sólo mis propios criados rodean la horca. Los dos pequeños embarcaderos y sus barcas y canoas siguen inmóviles, varadas en el agua. Me ponen el lazo al cuello, y yo aquí, sin pelear, que apenas tengo fuerzas, y en el cerebro esta maña de explicármelo todo que me deja sin lugar para tramar nada. Los indios echan a sonar la campana que hay en el centro del amplísimo mercado. Todos alzan sus caras para mirar mi muerte, pero el que detiene una canasta en su mano no la suelta, el que come el mamey no deja de hacerlo, la madre que sujeta del brazo al hijo sigue idéntica, el que palpa el jitomate no le retira los dedos, como si nada pudiera arrebatarles el orden y el concierto del mercado. El único que cambia soy yo, cuando desaparecen las tablas que piso. Me columpio ligeramente, siento el tirón en mi cuello, y, quién sabe por qué, la cuerda empieza a girar. Doy vueltas colgado de ella, giro en la rueda de mi propia muerte. No puedo respirar, ni un sorbito de aire, no lo necesito, estoy vivo. No tengo miedo. He vuelto al tamaño de mi cuerpo.

Las aguas de los lagos me han salvado.

Creo oír adentro de mí sus tímidos oleajes. Aspiro su limpieza y su variedad, no la fetidez[26] que estancada solloza bajo las barcas y las canoas, como si fuera pastura infectada y ellas ganado enfermo. Veo en mis ojos cerrados la ciudad antigua, con templos blancos cubiertos de frescos, relieves y esculturas. Observo el mercado opulento, el juez de plaza, ataviado con exótica elegancia, gobernándolo, al costado. La cuerda sigue dando vueltas, y yo sigo viendo Temixtitan intacta, la camino de aquí a allá, en mis ojos cerrados, con asombro, porque en nada se parece a ninguna ciudad que haya yo visto en ninguna tierra, visito el Palacio del Tlatoani, veo a los hombres castigados por embriagarse enjaulados en el mismo lugar donde ahora cuelgo de la horca, y en cuanto me toman de los muslos para soltar el lazo y bajarme, pasan por mis ojos escenas de grotescas batallas. Veo en ellas a los españoles, sus armaduras, los trajes de los guerreros indios, sus escudos con oro y pedrería y plumas.

Siento las manos tibias de la india en mí, quiero decirle "He visto la ciudad de ustedes," pero guardo silencio de muerta, obedeciéndola. ¿Qué tal que me pongo a hablar? ¡Hasta el verdugo hubiera salido huyendo! y del descuartizamiento que hubiera seguido al pánico, ni el agua de sus lagos me podría salvar.

El agua suena viajando por mis venas como el viento que corre en un pasaje. Su suave paso reviste mi cuerpo y mi memoria, agrupando todo de manera distinta, las cosas, los sentimientos, las partes de mí misma.

Me veo de otra manera. Recuerdo a mamá. La veo haciéndome usar ropa de varón desde muy niña para que yo pueda acompañarla de un lado al otro, en su largo peregrinar de prostituta, viajando al lado de ejércitos; veo a los soldados entrenándome en el uso de las armas, pero aunque mucho veo, no puedo recordar el nombre de mamá ni los míos (el de varón, el de niña), y me veo viéndola muerta, con una bala al pecho en medio de una gresca de borrachos de los que nos burlábamos las dos por parejo, sin imaginar que una bala, estúpida igual que ellos, se desprendería de sus jaloneos y llegaría a separarnos para siempre. Veo que me quedo parada frente a ellos hasta que el Coronel me jala del brazo, tengo diez años, entro a servirlo, y nos desdibujamos los tres bajo el paso del viento, aunque eso sí, incluso así, en la memoria que al reorganizarme desaparece, estoy trabajando como bestia, soy del Coronel esclavo. Lo último que alcanzo a distinguir es la manera en que él abusa de mí, cuando, por un descuido de niña, mi ropa manchada de menstruo, él descubre que soy mujer, y veo que lo abandono y que ejerzo el mismo oficio de mamá, con mis piernas de misma forma que las de ella —en el relámpago me veo como si yo fuera otra y sé compararnos—, también abiertas siempre, pero sola, sin hija que me ayude a quitarme de encima a los briagos dormidos, y me veo desdibujándome, como si yo fuera a irme de mí para siempre. En un último esfuerzo, me veo llegar a Honfleur, sus casas bajas de madera, su iglesia de madera, sus callejuelas articuladas como si fueran de madera, un puerto emulando un buque, queriendo botarse al mar, jugueteando con la posibilidad de abandonar tierra y su cielo siempre demasiado bajo —¿por qué tenía Honfleur el cielo caído?— y luego, antes de verlo devorado por su propia bruma, me veo con mi último cliente, me veo emborrachándolo, robándole su ropa, subiendo al último momento en el barco al que días atrás había yo enganchado a mi falso hermano, y por el que me habían pagado lo suficiente para comprar el alcohol con que dormí al inocente, el matalotaje del que yo tenía necesidad para el viaje, y aún me sobraron unas pocas monedas para no llegar con las manos vacías a las tierras nuevas. Lo último que veo de Honfleur es al marchante infeliz que nunca quiso venderme mercancía porque yo era sucia, y a las mujeres que cambian de costado en las callejuelas con tal de no pasar junto a mí, siempre yo aparte de ellas, otra, distinta, repudiada, repulsiva ... Luego veo en un segundo condensada la desgracia de mi viaje en el barco, el encierro en sentina, los trucos de que eché mano para ganarme otras monedas, con las que compré mi libertad al llegar al Caribe ("—Si yo le hago creer a ese chiquito que soy mujer y lo enamoro, ¿ustedes cuánto me dan?," entre otros muchos), pero apenas lo veo es devorado, todo va siendo devorado, el Caribe, la isla, el negocio de contrabando, la bodega, los bucaneros (vestidos con ropa de la que no se podía distinguir color ni material de tanta sangre cuajada, y su peste) bajando a vender carne y pieles, a comprar provisiones; veo mis trampas para defenderme, el par de hechos de armas en que participo, veo cómo llego a mercar a la Rica Villa, a costas de la proclividad por el hurto que tienen los españoles ... Veo cuándo comprendí que me convenía arriesgarme y llegar a México, y veo que acá me llevan a la fuerza, ataviada de otro, a la horca y a la muerte.

¿Cuál muerte? Estoy más viva que un niño. Me han acostado sobre una camilla y me llevan en andas, cubierta con un lienzo blanco. Me atrevo a abrir los ojos. El lienzo es delgado y aunque un poco desdibujadas me deja ver a las personas en los balcones para verme pasar, aunque no a mí, al español de quien llevo sus ropas. El lienzo me impide distinguirlos, veo bultos y oigo el silencio que los acompaña. La bulliciosa ciudad me envuelve en una mortaja cómplice de silencio. Voy recostada en mi camilla, volando en los hombros de mis criados, oigo sus pasos, ninguno más. Todos se detienen para verme pasar. Los cuerpos están fijos, abajo de mí, en las calles, y arriba, en los balcones. Este silencio y esta inmovilidad equivalen a las tinieblas. Soy el ojo cubierto por un velo que lleva el cuerpo de cuatro torsos formado por mis criados, lo único que se mueve en esta pausa temible. Corro con suerte, el lienzo blanco se desliza lo suficiente como para que uno de mis ojos quede al descubierto. Digo suerte, porque tengo ya miedo, la tiniebla del silencio está por envolver mi ánimo. En uno de los balcones, veo a una hermosa morena española, vestida toda de luto, sin mantilla sobre su hermosa cabeza, con los ojos rojos de llanto. Al verme verla, grita:

—¡Me ve! ¡Me está viendo!

Mis criados indios detienen la camilla, la bajan de sus hombros a sus manos. La de las manos tibias me cierra los párpados con la palma de su mano, vuelve a cubrirme por completo con el lienzo, y dice, en voz tan alta que sobrepasa en nivel los chillidos de la morena histérica:

—Ni muerto lo deja ésta en paz.

Se calla mi enamorada, la que llora mi muerte, o tal vez se encierra en casa a encerrar susto y pena. Proseguimos la marcha un corto trecho, yo en la camilla en andas, mis criados abajo de mí, la ciudad silenciosa e inmóvil; damos tal vez cuarenta pasos y entramos a casa. Cruzamos el salón, los pasillos que caminé en la mañana . . . Me acuestan en la cama, los indios que me han traído a cuestas salen y cierran tras de sí la puerta.

Qué alivio siento. Ya pasó, ya pasé la horca, ya pasé el cambio de ropas . . . Me siento feliz, camino de un lado al otro de la habitación sin poner atención a nada más que a la dicha de estar vivo y moverme. Entre un paso y otro me sorprende un apetito feroz, yo sigo caminando, tratando de dejarlo atrás, pero no consigo separarme de él. Entra la india de las manos tibias, tan sigilosa que no me doy cuenta, hasta que oigo su voz:

—Buen susto nos diste, espiando, ¿qué no sabes cerrar los ojos? —parece molesta o enojada.

—Mire, india, qué más da . . . tráeme de comer que muero de hambre, y, bueno, la culpa fue del lienzo, él se resbaló, yo tenía los ojos abiertos, era peor que me viera la morena cerrándolos . . .

—Nada, nada . . . Te me acuestas en la cama y te estás inmóvil,[27] en lo que vuelvo con lo que hace falta y preparo tu entierro. Y no me llamo india. Todos los indios de esta casa nos llamamos Cosme por igual, para no confundir a Don Enrique.

—Denme de comer, tengo hambre desde anoche. Me la espantó un rato el susto, pero . . .

—Te me estás quieto en tu cama, si tú estás muerto, luego vengo . . .

Ese "quieto" en masculino me tranquiliza. Se va y yo me acuesto como me lo ha pedido. Si estaba de buen ánimo de pie y andando, todo se vuelve incomodidad inmóvil. Me aprieta la ropa, me molesta el pecho, pero consigo por fin acomodarme, después de mucho jalar por aquí y por allá, hasta quedar cómodo, inmóvil, para fingirme el muerto. Hasta me gruñen las tripas de hambre. Uno de los Cosmes entra, con los ojos ligeramente entreabiertos lo veo, yo no me atrevo a moverme. Sale. Regresa la de las manos tibias con el mismo Cosme.

—¡Demontre! ¿Qué no tenías hambre? Te mando al muchacho y te haces el dormido. Ahora a ver quién te quiere dar de comer.

—Pero si me dijo que no me moviera.

—Cabeza de alcornoque . . . Eres hombre, eres mujer y eres tonto también.

Está bien enojada. Mi ojo asomándose cuando no debiera la ha sacado de sus casillas.

—Cosme, perdóneme usted. Aquí estoy, sentado y muerto de hambre. Tú que eres tan generosa conmigo . . .

Sale. No se le pasa el enojo. Le pregunto al criado:

—Cosme, ¿qué le pasa a esta mujer? Está furiosa.

—No me llamo Cosme. Yo soy Juan. Ella tampoco se llama Cosme, se llama Juana. Y es que la enoja —me dice mientras me acerca el plato con bultos envueltos en hojas de maíz— la Mercedes. Ni su nombre puede oír sin enojarse. Cada que se le cruza en el camino se pone así. Le tiene ojeriza, es historia de hace tiempo . . .

—¿Y qué hago con esto?

—Los abre y se los come. Son tamales. Los hicieron en la cocina porque hay muerto en casa. Para el mitote de hoy noche. Pruébelos, han de estar buenísimos.

—¿Mitote?

—Sí, que haremos una fiesta. No íbamos a dejar pasar el muerto en balde.

—¿Y el mitote?

—Es fiesta de indios.

Juan sale, me siento a comer. Abro sus hojas y hay adentro una especie de pan de casabe, perfumado y suave, contiene además carne, salsa, picadas verduras. Se ha cocido junto todo, protegido por la hoja, y con la masa hace un platillo exquisito. De beber, Juan me ha traído una enorme taza de cacao en agua, es otro manjar. El chocolate.

Juana regresa con un bulto en los brazos.

—¿Se acabó los tamales?

—Sí, gracias, estaban exquisitos, Juana.

—No me llamo Juana.

—¿Cómo, entonces?

—Luego le digo. Vístase con esto.

Extiendo lo que contiene el bulto sobre mi cama. ¿Enaguas?[28] ¿Una mantilla de india?

—Ni loco. Yo no uso ropa de mujer. No me contesta nada.

—No, le digo, no las voy a usar porque son de mujer. Yo visto ropa de hombre solamente.

—Pues ahora hace ansina,[29] como le digo. Y no se ponga a porfiarme, que ni estoy de humor, ni tengo tiempo. Lo vayan a sorprender hablando, y a la hoguera nos echan a los dos. Se pone esas ropas de india y encima —abre un hermoso ropero—, encima el mejor traje de Don Enrique, que en el ataúd debe lucir como el Conde Urquiza. Empiece a vestirse el huipil[30] y las enaguas, y escuche. Ya están por llegar con el ataúd. Usted, cambiado y limpio —oiga, no se cagó ni se meó como le dije— se deja meter al ataúd. Se deja velar y no se mueve. ¿O quiere que le vuelva a poner en la copa lo que lo durmió?

Digo no—con la cabeza.

—Bueno, así que se me está quieto. Cuando lo llevemos a enterrar, escuchamos los rezos, y apenas se retire el cura yo digo, cuando convenga, "es la hora," entonces se brinca afuera del ataúd, lo más rápido que pueda, se quita la ropa del Conde y salta en huipil y enaguas de la fosa hacia afuera. Me espera a un lado, calladita, y se reúne conmigo apenas me eche a andar. Ahora vístase, y ya no se mueva.

Me acerca el bacín, la jofaina con agua, y sale.

Yo la obedezco. Me visto de india, me visto encima de Conde, me acuesto y me hago el muerto. Al rato entran por mí. Me llevan envuelto en una sábana, me acomodan en el ataúd, la de las manos tibias se encarga de dejar como le gustan los brazos, pasa una cinta alrededor de la cara, me pone el sombrero, esconde la mantilla de india bajo mi torso, cierra la tapa del ataúd y se va.

Esto sí que no me gusta. Estar aquí, acostado, sin luz, sin saber qué va a ser de mí, condenado a portar ropas de india. Pienso cómo llegar hasta mis compañeros, pero de inmediato me doy cuenta de mi error: no puedo presentarme ante ellos vestido de india. No importa, reconstruyo el camino que me lleva a ellos, lo vuelvo a emprender en la imaginación, en cualquier descuido me apodero de espada y ropas de algún confiado español, sé que ataviada de mujer no soy fea, y si lo hice en Honfleur bien lo puedo hacer en Nueva España. Ya vestido así, llego a ellos, les cuento mi aventura (omitiendo mi paso por las enaguas) y esto se acabó. Pero el puro imaginario me incomoda. No soy gente de vivir sentada, sino de hacer, de emprender, de ocupar el cuerpo y la imaginación en cosas ciertas y llanas. Reconstruyo de un modo y otro las escenas y no consigo hacerlas calzar, algo no cuaja. Es por este maldito ataúd, ¿quién podría sentirse bien envuelto en él? Tengo una de mis muñecas sobre el pecho abierto y empieza a incomodarme la herida, pero no puedo moverme; no sé si haya alguien escuchándome en el salón, podrían oírme. Me obsesiona mi muñeca, creo que la abertura del pecho quiere morderla, vuelan mis pensamientos, veo a mis dos pechos desnudos y a un hombre goloso acercándose a ellos, y veo que al acomodar su párpado sobre la herida ésta lo muerde... ¡Come mi pecho abierto! No lo resisto y quito la muñeca de ahí, bajo aún más el brazo, quito la mano también, es cierto, el pecho palpita, tal vez sea capaz de comer... ¡Qué tonterías estoy pensando! Es por culpa de este maldito hablar explicándolo todo que no acaba de quitárseme... y es el ataúd, y es el pecho lastimado, y es el huipil en mis caderas...

Pasa el tiempo y sigo con las estúpidas zozobras.

Creo que me quedé dormido. Creo que estoy despierto. Tocan a tambores cerca de aquí y oigo cantos en lengua. Tal vez ha empezado el mitote.

Mal entierro para un Conde, mitote de indios.[31] Pero, ¿quién vendría a verme, si no? Seguro tiene el Virrey gente espiando afuera de mi palacio, buscando quiénes conspiraban conmigo. Por otra parte, ¿para qué venir? No hay viuda, la que me ama no ha de poder poner un pie en la casa, por culpa de esa india tan mandona; no hay deudos, sólo quedan criados indios en la casa del Conde. Y yo, que debiera jugar la parte de su cuerpo, mal lo hago, con esas ropas de india pegadas a la piel.

Abren mi ataúd. Una india me acaricia, me dice cosas en lengua con tono dulce, se va. Luego luego tengo otra haciendo lo mismo, y otra, y ponen sus labios en mí, van dejando cosas en mis pies y sobre el resto de mi cuerpo. No contentas, de dos en dos se acercan a mí y me tocan, me soban, me rodean de cosas. No me dejan sin ellas un momento en toda la noche, y no dejan de tocarme, de repetir palabras dulcísimas, de acercarme su aliento. Cuando amanece, la de las manos tibias viene a mí, me retira lo que me han ido poniendo sobre el cuerpo, y me deja a solas. Lo que reemplaza a las cosas es mi incomodidad ya extrema, que no sentí mientras hubo tanto halago y tanto mimo.

Nunca, ni cuando puta, había pasado una noche tan llena de caricias. En esta ocasión, además, soy hombre, soy rico, voy bien vestido, soy el Conde Urquiza. Estoy feliz.

Dejo que me venza el sueño. Trato de no permitir que me despierten. Los dejo poner la tapa del ataúd, me conviene la oscuridad; dejo que me carguen, me conviene el arrullo.

Adivino que estamos ya en el panteón porque ahora es latín con lo que una voz de varón, dura, me despide. Me bajan en el ataúd. Acá abajo no oigo nada, creo que no voy a oír lo que me diga la india. No se me vaya a olvidar quitarme las botas. No se me vaya a olvidar . . . Si yo no los oigo, ellos a mí menos, así que me voy desabotonando las ropas del español. Con la camisa no hay problema, los botones traseros no quedaron cerrados . . . el cuello . . . los largos calzones . . . Se termina el murmullo en latín. La voz de la india se acerca a mi tumba. Dice no sé qué en lengua. Tecocani, taixpan nite, tla-llanaquia, y luego, intercalando, como quien no quiere la cosa, casi grita "es la hora," y se aleja con otros diciendo "tlamarizpololiznezcayotilli yancuic miccatlatatactli," y yo, rápido, abro el ataúd, me desprendo de las botas y lo que me resta del vestido español, torno mi mantilla, salto, cierro la tapa del ataúd, y trato de salir de la fosa, pero apenas toco la tierra recién cavada, se suelta, se viene abajo. Me es imposible salir. Con todas mis fuerzas (que no son muchas, tengo el cuerpo aterido de inmovilidad) me arrojo sobre el ataúd, haciendo un estruendo. Los sepultureros, la india de las manos tibias, mis criados corren a ver qué pasa, vienen cargados con las flores, las mantas, las ofrendas de cera y fruta que pondrán sobre mi sepultura. De pie, batida en tierra, con expresión atolondrada, poniendo cara de llorar, los miro como diciendo "me caí," que no sé cómo demontres se dice esto en lengua, y trato de aparentar que me horroriza estar ahí dentro, lo cual es verdad.

—¡Un diantre con ésta! —dice la de las manos tibias.

—Me asomé y me caí —digo.

La india arranca a hablar en lengua, yo no escucho porque hago cuanto puedo para tratar de salir, pero no puedo.

Los sepultureros me tiran un lazo, tal vez el que usaron para bajar el ataúd, me agarro de él y me sacan de mi tumba. Todos están muy enojados conmigo, regañándome en lengua, la india con su mantilla me sacude, ahora sí que estoy puerca de tierra, de la cabeza a los pies. Los sepultureros se apresuran, sin ninguna ceremonia, a echar paletadas hasta que cubren el ataúd. A unos metros están mis demás criados, con la vista al suelo. Nos ponemos a ver con respeto cómo entierran mis ropas de español. No sé qué emoción siento, tan extraña, o serán las enaguas que porto y el susto que acabo de pasar, yo qué sé, pero aquí estoy llorando; unos gruesos lagrimones me escurren por la cara, pintándomela, lo sé porque paso mi mano para quitármelos, he de tener la apariencia de los salvajes que vi cuando vadeábamos la isla de Sacrificios. Así he de parecer, con la cara pintada con lodo, como los caníbales, y peor me he de ver que la tierra de que está hecha mi pintura es para cubrir muertos. Esa máscara me ayuda a sentirme real, a olvidar las raras sensaciones provocadas por el agua de los lagos antes de ser tocadas por la orina, la sangre, la codicia y la mierda extranjeras, el agua que corre por mis venas.

Cubrimos la tumba con las ofrendas. Caminamos hacia afuera del panteón con los demás criados que formaran el pobre cortejo fúnebre del Conde. Nadie me hace aspavientos. Nadie dice nada. Caminamos en silencio. Qué extraños son, pasan la noche en un mitote honrando mi muerte, ahora caminan a mi lado sin preocuparles que esté viva.

Después de andar un trecho, me habla un indio:

—Yo soy Cosme. No te dejes la cara sucia, anda, toma.

Me presta un enorme pañuelo rojo. Ve que no hago nada, lo toma él y me limpia.

—Dime —dice guardando su sucio pañuelo, ahora que seguimos andando—, tú que sabes, dime, ¿cómo es el mar?

—El mar es como una cazuela llena de agua con sal, meneándose siempre un poco —dice la de las manos tibias— y los que se suben al mar se vuelven tan zonzos[32] por el meneo que apenas ponen los pies sobre él se tornan pequeñitos. Por eso lo ven enorme y creen que no acaba nunca. Por eso, cuando vuelven a tierra, el corazón les queda diminuto. Ya no les vuelve a crecer. Cuidado con esta india, Cosme, que ya pisó el mar . . .

—¿Por qué contestas tú? Dime, francés, ¿cómo es el mar?

—Ni por su nombre le hemos preguntado —arguye otro criado—. Yo soy Diego, para servirle.

—Pues el mar, Diego —¿cómo decirles que no recuerdo mi nombre?—, el mar es . . . —trato de recordar algo del mar. Cierro los ojos y atisbo entre los cadáveres de mi memoria un azul áspero que no acaba nunca. Abro los ojos y veo a mis criados viéndome—. Me llamo Claire —¿por qué les digo esto?, al hilo agrego—, el mar es donde el mundo se mira completo. En él hay de todo, hasta la cazuela con sal, y cuanto hay se encuentra entero. Fuera de él, en tierra firme, todo se mira dividido. Vean —señalo la esquina del muro de un enorme convento, recortado frente al cielo teñido de un azul intenso y luminoso——, ¿por qué lo terminaron ahí, precisamente? Si hubiera edificaciones sobre el mar, no se acabarían nunca, o terminarían donde se hastiaran. En tierra firme todo viene roto, partido, fragmentado, dividido . . . Nunca hay nada completo.

—Será verdad —dice Cosme—, como en México la tierra está detenida en agua, y parte de ella es salada, cuanto hay en ella debiera no partirse también. Pero no, lo vio ya en la esquina del monasterio. Y aún no ha visto nada . . .

—Vamos a las afueras ahora, que nos ha llegado una nota del Conde citándonos ahí. Alguien nos entregará un mensaje y monedas, me imagino —la india de las manos tibias tiene prisa. Poco quiero ver. Debo irme donde nada me reconozca con estas enaguas. Donde otra vez nadie sepa que bajo las ropas tengo cuerpo de mujer, que he vuelto a él por suplantar a un muerto, que revestida con él lo he perdido todo.

Comprensión del texto

Capítulo uno

1. Analice la primera frase. ¿Quién habla? ¿En qué lengua?

2. Explique el uso de primera persona en la narración. ¿Por qué son mudas sus palabras?

3. Describa las sensaciones del narrador. ¿Cuáles funciones ha perdido?

4. ¿Cómo describe una voz al "recién llegado," el personaje central de la narración? ¿Por qué es mucho riesgo para ese personaje permanecer donde está?

5. ¿A cuántos personajes detecta a través de las percepciones del narrador? ¿De qué razas, religiones o nacionalidades se habla?

6. ¿Hay pistas en el texto sobre la época y el lugar donde transcurre la trama?

7. ¿Cuándo descubrimos si el narrador es hombre o mujer?

8. ¿Qué cambio de ropa e identidad ocurre? Explique la frase, "yo no soy lo que ves."

9. ¿Para qué sirve la "piedra filuda?" Describa la operación o ritual que hace la india de "las manos tibias."

10. ¿Qué se puede concluir sobre el secuestro de Claire?

Capítulo dos

1. ¿Cómo se encuentra Claire cuando despierta?

2. ¿Qué lee en el papel que le extienden los hombres vestidos de negro? ¿Quién es supuestamente?

3. ¿A dónde llevan a Claire y por qué? Describa el itinerario de la narración.

4. ¿Cuál es la cualidad especial del agua del cántaro?

5. ¿Qué instrucciones recibe Claire por parte de la india?

6. ¿Para qué llega el sacerdote y cómo lo recibe Claire?

7. ¿Qué observa en la ciudad de México durante el camino a la horca? ¿Qué importancia histórico-cultural tienen sus observaciones? Describa la escena en sus propias palabras.

8. ¿Qué efecto le causa a Claire el agua en su pecho? Y, ¿cómo se salva? Resuma sus observaciones.

9. ¿Adónde llevan a Claire después de bajar su cuerpo de la horca?

10. Resuma los recuerdos del pasado de Claire. ¿Cómo logró llegar a la Nueva España (México)?

11. ¿Cómo la visten para el ataúd en la casa del Conde Urquiza? Describa y analice sus reacciones ante la ropa que debe llevar.

12. ¿Qué anticipa el resto de la novela a partir del planteamiento de los primeros capítulos y esta conclusión: "Debo ir donde nada me reconozca con estas enaguas . . . que revestida lo he perdido todo?" Discuta.

Actividades

1. Explique el significado de las siguientes frases dentro del contexto histórico y cultural del texto:

     "No me convence que sea francés."

     "Sería peor un cristiano."

     "Yo no soy lo que ves . . . Sí, yo soy mi propio hijo, Claire vuelta varón."

2. Explique el uso de "Vuestra merced" y "Vuesía." Identifique los vocablos para dirigirse a los personajes según su rango o nacionalidad.

3. Analice y discuta los cambios de género, identidad y de substancias que ocurren en el siguiente párrafo:

     "Dos cántaros enteros protegerán tu sangre de la muerte. Estas son aguas purísimas, no tocadas por las costumbres de los españoles, ni por sus caballos, ni por su basura. Usted que no eres hombre ni mujer, que no eres nahua ni español ni mestizo, ni Conde ni Encomendado, no mereces la muerte."

4. Analice el aspecto lingüístico del texto. Identifique arcaísmos y usos de otras lenguas para señalar conexiones culturales y para identificar a personajes.

Comprensión del video

1. ¿Cuáles son los antecedentes de *Duerme*? ¿En qué obra anterior está basada?

2. ¿Cuáles son los factores más relevantes de la creación artística de *Duerme*?

3. ¿En qué consiste el "cruce de fronteras" del que habla Boullosa?

4. ¿Qué importancia tienen los cambios que se operan en el texto?

5. Explique el significado del cambio de la sangre y el agua.

6. ¿Qué representa la novela? ¿Cuál es la relación entre *Duerme* y México?

7. ¿Cuáles son los temas y preocupaciones fundamentales de Boullosa en sus obras?

8. ¿Cómo se define Boullosa como escritora? ¿Dentro de qué género se ubica ella misma?

9. ¿Cuál es la opinión de la autora sobre el canon literario y la literatura femenina?

10. ¿Quién es la "madre" de la literatura mexicana y qué otras autoras contemporáneas merecen destacarse según Boullosa?

11. Escuche el fragmento leído por la autora. ¿Cómo afecta su percepción y comprensión del texto?

Fig. 14. Iglesia barroca. México. Foto de J. Mayone Stycos.

Para comentar y escribir

1. Escriba un resumen de la entrevista con Carmen Boullosa y señale qué le llamó más la atención de sus comentarios.

2. Discuta la serie de desplazamientos que ocurren en el texto, a nivel de género, de raza, de fluidos, de substancias, y de vida y muerte. ¿Qué importancia tienen estos elementos para la comprensión del texto?

3. Discuta la función de la escritura femenina en México y Latinoamérica y haga una comparación entre la visión de la mujer por parte de Boullosa con otras autoras contemporáneas.

4. Analice el tema de una mujer vestida de hombre en la época en que transcurre la novela y compare con otras obras literarias que utilizan esta misma temática.

5. Escriba sobre la relación cuerpo, texto y nación en la selección de la novela *Duerme.*

6. Si ha visto la película *Orlando,* establezca una relación con la obra de Boullosa.

Notas

1. palabras en náhuatl, idioma originario de los aztecas
2. el revuelo: flutter, stir
3. las carcajadas: peals of laughter
4. la cordura: good sense (ant.) locura
5. un cristiano: a Spaniard
6. menudito, dim. de menudo: small, tiny, slight
7. La de las manos tibias me quita prenda por prenda: The one (the woman) of the warm hands takes off my clothes garment by garment
8. varón: hombre
9. piedra filuda: a sharp stone
10. cántaro de barro: clay jug
11. despellejar: to skin
12. Nadie hizo aspavientos: No one made a big fuss.
13. Dormí como un lirón: (idiom.) I slept like a log lirón: (lit.) dormouse, (fig.) sleepyhead
14. me zarandean: they shake me vigorously
15. . . . una silla en la que me desplomo: a chair into which I collapse
16. horca: gallows
17. Buena Cuna: high birth (cuna: cradle)
18. hacer acopio de todas mis fuerzas: gather all my strength
19. un agua tan limpia que . . . no da muestra de pudrición o estancamiento: water so clean that it shows no signs of putrefaction or stagnancy
20. escanciar el agua: pour out water
21. las barajas: (Mex.) playing cards
22. Vuesía: (abr.) Vuestra Merced ("Your grace," formal "you" which has given us the modern "usted")
23. los acarreadores de piedras: those who carry stones
24. la calzada: paved road, causeway
25. el barullo: the noise of the people; uproar, confusion
26. la fetidez: rankness (a repugnant smell)
27. Te me acuestas en la cama y te estás inmóvil: lie down in bed and don't move
28. las enaguas: (pl). skirt, petticoat
29. ansina: así. De "ansí." Forma usada por hablantes rústicos en México.
30. el huipil: (del náhuatl *huipilli*) camisa (o túnica) descotada, sin mangas y con vistosos bordados de colores, usada por las mujeres indias de México y Guatemala
31. mitote de indios: (Amér.) fiesta casera
32. zonzos: (col.) idiotic

Capítulo IX

Laura Restrepo (Colombia, n. 1950)

La multitud errante (fragmento)

Actividades de prelectura

1. Busque notas de prensa o informaciones relacionadas con los desplazados en Colombia.

2. Investigue sobre la historia de violencia reciente en Colombia, las causas y los antecedentes.

Introducción al autor

Laura Restrepo nació en Bogotá. Estudió la carrera de filosofía y letras y una especialización en ciencias políticas en la Universidad de los Andes. Desempeñó su labor como profesora de literatura en las Universidades Nacional y El Rosario de Bogotá. Luego se dedicó a la militancia política y se vinculó con el periodismo. Aprendió rápidamente las técnicas del reportaje y la investigación que han sido definitivas en su labor literaria. Fue editora de la prestigiosa revista *Semana*.

Restrepo afirma que ella nunca se ha enfrentado al conflicto de la página en blanco, pues en Colombia siempre hay historias que lo asaltan a uno por todos lados. Con esa mira, es en extremo sensible a los temas sociales y humanos. Ella puede encontrar el hilo de un gran argumento en la cotidianidad de la vida colombiana.

Su primera novela fue *Historia de una traición* (1986) en la cual hace la crónica de las negociaciones de paz que se adelantaron en 1984 entre el gobierno del Presidente Betancur y el M-19. La escritora había sido parte de la comisión negociadora y narra desde su perspectiva la ruptura del proceso de paz que desembocó en una tragedia. Esta obra fue revisada nuevamente por la autora para una segunda publicación en el año 1999, bajo el título *Historia de un entusiasmo*. Por sus nexos políticos, Restrepo se vio obligada a salir exilada a México. Allí publicó su segundo libro, *La isla de la pasión* (1989), una novela histórica sobre hechos acontecidos en una isla mexicana. En 1993 salió a la luz *El leopardo al sol,* tras varios años de investigación exhaustiva sobre el tema del narcotráfico revelando el drama humano, sangriento y macabro que se vive en ese escenario. En 1995 apareció *Dulce compañía*, novela galardonada con los premios Sor Juana Inés de la Cruz y el premio de la crítica francesa Prix France Culture de 1997. En 1999 publica *La novia oscura,* una novela que retrata el conflicto social detrás de las grandes compañías petroleras.

Fig. 15. Viejito
cargando la vida.
Boyacá, Colombia.
Foto de Robert W.
Blake.

La multitud errante, publicada en el año 2001, es la obra que devela uno de los conflictos más dolorosos de Colombia, el de los desplazados por causa de la violencia. Desde un punto de vista individual, la autora refleja el drama colectivo que atañe no sólo a Colombia sino a las naciones del mundo donde se han registrado procesos migratorios masivos. "Todas las grandes naciones han surgido de una gran migración," asegura Laura Restrepo, "pues es la necesidad intrínseca del ser humano de ir detrás de un mundo ideal donde asentarse, siempre en busca de un futuro mejor" (entrevista Sánchez y Stycos). La obra de Restrepo combina así el reportaje con la ficción y el humor desde una visión objetiva y crítica de los conflictos que vive Colombia. Pero es también el retrato desde una perspectiva humana de las pasiones que vive el individuo en cualquier parte del mundo. En palabras de García Márquez,

> Laura Restrepo da vida a una singular amalgama entre investigación periodística y creación literaria. Así, la miseria y la violencia que anidan en el corazón de la sociedad colombiana están siempre presentes, pero también lo están en su fascinación por la cultura popular y en el juego de su impecable humorismo, de una ironía a la vez ácida y tierna que salva a sus novelas de toda tentación de patetismo o melodrama, convirtiéndolas en una lectura irrefutablemente placentera. (*La novia oscura,* Contraportada)

Lo más destacado del estilo narrativo de Restrepo es la combinación que hace del reportaje con la ficción. "Este género de literatura periodística que ella ejerce, además, con una profunda investigación y una fascinante creación literarias hacen que el lector vea en esta clase de lectura una cruda realidad de la sociedad colombiana, de nuestra cultura popular convirtiéndolas en algo muy placentero" (González, 1). Los temas de

Fig. 16. Calle de la esperanza. Boyacá, Colombia. Foto de Robert W. Blake.

sus obras así como su estilo nacen de sus propias entrañas, de sus vivencias como periodista, investigadora, de sus experiencias políticas, es decir, en "un estilo forjado más a partir de su sensibilidad literaria que de sus sueños intelectuales" (*Revista Semana*).

BIBLIOGRAFÍA SELECTA

García Márquez, Gabriel. *La novia oscura* de Laura Restrepo, Contraportada. Bogotá: Norma, 1999.
González, Victoria Elena. "La novia oscura: a propósito de Laura Restrepo." *Expedición Científica y Cultural*. Revista Electrónica, 2003.
Sánchez-Blake, Elvira. "Colombia, un país en el camino: Conversación con Laura Restrepo." Entrevista. *Revista de Estudios Colombianos* 22 (2001): 58–61.
"Escritora con Ángel." Reseña a Laura Restrepo. *Revista Semana,* Diciembre 1, 1997, N.52: 152–53.

La multitud errante (fragmento)

Capítulo uno

¿Cómo puedo yo decirle que nunca la va a encontrar, si ha gastado la vida buscándola?

Me ha dicho que le duele el aire, que la sangre quema sus venas y que su cama es de alfileres, porque perdió a la mujer que ama en alguna de las vueltas del camino y no hay mapa que le diga dónde hallarla. La busca por la corteza de la geografía sin concederse un minuto de tregua ni de perdón, y sin darse cuenta de que no es afuera donde está sino que la lleva adentro, metida en su fiebre, presente en los objetos que toca, asomada a los ojos de cada desconocido que se le acerca.

—El mundo me sabe a ella —me ha confesado—, mi cabeza no conoce otro rumbo, se va derecho donde ella.

Si yo pudiera hablarle sin romperle el corazón se lo repetiría bien claro, para que deje sus desvelos y errancias en pos de una sombra. Le diría: Tu Matilde Lina se fue al limbo, donde habitan los que no están ni vivos ni muertos.

Pero sería segar las raíces del árbol que lo sustenta. Además para qué, si no habría de creerme. Sucede que él también, como aquella mujer que persigue, habita en los entresueños del limbo y se acopla, como ella, a la nebulosa condición intermedia. En este albergue[1] he conocido a muchos marcados por ese estigma: los que van desapareciendo a medida que buscan a sus desaparecidos. Pero ninguno tan entregado como él a la tiranía de la búsqueda.

—Ella anda siguiendo, como yo, la vida —dice empecinado,[2] cuando me atrevo a insinuarle lo contrario.

He llegado a creer que esa mujer es ángel tutelar que no da tregua a su obsesión de peregrino. Va diez pasos adelante para que él alcance a verla y no pueda tocarla; siempre diez pasos infranqueables que quieren obligarlo a andar tras ella hasta el último día de la existencia.

Se arrimó[3] a este albergue de caminantes como a todos lados: preguntando por ella. Quería saber si había pasado por aquí una mujer refundida en los tráficos de la guerra, de nombre Matilde Lina y de oficio lavandera, oriunda de Sasaima[4] y radicada en un caserío aniquilado por la violencia, sobre el linde del Tolima y del Huila.[5] Le dije que no, que no sabíamos nada de ella, y a cambio le ofrecí hospedaje: cama, techo, comida caliente y la protección inmaterial de nuestros muros de aire. Pero él insistía en su tema con esa voluntaria ceguera de los que esperan más allá de toda esperanza, y me pidió que revisara nombre por nombre en los libros de registro.

—Hágalo usted mismo—le dije, porque conozco bien esa comezón que no calma, y lo senté frente a la lista de quienes día tras día hacen un alto en este albergue, en medio del camino de su desplazamiento.

Le insistí en que se quedara con nosotros al menos un par de noches, mientras desmontaba esa montaña de fatiga que se le veía acumulada sobre los hombros. Eso fue lo que le dije, pero hubiera querido decirle: Quédese, al menos mientras yo me hago a la idea de no volver a verlo. Y es que ya desde entonces me empezó a invadir un cierto deseo, inexplicable, de tenerlo cerca.

Agradeció la hospitalidad y aceptó pernoctar,[6] aunque sólo por una noche, y fue entonces cuando le pregunté el nombre.

—Me llamo Siete por Tres —me respondió.

—Debe ser un apodo. ¿Podría decirme su nombre? Un nombre cualquiera, no se haga problema; necesito un nombre, verdadero o falso, para anotarlo en el registro.

—Siete por Tres es mi nombre, con perdón; de ningún otro tengo noticia.

—Pedro, Juan, cualquier cosa; dígame por favor un nombre —le insistí alegando mo-

tivos burocráticos, pero los que en realidad me apremiaban tenían que ver con la oscura convicción de que todo lo estremecedor que la vida depara suele llegar así, de repente, y *sin nombre.* Saber cómo se llamaba este desconocido que tenía al frente era la
única manera —al menos así lo sentí entonces— de contrarrestar el influjo que empezó
a ejercer sobre mí[7] desde ese instante. ¿Debido a qué? No podría precisarlo, porque no
se diferenciaba gran cosa de tantos otros que vienen a parar a estos confines de exilio,
envueltos en un aura enferma, arrastrando un cansancio de siglos y tratando de mirar
hacia delante con ojos atados a lo que han dejado atrás. Hubo algo en él, sin embargo,
que me comprometió profundamente; tal vez esa tenacidad de sobreviviente que percibí
en su mirada, o su voz serena, o su oscura mata de pelo; o quizá sus ademanes de animal grande: lentos y curiosamente solemnes. Y más que otra cosa creo que pesó sobre
mí una predestinación. La predestinación que se esconde en el propósito último e in-
confeso de mi viaje hasta estas tierras. ¿Acaso no he venido a buscar todo aquello que
este hombre encarna? Eso no lo supe desde un principio, porque aún era inefable para
mí ese todo aquello que andaba buscando, pero lo sé casi con certeza ahora y puedo incluso arriesgar una definición: todo aquello es todo lo otro; lo distinto a mí y a mi
mundo; lo que se fortalece justo allí donde siento que lo mío es endeble;[8] lo que se
transforma en pánico y en voces de alerta allí donde lo mío se consolida en certezas; lo
que envía señales de vida donde lo mío se deshace en descreimiento; lo que parece verdadero en contraposición a lo nacido del discurso o, por el contrario, lo que se vuelve
fantasmagórico a punta de carecer de discurso: el envés del tapiz,[9] donde los nudos de
la realidad quedan al descubierto. Todo aquello, en fin, de lo que no podría dar fe mi
corazón si me hubiera quedado a vivir de mi lado.

No creo en lo que llaman amor a primera vista, a menos que se entienda como esa
inconfundible intuición que te indica de antemano[10] que se avecina un vínculo; esa
súbita descarga que te obliga a encogerte de hombros y a entrecerrar los ojos, prote-
giéndote de algo inmenso que se te viene encima y que por alguna misteriosa razón está
más ligado a tu futuro que a tu presente. Recuerdo con claridad que en el momento en
que vi entrar a Siete por Tres, aun antes de saber su ningún nombre, me hice con respecto a él la pregunta que a partir de entonces habría de hacerme tantas veces: ¿Vino
para salvarme, o para perderme? Algo me decía que no debía esperar términos medios.
¿Siete por Tres? ¿7x3? Dudé al escribir.

—Cómo firma usted, ¿con números o con letras?

—Poco firmo, señorita, porque no confío en papeles.

—Sea, pues: Siete por Tres —le dije y me dije a mí misma, aceptando lo inevitable—.
Ahora venga conmigo, señor don Siete por Tres; no le hará mal un poderoso plato de sopa.

No le permitía comer esa ansiedad que lo abrasaba por dentro y que era más grande
que él mismo, pero eso no me extrañó; todos los que suben hasta acá vienen volando
en alas de esa misma vehemencia. Me extrañó, sí, no lograr mirarle el alma. Pese a que
en este oficio se aprende a calar hondo[11] en las intenciones de la gente, había algo en él
que no encajaba en ningún molde.[12] No sé si era su indumentaria de visitante irreme-
diablemente extranjero, o su intento de disfrazarse sin lograrlo, o si mis sospechas re-

caían sobre ese bulto encostalado[13] que traía consigo y que no descuidaba ni un instante, como si contuviera una carga preciosa o peligrosa.

Además me inquietaba esa manera suya de mirar demasiado hacia adentro y tan poco hacia afuera; no sé bien qué era, pero algo en él me impedía adivinar la naturaleza de la cual estaba hecho. Y aquí puedo volver a decirlo, para cerrar el círculo; lo que me intimidaba de esa naturaleza suya era que parecía hecha de otra cosa.

Aceptó la hospitalidad por una sola noche pero se fue quedando, en contravía de su propia decisión, despidiéndose al alba porque partía para siempre y anocheciendo todavía aquí, retenido por no sé qué cadena de responsabilidades y remordimientos. Desde que me preguntó por su Matilde Lina, no bien hubo traspasado por primera vez la puerta, no paró ya de hablarme de ella, como si dejar de nombrarla significara acabar de perderla o como si evocarla frente a mí fuera su mejor manera de recuperarla.

—¿Dónde y cuándo la viste por última vez? —le preguntaba yo, según debo preguntarles a todos, como si esa fórmula humanitaria fuera un abracadabra, un conjuro eficaz para volver a traer lo ausente. Su respuesta, evasiva e imprecisa, me hacía comprender que habían pasado demasiados años y demasiadas cosas desde aquella pérdida.

A veces, al atardecer, cuando se aquietan los trajines del albergue y los refugiados parecen hundirse cada cual en sus propias honduras,[14] Siete por Tres y yo sacamos al callejón un par de mecedoras de mimbre y nos sentamos a estar, enhebrando silencios con jirones de conversación,[15] y así, cobijados por la tibieza del crepúsculo y por el dulce titileo de los primeros luceros, él me abre su corazón y me habla de amor. Pero no de amor por mí: me habla meticulosamente, con deleite demorado, de lo que ha sido su gran amor por ella. Haciendo un enorme esfuerzo yo lo consuelo, le pregunto, infinitamente lo escucho, a veces dejándome llevar por la sensación de que ante sus ojos, poco a poco, me voy transformado en ella, o de que ella va recuperando presencia a través de mí. Pero otras veces lo que me bulle por dentro es una desazón[16] que logro disimular a duras penas.

—Basta ya, Siete por Tres —le pido entonces, tratando de tomármelo en broma—, que lo único que me falta por saber de tu tal Matilde Lina es si prefería comerse el pan con mantequilla o con mermelada.

—No es culpa mía —se justifica—. Siempre que empiezo a hablar, termino hablando de ella.

En el cielo la negrura va engullendo[17] los últimos rezagos de luz y muy abajo, al fondo, las chimeneas de la refinería con su penacho de fuego se ven mínimas e inofensivas, como fósforos. Mientras tanto, nosotros dos seguimos dándole vueltas a la rueda de nuestra conversación. Yo todo se lo pregunto y me va respondiendo dócil y entregado, pero él a mí no me pregunta nada. Mis palabras escarban en él y se apropian de su interior, amarrándolo con el hilo envolvente de mi inquisición, y mientras tanto mi persona intenta ponerse a salvo, escapándose por ese lento río de cosas mías que él no pregunta y que jamás llegará a saber.

Siete por Tres se saca del bolsillo del pantalón un paquete de Pielroja, enciende un cigarrillo y se pone a fumar, dejándose llevar por el hilito de humo hacia esa zona sin pensamientos donde cada tanto se refugia. Mientras lo observo, una voz pequeña y

sin dientes me grita por dentro: Aquí hay dolor, aquí me espera el dolor, de aquí debo huir. Yo escucho aquella voz y le creo, reconociendo el peso de su advertencia.[18] Y sin embargo en vez de huir me voy quedando, cada vez más cerca, cada vez más quieta.

Fig. 17. Trabajadores de Centroamérica. Foto de J. Mayone Stycos.

Tal vez mi zozobra[19] sea sólo un reflejo de la suya, y tal vez el vacío que él siembra en mí sea hijo de esa ausencia madre que él almacena por dentro. Al principio, durante los primeros días de su estadía, creí posible aliviarlo del agobio,[20] según he aprendido a hacer en este oficio mío, que en esencia no es otro que el de enfermera de sombras. Por experiencia intuía que si quería ayudarlo, tendría que escudriñar en su pasado[21] hasta averiguar cómo y por dónde se le había colado ese recuerdo del que su agonía manaba.

Con el tiempo acabé reconociendo dos verdades, evidentes para cualquiera menos para mí, que si no las veía era porque me negaba a verlas. La primera, que era yo, más que el propio Siete por Tres, quien resentía hasta la angustia ese pasado suyo, recurrente y siempre ahí. «Le duele el aire, la sangre quema sus venas y su cama es de alfileres», son las palabras que escribí al comienzo, poniéndolas en boca suya, y que ahora debo modificar si quiero ser honesta: Me duele el aire. La sangre quema mis venas. ¿Y mi cama? Mi cama sin él es camisa de ortiga;[22] nicho de alfileres.

De acuerdo con la segunda verdad, todo esfuerzo será inútil: mientras más profundo llego, más me convenzo de que son uno el hombre y su recuerdo.

Comprensión del texto

1. ¿A quién se dirige la voz narrativa y cuál es su perspectiva?

2. ¿Dónde sucede la trama y en qué época?

3. Describa en pocas palabras el tema de la narración y la problemática que plantea.

4. ¿Qué significado puede tener el nombre del protagonista?

5. ¿Qué aprendemos de Siete por Tres? ¿A quién busca y por qué? ¿Qué lleva Siete por Tres siempre con él?

6. ¿Cuál es la relación que se establece entre la narradora y el personaje principal?

7. La narradora se autodefine como "enfermera de sombras." ¿Por qué? Explique.

8. ¿Qué anticipa el resto de la novela, a partir de este capítulo introductorio?

9. ¿Cómo se puede proyectar el drama humano individual que presenta el texto al drama de la colectividad?

Actividades

1. Traduzca y analice las siguientes líneas de la narración:

    "Le duele el aire, la sangre quema sus venas y su cama es de alfileres."

    " . . . le diría: Tu Matilde Lina se fue al limbo, donde habitan los que no están ni vivos ni muertos."

    "En este albergue he conocido a muchos marcados por ese estigma: los que van desapareciendo a medida que buscan a sus desaparecidos."

2. Narre una visión alterna de la historia desde el punto de vista de Siete por Tres utilizando al menos diez palabras de vocabulario:

    Albergue, arrimar, pernoctar, estremecer, tenacidad, predestinación, certeza, endeble, vehemencia, indumentaria, conjuro, zozobra, dócil.

3. Escriba una narración desde el punto de vista de Matilde Lina buscando a Siete por Tres siguiendo la misma línea y el estilo de la trama.

4. Busque información sobre los desplazados en Colombia en artículos de prensa o testimonios, y relacione el tema de la obra con experiencias reales.

Comprensión del video

1. ¿Cuál es el trasfondo de la novela *La multitud errante*? ¿Qué refleja a nivel individual y colectivo?

2. ¿Qué tipo de investigación hay detrás de esta obra?

3. ¿Quién es "La bailarina?"

4. ¿Cuál es la explicación que da la autora sobre el nombre de "Siete por Tres?"

5. ¿Qué dice la autora sobre la situación de ser escritor o escritora en Colombia? ¿Cuál es la relación del periodismo y la literatura?

6. ¿Cuál es la opinión de Restrepo sobre los lectores en su país?

7. ¿Qué elementos le llamaron la atención de la autora y su obra?

8. Analice características del modo de hablar y de enunciar Laura Restrepo en comparación con otras entrevistas.

9. ¿Cómo complementa la entrevista la comprensión del texto?

Para comentar y escribir

1. A partir de la siguiente frase escriba una narración que tenga relación con el tema y asunto del texto de Laura Restrepo:

"Todo lo estremecedor suele llegar así, de repente y *sin nombre* . . ."

2. Analice el personaje Siete por Tres y lo que representa dentro del drama de los desplazados en Colombia.

3. Elija una situación similar y compárela con lo que plantea la novela sobre la problemática de pueblos o naciones que actualmente sufren el drama de la migración o el desplazamiento por razones políticas, religiosas o étnicas.

4. Investigue las causas de la situación política que ha sufrido Colombia en los últimos veinte años. Escriba sobre la relación que existe con el tema de *La multitud errante*.

5. Escriba y transcriba sobre algún aspecto de la entrevista con Laura Restrepo que le haya llamado la atención en particular.

Notas

1. albergue: shelter, refuge
2. empecinado: obstinate
3. se arrimó a este albergue: he came to this shelter
4. Sasaima: small town in Cundinamarca, Colombia
5. sobre el linde del Tolima y del Huila: on the border between Tolima and Huila (southwest Colombian states)
6. pernoctar: to spend a night
7. de contrarrestar el influjo que empezó a ejercer sobre mí: of checking (blocking) the influence he began to exert over me
8. endeble: feeble, frail
9. el envés del tapiz: the reverse of the tapestry
10. de antemano: in advance
11. calar hondo: to see through
12. no encajaba en ningún molde: didn't fit into any mold
13. bulto encostalado: a bulky object wrapped in sacking material
14. hundirse cada cual en sus propias honduras: to be absorbed in one's inner self
15. enhebrando silencios con jirones de conversación: mingling silences with snatches of conversation
16. desazón: anxiety, anguish
17. engullendo: engulfing
18. advertencia: warning
19. zozobra: anxiety
20. agobio: burden, anguish
21. escudriñar en su pasado: to scrutinize his past
22. ortiga: nettle (planta que irrita la piel)

Fig. 18. *La tormenta* de Kaspar David Friedrich.

Capítulo X

Cristina Peri Rossi (Uruguay, n. 1941)

La condena

Actividades de prelectura

1. Busque información sobre el pintor alemán Kaspar David Friedrich.

2. Investigue sobre la situación política de Uruguay y de los países del Cono Sur durante la década de los años setenta y ochenta.

3. Investigue sobre el tema del exilio y los escritores que tratan este tema desde su experiencia personal.

Introducción al autor

Cristina Peri Rossi nació en Montevideo. Desde joven se inició en el periodismo al tiempo que en la literatura con poesía, cuentos y novelas. En 1972 se exilió en España debido a presiones de la dictadura militar de su país. Peri Rossi se estableció en Barcelona desde la década de los setenta y desde allí continuó la lucha política por su país escribiendo para periódicos y revistas españolas y latinoamericanas.

Su narrativa comprende temas muy diversos, desde la escritura política contestataria, y los cuestionamientos sobre el exilio, hasta lo erótico y lo apasionado. Su escritura es una búsqueda de respuestas a la complejidad del ser humano. Su trabajo literario se divide en dos períodos: los libros escritos antes del exilio —*Viviendo, Los museos abandonados, El libro de mis primos* y *Evohe* en donde explora los asuntos políticos, lo erótico, y la función del arte—y los escritos después del exilio, incluyendo *La nave de los locos, Solitario de amor, Cosmologías, Fantasías eróticas, La última noche de Dostoyevski, El amor es una droga dura*, y varios libros de poemas como *Europa después de la lluvia* y *Las musas inquietantes*. Peri Rossi ha recibido numerosos premios y ha sido traducida a varios idiomas. Su obra más reciente incluye *Cuando fumar era un placer* (2003), género ensayo biográfico, y *Estado de exilio* (2003), un libro de poemas, ganador del Premio Internacional de Poesía Rafael Alberti.

Desde el exilio, Peri Rossi exploró nuevas formas de expresión literaria. Su voz narrativa se volvió más fragmentada y el uso del lenguaje para describir la experiencia se tornó en cuestionamiento. "Yo me adelanté a mi tiempo" (entrevista Sánchez y Stycos), señala Peri Rossi al aceptar que el posmodernismo se situó en su obra, antes que éste adquiriera preponderancia en el mundo literario de la época. Su obra más reconocida, *La nave de los locos,* hace honor a ese enunciado. Esta novela narra los viajes del personaje llamado Equis (X) en una búsqueda de respuestas a inquietudes políticas, sociales, sexuales y religiosas. La narrativa se entrelaza con la descripción del tapiz de la creación. La novela como totalidad simboliza el final de la era de dominación patriarcal y del discurso occidental basado en el pensamiento judeo-cristiano. Al final de la obra, Equis debe descifrar un enigma que los lectores deben descubrir a su vez. Se trata de la última escena de la obra, ampliamente estudiada y debatida, ya que no existe una sola interpretación. La novela ha sido aclamada internacionalmente por la cantidad de mensajes que presenta y que a la final plantea el dilema central de fin de siglo, de cómo la modernidad segrega a aquéllos que no se conforman en su centro.

Los cuentos de Peri Rossi combinan una variedad de temas, desde su primera colección, *Viviendo,* donde denunciaba la opresión social y política de su país. Peri Rossi es también una narradora que utiliza la mezcla de ficción y fantasía para armonizar sus mensajes políticos, al estilo de Julio Cortázar, su amigo y tutor. Es sin embargo, más tarde, desde el exilio, cuando Peri Rossi se enfoca en el arte como un tema potente en su narrativa. Los museos de arte se convierten en tema, títulos y escenarios de su obra. Muchas de sus historias, como es el caso de "La condena" condensan la relación entre la expresión lingüística y la experiencia individual a través de una obra de arte.

Otro de sus temas más asiduos y obsesivos es el erotismo y la pasión. "He intentado hacer una fenomenología de la pasión. Cuando publiqué *Fantasías eróticas,* quedé insatisfecha, luego escribí *Solitario de Amor,* y por último *El amor es una droga dura,* que continúa el tema de los dos anteriores" (entrevista Sánchez y Stycos). Peri Rossi considera que a través de la vida, y especialmente en la madurez, "el deseo es lo que nos mantiene vivos." Pero las palabras son también un juego, y a Peri Rossi le fascina jugar con su lector. "Si voy a transmitir un conocimiento lo hago jugando, pues el goce es la única instancia que tenemos de jugar y disfrutar" (entrevista). Para entender muchas de sus narraciones, las claves se desglosan como en un juego de ajedrez o un juego de oposiciones.

El estilo literario es por demás, muy complejo. Ya que Peri Rossi ha publicado más de veintiocho libros, es difícil uniformar una temática o un estilo. Pero los aspectos que más caracterizan su obra se pueden situar en una combinación entre lo fantástico, lo poético, lo político y la literatura erudita. Los críticos han categorizado su obra como literatura de exilio, lesbiana, fantástica, feminista, post-boom, alegórica, posmodernista, anti-burguesa, psicoanalítica y otras. Sin embargo, la propia autora no se encasilla en ninguna forma única: "El escritor es una esponja, y escribo dependiendo del momento. Los temas me eligen a mí" (entrevista). De la misma forma, Peri Rossi rechaza que se le asocie a influencias o movimientos. En el caso de Cortázar, con quien ha sido ampliamente vinculada, admite que fueron grandes amigos y tuvieron muchas afinidades, pero también diferencias. Ella señala dos diferencias fundamentales: "Cortázar sostenía que se debía escribir como se habla, como en el caso de *Rayuela.* Para mí, el lenguaje debe ser reelaborado, y no debe imitar el lenguaje de la calle porque el lenguaje literario es un universo. En segundo lugar, en Cortázar, lo fantástico es una pirueta intelectual, en mi caso, lo fantástico es una parábola para mostrar algo" (entrevista). De otra parte al igual que Cortázar, Peri Rossi desafía al lector. Ella considera al lector como un doble, alguien que comparte intereses, nivel de lecturas y de cuestionamientos. Así en sus novelas la lectura se constituye en un reto y en un juego. "Cuando escribo imagino un lector. Pienso que mi lector habrá leído al menos los mismos libros que yo" (entrevista).

Peri Rossi es una de las escritoras más reconocidas de Sur América, pero como ella misma lo declara, no todo el mundo entra en su órbita y comprende su intrincada escritura. En el caso de "La condena," un cuento de la colección *Una pasión prohibida* (1992), se entrelaza un mensaje político y social con la apreciación de una obra de arte. Hay una simbología, un enigma y un misterio que develar.

BIBLIOGRAFÍA SELECTA

Guerra-Cunningham, Lucía. "La referencialidad como negación del paraíso: exilio y excentrismo en *La nave de los locos* de Cristina Peri Rossi." *Revista de Estudios Hispánicos* 23.2 (1989): 63–74.

Kaminsky, Amy. "Gender and Exile in Cristina Peri Rossi: Selected Papers from Wichita State University Conference on Foreign Literature, 1984–1985. In *Continental, Latin American and Francophone Women Writers,* eds. Ginette Adamson and Eunice Myers, 149–59. Lanham, Md.: UPs of America, 1987.

Kantaris, Elia. "The Politics of Desire: Alienation and Identity in the Work of Marta Traba and Cristina Peri Rossi." *Forum for Modern Language Studies* 25.3 (1989): 248–64.

Pérez-Sánchez, Gema. "Voyages in Feminist Pedagogy: Cristina Peri Rossi's *La nave de los locos* and *Solitario de amor.*" Disertación, Cornell University, 1998.

Schmidt, Cynthia A. "A Satiric Perspective on the Experience of Exile in the Short Fiction of Cristina Peri Rossi." *The Americas Review* 18.3-4 (1990): 218–26.

La condena

El cuadro, de un pintor ruso que yo no conocía, Iván Bulgakov, representaba un mar completamente negro que se unía (no se sabía dónde) con un enorme cielo del mismo color. Ausente la línea del horizonte, la masa uniforme y negra llenaba la tela. La profundidad de las pinceladas[1] delataba, sin embargo, que no se trataba de un mar y de un cielo parejo. Había torbellinos[2] ocultos, fuerzas en movimiento que todavía no se exteriorizaban. En la inmensidad negra (el pintor parecía preocupado por expresar el sentido de la infinitud) había una pequeña figura gris. Era un barco de guerra, perdido entre el cielo y el mar, cuya oscura misión yo ignoraba. Resultaba tan pequeño, casi en el centro de la tela, que tuve la sensación de que la noche había ganado las paredes del museo, incorporándolas al cuadro con majestuosidad. Me acerqué más, para separar las paredes del resto de la tela y entonces advertí que en la uniformidad gris del pequeño barco había una luz. En efecto: el pintor había iluminado la baranda de la nave, con una luz amarilla, como un foco. Y en el centro de ese redondel había alguien colgado.[3] No pude saber si se trataba de un hombre o de una mujer: la figura, enormemente distante, había sido dibujada con muy pocos trazos, como si en lugar de una persona, fuera una advertencia. Huí de la visión espectral como huye un prisionero.

Traté de contener mi excitación y me dirigí, rápidamente, hacia otro pasillo, donde se exponían cuadros más benignos. Macizos de flores, muchachas con sombreros en playas mediterráneas, la luz de Gauguin. Pero mis ojos recorrían las diversas telas como si resbalaran, incapaces de detenerse ante la mancha de color de un vestido o el humo vagaroso de un tren. Yo había estado en el *Lago de Como,* pintado por Xavier Valls en 1973, había contemplado el vapor fluido que sube hasta la montaña, pero la otra imagen, la del mar negro con su buque gris con una figura colgada me parecía mucho más real que las transparencias de un bosque de Vermont, pintado por Adrian Lawrence en 1979, el mismo año en que yo había estado allí.

El cuadro de Iván Bulgakov no tenía fecha, en vano busqué en la letra menuda del catálogo. Esto me provocó una vaga inquietud. Me hubiera gustado aferrar[4] la tela con algo, aunque fuera con las cifras de un año. Quizás fue esta incertidumbre la que me arrojó otra vez hacia él. La ansiedad me hizo recorrer el pasillo como si hubiera extraviado[5] algo. Por alguna rara razón, nadie lo estaba mirando. Los visitantes se dirigían hacia otros cuadros, más grandes, menos angustiantes. Me detuve y fijé los ojos en la pequeña nave gris. Volví a ver la luz amarilla que me recordaba un foco y la vaga figura colgada, en medio de la intensa oscuridad. Si retiraba los ojos de ella, me sumía en la inmensidad negra del mar, ¿o era del cielo? Las pinceladas, brillantes, podían casi tocarse. Subyugado, permanecí varios minutos, hasta que la intensidad de la negrura me espantó y volví a huir.

A la salida del museo había un mostrador con reproducciones. Busqué afanosamente entre láminas y postales el cuadro de Bulgakov. No estaba. Esto me decepcionó. Quería irme de aquel lugar, pero deseaba conservar de alguna manera el recuerdo del cuadro. Pero no: el recuerdo ya lo tenía. Lo que quería era tener una pequeña reproducción en el bolsillo que pudiera sacar en cualquier momento, acostumbrarme a su visión, hasta que de tanto mirarlo dejara de ser lacerante. Hasta descubrir su misterio. Si es que había alguno. Porque también podía ocurrir que el cuadro hubiera sido pintado hace cientos de años, por un pintor iluminado que reflejó en la tela una imagen que llevamos dentro. Era posible, aún, que ese cuadro lo hubiera pintado yo en alguna de mis pesadillas y el temblor que me provocaba fuera el del reconocimiento. Quizás el cuadro estaba en mi pasado, inscrito en una circunvalación desconocida de mi cerebro y Bulgakov lo había adivinado.

Sin la reproducción, no me decidía a abandonar el museo, a dejar el cuadro solo en la pared, aunque también es posible que quien no quisiera quedarse solo fuera yo. La cercanía del cuadro me excitaba demasiado; su distancia, me desamparaba.[6] En el vestíbulo del museo había una cafetería y me pareció una situación intermedia que me protegía de cualquier decisión: no estaba ni cerca ni lejos del cuadro. Podía irme o volver. Me dirigí hacia allí.

Era una sala de paredes blancas, con mesas y sillas azules. Los visitantes del museo, cansados del recorrido, reposaban allí, con los bolsos laxos y las piernas fláccidas. Había alemanes, franceses y belgas. Se oía hablar diversas lenguas. No sé por qué, esto me sedó.

La cafetería del museo parecía un lugar fuera del espacio y del tiempo, es decir: alejado de cualquier angustia. De pronto pensé que ningún pintor de los que yo conocía había pintado precisamente esa escena: la cafetería de un museo, como un andén de viajeros cansados que llegaron a una estación donde el tiempo y el espacio ya no cuentan. Pero si Bulgakov había pintado una oscura pesadilla que yo u otro habíamos tenido cientos de años atrás, también era posible que en alguna parte del mundo—hoy o mañana—en Amsterdam, San Francisco, Trípoli o Buenos Aires alguien lo estuviera pintando. Por lo cual, el cuadro que yo imaginaba ya existía. Como el de Bulgakov, que estaba en mi inconsciente.

En una de las paredes había una ventana y a través de ella vi un camino angosto de álamos. La escena me reconfortó y miré a mi alrededor con más tranquilidad. En una mesa había un matrimonio mayor, seguramente de norteamericanos, cuyas miradas, a pesar de la edad, resultaban juveniles. Cuatro o cinco estudiantes japoneses conversaban no lejos de la ventana. Dos hombres, ligeramente amanerados, tomaban café en otra mesa. Crucé los ojos en diagonal y contra el fondo de la pared blanca descubrí a una muchacha rubia vestida de azul. Estaba sola y por su aspecto no supe deducir su nacionalidad. Bebía un vaso de algo oscuro que me pareció vino y me extrañé de que sirvieran vino en un museo. Sus facciones eran tan delicadas que se diluían, como si todos los rasgos se hubieran perdido dentro de la cabellera. Esto me inspiraba curiosidad. Me acerqué. No pareció demasiado turbada con mi presencia: quizás sólo indiferente. Tengo buen oído, y cuando pronunció las dos primeras palabras, reconocí su acento. Hablo tres lenguas: la suya la conocía bien. Enseguida me di cuenta de que su conversación era tan evasiva como sus rasgos: las cejas se diluían hacia la frente que desaparecía entre los rubios cabellos; los finos labios se perdían en la blancura de las mejillas; las orejas huían hacia la nuca, igual que su conversación, compuesta por pequeñas interjecciones cuyo sentido era ambiguo. Bebía vino, en efecto, y la invité a otra copa. Le dije que su presencia me resultaba vagamente familiar, lo cual no era un intento de seducción, sino un sentimiento. Creía haber visto su figura en alguna parte, ciudad, lago, montaña, andén o barco. Me disuadió: viajaba poco, en realidad sólo daba cortos paseos por esa ciudad, que no era la suya, que conocía mal, que no tenía demasiado interés en conocer mejor. No necesitaba, pues, un guía: le gustaba vivir aislada, pensar que tenía grandes cantidades de tiempo por delante para aprender el nombre de las calles, las plazas, los parques, las iglesias y los museos.

—¿Sabe usted que sólo los extranjeros visitan los museos en cada ciudad?— le dije. Sonrió.

—Yo soy extranjera— dijo, brevemente.

Por supuesto, lo era, aunque su aspecto no la delatara: era su acento el que la señalaba, diferenciándola. Pero yo estaba convencido de que su figura—no su acento—la había visto en otra parte.

En cuanto al tiempo, le pregunté de cuánto disponía para poder aplazar[7] el conocimiento de la ciudad, ir recorriéndola poco a poco, en un acto que no tenía la morosidad del amor, sino la del tedio. Contestó vagamente. No parecía padecer la enfermedad más común: creer que somos, en realidad, dueños del tiempo. El suyo parecía pertenecer a una entidad abstracta, como los condenados del purgatorio.

—¿Puede irse o quedarse todo el tiempo que quiera?— le pregunté, curioso.

—Algo así—contestó, sin precisar más.

El cuadro de Bulgakov también carecía de fecha.

Le hablé del museo de antropología de la ciudad, donde se podían admirar algunas piezas valiosas. No pareció demasiado interesada. Tampoco con el acuario. Algo mejor fue con el Gran Conservatorio: sentía cierta afición por la música. Sin darme cuenta, me iba excitando como un guía, y le hablé también de la balaustrada de madera sobre el mar, desde la cual se observa el lento paso de los barcos rumbo a la bahía, de la galería de columnas inclinadas, de la roca con forma de caballo.

—Si conoce tan bien la ciudad, es que usted también es extranjero— comentó, burlonamente.

—Lo fueron mis padres—respondí enseguida.

Esa figura la había visto en otra parte. Pero ella se resistía, como una piedra dura. Como la baranda de un barco azotado por el agua.

Aunque trataba de contestar evasivamente a mis preguntas, yo tenía la sensación de que no le molestaban y de que mi presencia, de alguna manera, le era grata. Conozco la soledad de los extranjeros: mis padres la vivieron. Sé cómo se agradece una sonrisa, un trato amable. Ahora yo era el nativo y ella la extranjera. Esto me colocaba en una situación de privilegio: la de dar, sin recibir.

—¿A qué se dedica?— le pregunté abruptamente. De inmediato, me di cuenta de que era una manera algo arcaica de preguntar qué hacía. Quería saber si había estudiado, si tenía una profesión, de qué vivía. No pareció sorprendida por el anacronismo de mi pregunta: deduje que se la habían hecho varias veces.

—Hago telares[8]—respondió, con cierta fatiga.

Imaginé sus manos—que eran hermosas— cogiendo finamente la lanzadera.

Reí. Era una ocupación que había olvidado, pero quizá muy adecuada para confesar en un museo.

—No tiene usted el aspecto de una hilandera[9] de Rembrandt— dije, con excesiva brusquedad. Su expresión se volvió algo adusta.

—Y usted, en principio, tampoco parece un policía—agregó, con violencia.

Me sentí herido. El agresivo cuadro de Bulgakov volvió a mi memoria. El foco amarillo, en la baranda, con su figura colgada. ¿Un escarmiento?[10] ¿Una terrible represalia? Y la oscuridad del cielo y del mar, completa.

No recordaba haber empleado la palabra policía más de dos veces en mi vida; me era tan ajena que, al oírla en sus labios, sentí un estremecimiento de horror. Debió notarlo, porque luego de un rato, agregó:

—Discúlpeme. Sería largo de explicar. Los interrogatorios me traen malos recuerdos.

De pronto vislumbré la geografía de un país —el suyo— y lejanas noticias en los diarios. Recordé, también, la patria de mis padres y el silencio ostensible acerca de una guerra.

—¿Le gusta el museo?— pregunté, para aliviar la tensión.

—Sí— contestó—. La calma. La ausencia de tiempo. El espacio cristalizado.

En el cuadro de Bulgakov también ocurría así, pero sin embargo, se advertía una oscura inminencia.

—Vengo a menudo a descansar— agregó, de pronto generosa en la explicación—. Casi nunca miro los cuadros, o elijo un macizo de flores para reproducir en el telar. No soy una artista. Me siento cómoda en el museo, como alejada de cualquier presión. Trabajo en un taller con otras mujeres, todas del mismo origen. Algunas, tejen pájaros y árboles, plantas y animales que aquí no existen, que están en nuestra memoria. Pero yo prefiero olvidar: vengo al museo y copio un bodegón, unas flores, un paisaje inglés del siglo pasado.

¿Nunca se encontró con un cuadro que ya conocía, sin haberlo visto antes?— le pregunté disimulando mi inquietud.

Me miró con cierto asombro.

—Escúcheme— me dijo. No sé qué idea se hace de mí. Yo vivía en el campo, no en la ciudad. No había estado nunca en un museo, antes. No conocía el nombre de Van Gogh. O quizás sí, pero jamás había visto un cuadro suyo.

—No importa—le dije. Le pregunto si alguna vez, frente a un cuadro que no había visto nunca, sintió que ya lo conocía, que usted misma, quizás, lo había pintado adentro suyo.

—Eso sólo me ocurre con las personas— aclaró. De pronto, al caminar por una calle de esta ciudad que casi no conozco, creo reconocer a una persona. Me excito, me pongo a temblar. Sin embargo, sé que no es posible: esa persona no puede estar aquí, es posible que haya muerto o desaparecido. Pero yo creo verla. Luego, me echo a llorar.

Yo también me sentía emocionado. No podía especificar la índole de la emoción, ni su origen exacto, pero sentía las manos húmedas y cierta palpitación en el vientre. Ahora estaba seguro de no haberla visto en ninguna calle, ni en un andén, ni en un cine, ni a la salida del teatro. Esos rasgos que no estaban fijos, que se diluían en la cabellera, la palidez del rostro, el aire amedrentado, lo había visto en otra parte. Estaban en mi interior, con la certidumbre de un símbolo.

—Hay un pintor ruso— le informé, llamado Iván Bulgakov. ¿Lo conoce?

Me pareció que el nombre no le era indiferente, que hacía un esfuerzo por recordar.

—Discúlpeme—respondió. Desde que estoy en esta ciudad, mi memoria es algo imprecisa. Creo que es un sistema de defensa: debo olvidar muchas cosas desagradables, y quizás con ellas, olvido también otras que fueron placenteras. Es posible que la memoria sea selectiva; pero el olvido no lo es. Sin embargo, Bulgakov, creo reconocer su nombre, pero no podría decirle con exactitud de dónde. Había muchos descendientes de rusos en mi país. Quizás alguno de ellos . . .

—Pintor— dije, en un esfuerzo de precisión.

—Las profesiones . . .— murmuró, y no continuó la frase.

—Me gustaría que me acompañara a una de las galerías —la invité—. Sólo un momento. No se cansará. Le prometo que la visita será breve.

Recién entonces me di cuenta de que se había descalzado,[11] bajo la mesa, y ahora buscaba las sandalias a tientas con los pies, sin dignarse inclinar la cabeza.

La conduje por el pasillo a nuestra izquierda. Estaba tan excitado que no me animaba a hablar. Ella parecía haber entrado en otro de esos raptos de lasitud en que no sólo sus rasgos se diluían, sino toda su figura: pasajera de otro espacio, se perdía en el tiempo.

Sorteamos[12] un bodegón recargado, un fresco desnudo de Bonnard, la radiante luz de un balneario de Sorolla, la majestad de un retrato del siglo XVIII. Me dirigí directamente hacia Bulgakov. Estaba allí, solitario, encerrando en su noche oscura la luminosidad de las paredes. Negro, intenso, despojado, pesadillesco.

Con fuerza la tomé del brazo y la enfrenté al cuadro con el rigor de una revelación. En medio de la tela oscura, en mitad del mar negro como el interior de una ballena y del cielo rociado de betún, estaba el pequeño barco de guerra, gris. Sobre la baranda apenas dibujada, había un redondel de luz amarilla. Y colgada, sometida a los vientos y a la marea, perdida en la negrura sin tiempo ni espacio, una figura colgada. Una figura rubia, sin rostro, de rasgos diluidos, atada allí como escarmiento.

Ante el cuadro, ella lanzó un grito de horror y se llevó la mano a la boca.

—Iván Bulgakov— murmuré yo, desde el fondo de mí mismo. 1816, 1850, 1895, 1914, 1917, 1939, 1941, 1953, 1968, 1973, 1975 . . .: "La condena."

Comprensión del texto

1. Describa el cuadro de Iván Bulgakov. ¿Qué reacción y emociones evoca en el narrador?

2. ¿Quién es el narrador y qué sabemos de él?

3. El primer párrafo termina con la oración: "Huí de la visión espectral como huye un prisionero." Analice las posibles implicaciones de esta frase enfocando cada una de las palabras. Busque otras instancias de huida y acercamiento por parte del narrador.

4. ¿Cuál es el tema principal y cómo se desarrolla?

5. Describa la localización de la trama del cuento. ¿Corresponde a algún geográfico específico?

6. Analice la relación entre el inconsciente y el arte que propone el narrador (séptimo párrafo).

7. ¿Qué sabemos de la mujer en el museo, su pasado y sus actividades actuales? ¿Qué relación se establece entre los personajes?

8. ¿Qué importancia tiene el cuadro y cómo se relaciona con el tema del cuento?

9. Analice el desenlace del cuento. ¿A qué se refieren las fechas mencionadas? ¿Por qué la mujer da un grito?

10. ¿Qué significado tiene el título del cuento?

Actividades

1. Analice y discuta los significados y mensajes del siguiente fragmento del cuento: "De pronto vislumbré la geografía de un país —el suyo— y lejanas noticias en los diarios. Recordé, también, la patria de mis padres y el silencio ostensible acerca de una guerra." ¿A qué país o países se puede referir esta cita? Justifique su respuesta.

2. Busque en el Internet o en un libro de arte uno de los cuadros de Edvard Munch titulado "El grito" y coméntelo. ¿Cómo se podría relacionar con el grito de la mujer al final del cuento?

3. Busque información sobre las tejedoras chilenas llamadas "las arpilleras" que fueron un grupo de denuncia de la opresión de la época de la guerra fría. Establezca una conexión con la mujer "hilandera" del cuento.

4. Encuentre los sinónimos correspondientes:

hilanderas	sufrir
facciones	incertidumbre
subyugado	diluirse
padecer	rasgos
desvanecerse	tejedoras
ansiedad	colgado
ahorcado	sometido

Comprensión del video

1. ¿Qué relación existe entre la autora, el arte y "La condena?"

2. ¿Existe una pintura como la mencionada en el cuento "La condena?" ¿De dónde surgió la idea de este cuadro?

3. ¿Cuál es el mensaje que transmite el cuento? ¿Cómo se relaciona con la propia experiencia de la autora?

4. ¿Cuáles son los puntos en común o afinidades de la autora con el escritor Julio Cortázar?

5. ¿Cómo define Peri Rossi lo fantástico y cómo se aplica a su obra?

6. ¿Cuál es la percepción de la autora sobre la función de la escritura?

7. Peri Rossi habla de otras de sus obras y de sus temas. ¿Qué aprendió sobre esta escritora a través de la entrevista?

Para comentar y escribir

1. Comente sobre el tema del exilio o desplazamiento por causas políticas. ¿Cómo se observa en el cuento la experiencia del exilio? Compare este texto con el tema tratado por Laura Restrepo en *La multitud errante.*

2. Si en el fondo del cuento "La condena" percibimos unas experiencias traumáticas, ¿cómo maneja Peri Rossi la memoria y olvido? Discuta. Si ha leído algún cuento o novela o visto un filme sobre esa temática, ensaye una comparación.

4. Escriba un resumen de la entrevista con Cristina Peri Rossi e identifique los puntos principales que complementan la comprensión del cuento.

5. El desplazamiento de individuos o poblaciones enteras ha sido desde siempre y sigue siendo un problema mundial. Elija un tema de desplazamiento histórico, familiar o personal y cuéntelo con sus reflexiones.

6. "Porque también podía ocurrir que el cuadro hubiera sido pintado hace cientos de años por un pintor iluminado que reflejó en la tela una imagen que llevamos dentro." ¿Alguna vez ha experimentado una sensación similar ante una obra de arte? Discuta.

7. "Conozco la soledad de los extranjeros: mis padres la vivieron." Partiendo de esta cita, desarrolle el tema de la vida de un extranjero en un país que le ofrece asilo, refugio o domicilio.

Notas

1. pincelada: brushstroke
2. torbellinos: whirlwinds
3. Y en el centro de este redondel había alguien colgado.: And in the middle of the (illuminated) circle there was someone who had been hung.
4. aferrar . . . con: to connect with . . .
5. extraviado: misplaced, lost
6. me desamparaba: left me feeling defenseless
7. aplazar: to postpone
8. telares: weavings
9. hilandera: spinner
10. escarmiento: punishment
11. se había descalzado: had taken her shoes off
12. sorteamos: we sorted through

Fig. 19. *Johnny Tenorio*. Producción. Cortesía Grupo Teatro Taller. Cornell University.

Capítulo XI

Carlos Morton (Estados Unidos, n. 1947)

Johnny Tenorio

Actividades de prelectura

1. Investigue sobre la tradición del Día de los Muertos en la cultura mexicana.

2. Explore el uso del spanglish como una modalidad lingüística en algunas zonas de los Estados Unidos.

3. Busque información sobre Juan Tenorio y sus variaciones y representaciones a través de la literatura y el arte.

Introducción al autor

Carlos Morton nació en Chicago en 1947 de padres de origen mexicano y desde pequeño tuvo la oportunidad de viajar y de vivir en diferentes ciudades de los Estados Unidos debido a la carrera militar de su padre. Muy joven, Morton dejó su casa paterna y ejerció diversos oficios para sostenerse mientras trabajaba con grupos de teatro como "The Second City" y el "Mime Troupe" de San Francisco. Durante esos años de formación obtuvo dos grados universitarios. Más tarde, cuando decidió su vocación definitiva estudió un doctorado en teatro en la Universidad de Texas en Austin.

Durante su variada carrera, Morton ha escrito para televisión, ha enseñado drama y lenguaje en diversas universidades, al tiempo que ha escrito numerosas obras de teatro y ha dirigido sus propias obras representadas a lo largo y ancho de los Estados Unidos. Como profesor, ha enseñado en varias universidades, ha escrito artículos académicos, pero también poesía y ficción narrativa. Sin embargo, él define su verdadera vocación como dramaturgo. Morton reconoce que "no quisiera hacer nada más que escribir teatro." Actualmente vive en Riverside, California, donde además de escribir y dirigir, enseña drama en la Universidad de California.

Morton es uno de los dramaturgos "chicanos" más reconocidos por su estilo particular donde se mezclan el humor y el drama y se confunden los ancestros culturales hispanos con los mitos occidentales de religiosidad y de magia. Así lo demuestran sus antologías dramáticas, como *The Many Deaths of Danny Rosales and Other Plays* (1983). Su otra antología, *Johnny Tenorio and Other Plays* (1992), recoge cuatro de sus producciones escénicas más populares, *Johnny Tenorio* (1983), *The Savior* (1986), *The Miser of Mexico* (1989) y *Pancho Diablo* (1987). Todas estas obras han sido representadas y difundidas ampliamente en Estados Unidos y México.

Una de las características de la obra dramática de Morton es la recuperación de temas clásicos, para ser reformulados en el ambiente actual y dentro de un escenario donde surgen los conflictos culturales de los hispanos en los Estados Unidos. En el caso de *The Miser of Mexico,* es una adaptación de la famosa obra de Molière, *Pancho Diablo* va más allá para recontar la historia bíblica de la creación, mientras que *The Savior,* recrea uno de los conflictos políticos más importantes del siglo XX, la muerte del arzobispo Oscar Romero en El Salvador. En *Johnny Tenorio,* una de sus obras más reconocidas, el dramaturgo retoma la leyenda de Juan Tenorio, el famoso personaje creado por Tirso de Molina en su obra *El burlador de Sevilla* (1630). El tema y el personaje han sido recreados a través de los siglos en numerosas versiones y adaptaciones en diversos géneros, desde el drama, la ópera y el cine. La obra del dramaturgo español romántico José Zorrilla (1844) lo convirtió en una leyenda, que hace parte de la celebración tradicional del Día de los Muertos en los países hispanos.

En *Johnny Tenorio,* Morton retoma la figura de don Juan para transmitir diversos mensajes sobre el conflicto cultural del hombre chicano que se debate entre dos mundos opuestos sin pertenecer del todo a ninguno. Morton aprovecha también para rescatar tradiciones culturales ancestrales mexicanas como el Día de los Muertos, los corridos mexicanos como "Juan Charrasqueado," y los ingredientes esenciales de la comida mexicana. Pero lo que más llama la atención de la obra es el uso del lenguaje en su forma híbrida como símbolo del mestizaje cultural. El uso del spanglish por supuesto no es aleatorio, pues refleja el lenguaje cotidiano de una gran parte de la población "chicana." De otra parte, otorga la posibilidad de que los productores de la obra interpreten los tonos y modalidades del idioma.

Lee Daniel considera que "one of the more striking characteristics of Morton's work is that while most of his plays are comical, there is always present a serious undertone . . . This style is a result, at least in part, of Morton's stated criteria of the essential characteristics of good drama. A play should educate and entertain" (17).

BIBLIOGRAFÍA SELECTA

Arrizón, María Alicia. "Estrategias dramáticas en la obra de Carlos Morton Pérez." Master's Thesis, Arizona State University, 1986.

Daniel, Lee A. "Carlos Morton, Chicano Dramatist." Introduction to *Johnny Tenorio and Other Plays,* 7–20. Houston: Arte Público Press, 1992.

——. "An Evening with Don Juan." *Latin American Theater Review* 24/2 (Spring 1991): 164–66.

Kanellos, Nicolás, ed. *Mexican American Theatre: Then and Now.* Houston: Arte Público Press, 1989.

Johnny Tenorio

Characters

Johnny Tenorio, twenties, a lady-killer.

Big Berta, earthmother, curandera of indeterminate age.

Don Juan, Johnny's father, fiftyish.

Louie Mejía, twenties, a would-be lady-killer.

Ana Mejía, Johnny's novia, Louie's sister. Late teens.

The scene is big Berta's bar on the west side of San Antonio, Texas. At center is a wooden bar with barstools. Atop the bar is an elaborate "altar," the kind used in Mexico during the "day of the dead" ceremonies. On one side of the bar, high above the liquor bottles, is a painting of la Virgen de Guadalupe. The bar has the feeling of an arena, with sawdust on the floor—the better to soak up the blood and spittle. Some tables with chairs are interspersed throughout. A gaudy jukebox is in one corner. There is also a front door leading to the outside. Enter Berta to sing "El Corrido de Juan Charrasqueado."

Berta: Voy a cantarles un corrido muy mentado. Lo que ha pasado en la hacienda de la flor.[1] (*Enter* Johnny *miming the galloping and bucking of a "horse.")*

   La triste historia de un ranchero enamorado. (*Echando gritos.*)

   Que fue borracho, parrandero y jugador.

   Juan se llamaba y lo apodaban charrasqueado,

(Johnny *tips his sombrero, reins in, and parks his steed.*)

   Era valiente y arriesgado en el amor.

   A las mujeres más bonitas se llevaba.

   En aquellos campos no quedaba ni una flor.

(*Enter* Ana, *playing the coquette—also wearing calavera mask. Tempo slows.*)

Johnny: (*Passionately, he snatches up* Ana *into his arms.*) ¡Véngase conmigo, Mamasota![2]

Ana: (*Barely protesting*) ¡Ay, señor! ¡Déjeme! ¡Soy señorita,[3] y estoy prometida!

Johnny: ¡Así me gustan más! (*Carrying* Ana *shrieking and kicking offstage.*)

Berta: Un día domingo que se andaba emborrachando.

(*Enter* Johnny *with a bottle of tequila.*)

   A la cantina le corrieron a avisar.

   Cuídate, Juan, que por ahí te andan

   buscando. Son muchos hombres, no te vayan

   a matar.

Johnny: Pues, que se pongan, ¡a ver quién es el más macho!

(*Enter* Louie *with calavera mask and gun drawn.*)

Berta: No tuvo tiempo de montar a su caballo. (*Slow motion:* Johnny *mounts his horse as he is shot by* Louie.)

Pistola en mano se lo echaron de un montón.

Johnny: Ando borracho (*Beat.*) Y soy buen gallo.

Berta: ¡Cuando una bala atravesó su corazón! (Johnny *falls in a heap on the floor as* Louie *exits. Two beats. Johnny sits up abruptly and looks at audience.*)

Johnny: ¡Ajúa! (*Letting loose a grito and rising to his feet.*) A mí no me matan tan fácil, ¡cabrones! (*He exits laughing and swaggering.* Berta *commences to wipe the bar, whistling the corrido as though nothing had happened.*)

Don Juan: (*Entering bar.*) Berta! Are you open?

Berta: Claro que sí, pásele, pásele, don Juan. I was playing one of my favorite rancheritas.

Don Juan: (*Motioning to the altar.*) ¡Mira no más!

Berta: You like it?

Don Juan: ¡Qué emoción!

Berta: Pues, ya sabe. Hoy es el día de los muertos y tonight the souls return to their favorite hangouts. Are you ready?

Don Juan: Sí, traje mi máscara. (*Showing* Berta *a calavera mask.*)

Berta: Wonderful. There will be velorios[4] and speeches expressing el amor and esteem que sentimos por ellos. ¡Esta noche, don Juan, celebramos a la muerte! (*Pouring him a tequila.*)

Don Juan: Pues como dicen los gringos—"I'll drink to that." (*Raising his glass.*)

Berta: ¡A las almas perdidas! (*They click glasses, drink it in one gulp, and wash it down with slices of lime.*) Ahora, a ver si puedes adivinar—whose altar is that?

Don Juan: A ver, a ver, a ver. ¡No me digas!

Berta: Yes, he liked to gamble. (*Holding up the dice.*) And he liked tequila.

Don Juan: ¡También! (Berta *shows* don Juan *the centerfold of a playboy magazine.*) He died of this!

Don Juan: ¡A Chihuahua! ¡Ya sé de quién es!

Berta: (*Holding up a list.*) Watcha, a list of his conquistas—¿quieres oírlas?

Don Juan: No, no, no. (*Visibly shaken.*)

Berta: You've got to hear this. (*Berta reads list.*)

In Texas, six hundred and forty.

Arizona, two hundred and thirty.

California, one hundred, and look,

New York, already one thousand!

Among them you'll find

camareras, cantineras

farmer's daughters, city girls

abogadas, tamaleras.

There are women of every grade

every form, every stage.

To him all blondes are sexy

Asian women, quite perplexing

English gals are domineering

and Latinas so endearing.

In winter he likes gorditas

In summer, he likes flaquitas

He finds the tall ones challenging

The short ones are always charming.

He'll seduce an older dama

Just to add her to his list

And he'll tell the younger girls

"M'hija, you don't know what you've missed!"

He cares not, be they ricas

be they ugly, be they chicas

as long as it's a skirt

He is there to chase and flirt.

Don Juan: ¡Madre de dios!

Berta: Ruega por nosotros.

Don Juan: (*Crossing himself.*) Y por el alma del difunto.[5]

Berta: Y sabes que, after every conquest, every amorío, he would come here a confesarse, to cleanse himself. Big Berta's bar was his fuente de la juventud. (*A loud knocking is heard at the front door.*) Who's there? (*Walking over to the door.*) We're closed! (*Knocking continues, louder now.*) Pinches borrachos, cómo friegan. (*Looking through the peephole.*) ¡Es él!

Don Juan: ¿Quién?

Berta: ¡El Johnny!

Don Juan: ¿Juanito?

Berta: He's early, no lo esperaba hasta medianoche. Ponte tu máscara, I don't want him to recognize you. (Don Juan *goes and sits on a bar stool as* Berta *goes to open the door to let* Johnny *in.*)

Johnny: (*Staggering in, his face a deathly pale.*) Berta! Tequila! (Johnny *sits down slowly, painfully.*)

Berta: Coming right up. (*She goes behind bar to serve him.*)

Johnny: (*To* don Juan.) What you doing, playing trick or treat? (Don Juan *turns his gaze away and lowers his head in grief.*) Weird customers you got here, Berta.

Berta: (*Serving* Johnny.) ¿Qué te pasa, Johnny? Your hands are shaking, you're white as a ghost. And what's this on your shirt, sangre?

Johnny: I got in a fight with a jealous husband. ¡Pinche gringo!

Berta: ¡Otra vez el burro al trigo! What happened?

Johnny: ¿Qué crees? (*Pulls out his gun and lays it on the table.*) Blam, blam, blam. Laid him low. Bloody scene, wife screaming hysterically over the body. Police sirens.

Berta: Ay, Johnny, ¿por qué te metes siempre en tantos líos?

Johnny: (*Patting Berta on the ass.*) I like to live dangerously.

Berta: (*Slaps his hand hard.*) Johnny, Johnny, let me clean your wounds.

Johnny: No problem, Berta, no problem. Just a minor little flesh wound. So, where's all the batos locos?

Berta: (*Picking up his gun and laying it on the altar.*) No te apures, they'll be around later.

Johnny: I haven't been here since . . .

Berta: Since you stabbed Louie Mejía con un filero right here. (*Pointing to a spot on the floor.*)

Johnny: Ay, Berta, you don't have to brag about my exploits.

Don Juan: ¿Mató a un hombre allí?

Johnny: You can almost see the blood stains on the floor.

Don Juan: Pero, ¿cómo, por qué?

Johnny: Because I felt like it.

Don Juan: ¡Qué lástima!

Johnny: Hey, well, it was him or me. Law of the jungle. Snarl, growl.

Don Juan: ¡Qué lástima! ¡Que dios te perdone!

Johnny: Hey, look, pop, I don't need nobody's pardon. Besides, what's it to you, anyway? (*Walking over to* don Juan.)

Berta: (*Stopping him.*) Never mind, Johnny, he's just a customer. Toma, otro tequila, on the house. (*She pours him another tequila.*)

Johnny: (*Grabbing Berta by the waist and sitting her on his lap.*) Hey, Berta, why don't you marry me, huh?

Berta: Johnny, you're not my type. Además, coqueteas con todas las rucas[6]—how do I know you'll be true to me?

Johnny: Berta, you're my main squeeze. I'd die for you, you know that. (*Trying to kiss her passionately on the lips,* Berta *disengages. It is a game they always play.*)

Berta: Johnny, ¿sabes qué día es?

Johnny: I don't know, Saturday? It's always Saturday night for me.

Berta: Johnny, hoy es el día de los muertos. Que si te digo que tengo el poder de hacer las almas aparecer. Think I can do it?

Johnny: (*Going along with it.*) Of course, you're a curandera.

Berta: Muy bien, Johnny. Close your eyes, concentrate real hard. (*A flute, high and erie sounds in the distance.*) ¡Escucha! ¿Oyes algo? (*Drum beats.*) These are the sounds of the past, Johnny, sonidos de nuestros antepasados.

Johnny: Yeah, I can dig it—Halloween.

Berta: (*Drums and flutes sound louder. All flashbacks proceeded by this method.*) ¡Qué Halloweenie ni qué mi abuela! I'm talking about mictla, the underworld, the place where the bones rest. Y aquí llega la primera visita, Johnny, an old friend of yours.

.Johnny: Louie! (*Enter Louie Mejía.*)

Berta: ¿No le reconoces, Johnny? Es Louie Mejía.

Johnny: ¡Pinche Louie!

Berta: ¿Cómo fuiste capaz de matarlo? Why, you were the best of camaradas.

Johnny: Yeah, well, cagó el palo. (*Circling Louie. Drums reach a crescendo.*)

Berta: You fought because of Ana, ¿verdad?

Johnny: Yeah, it all started with that stupid bet to see who would make it with the most rucas in one year. We promised to meet here to compare notes. The winner was to win mil bolas.

Louie: (*Embracing and shaking Johnny's hand.*) Órale[7], Johnny, mucho tiempo que no te vidrios. ¡Watcha tu tacuche!

Johnny: (*Posing, motioning to his suit.*) That's right, from my brim to my taps—reet pleat.

Louie: ¡Puro relajo, carajo!

Johnny: Pues, ponte abusado, rajado. (*Motioning to Berta.*) Berta, dos frías.

Louie: Same old Johnny. No has cambiado ni un pito. Hombre, this year went by fast, ¿que no? Órale, let's see who is the badest culero in all of San Anto, Tejas. ¿Tienes tus mil bolas?

Johnny: (*Laying it down on the table.*) Simón, un grand, dale gas.

Louie: Cuando me largué del high school me fui directamente para México.

Johnny: When you crossed the Río Grande, did you do the backstroke?

Louie: No, hombre, I drove across the bridge en my low rider con mi zoot suit. The batos went babas, and the huisas went wild. Me fui hasta el D.F.—tú sabes, la mera capirucha.

Johnny: What the hell's a "capirucha?"

Louie: It means the cap, the capital. Dig, México is shaped like a huge pirámide, desde la costa hasta la capital. You should check it out.

Johnny: Puro pedo. Nunca fui and I ain't going. My folks worked like dogs para largarse.

Louie: Well, you don't know what you're missing, ese. Me metí con una de esas niñas popis, las que viven en Lomas de Chapultepec y van de compras en la Zona Rosa.

Johnny: You mean, like, she was a valley girl?

Louie: For sure. Bueno, I turned on some of that Chicano charm and promised to marry her. Su mami nos cachó cochando,[8] ves. Pero la noche antes de la boda me largué con la hermana menor.

Berta: (Who *has been eavesdropping with* Don Juan *as the boys guffaw with laughter*) ¡Qué desgraciado!

Louie: I promised to take her with me to Disneylandia pero, nel pastel. ¡Puras papas! La dejé plantada en Monterrey y me largué para San Antonio.

Johnny: 'Ta cabrón, Louie. But only two chicks in one year? (*Signals* Berta *for a couple of tequilas.*) That's not a very good score.

Louie: Once I got back to San Anto me clavé 54 más for a grand total of 56!

Johnny: How do I know your count is true?

Louie: (*Grabbing* Berta's *hand as she serves them.*) Nomás párate en cualquier esquina del barrio. Count the babes that pass by with my initials tatooed on their hand. (Berta *slaps his hand, the boys laugh.*)

Johnny: ¡Órale pues!

Louie: Top that, chingón!

Johnny: I took the Greyhound al norte—to the Big Manzana. New York, New York—so big you gotta say it twice. Ended up in Spanish Harlem. One thing I noticed, if I told people I was a Puerto Rican they treated me like dirt.

Louie: ¿No quieren a los puertorriqueños allá?

Johnny: Nope, the gringos treat them like "Mescins" in Texas.

Louie: ¡Qué gacho!

Johnny: But if I told the bolillos I was a Chicano, they were really nice to me.

Louie: ¿Por qué?

Johnny: I don't know, something to do with "good karma."

Louie: Karma? What's karma?

Johnny: I don't know, something to do with the Indians. I think it has to do with Mexican food or the pyramids.

Louie: No hombre, knowing you, les dijiste que eras "Spanish."

Johnny: Hey man, you know I would never deny mi Raza. Anyway, we used to make menudo sometimes and invite the gringos over for breakfast. Of course, we knew they wouldn't eat it if we told them it was pancita de res. So we served it as "American Indian stew!" They scarfed it up!

Louie: ¡Qué loco!

Johnny: Pinches gringos. Hey, but the white girls—¡Mamasotas! They had never laid—and I do mean laid—eyes on such a handsome Chicano like me. I ate them up. Anglos, Jews, Czechs, Irish, Italians, Swedes . . . It was like the United Nations. I took them away from their fathers, boyfriends, husbands. I would even go down to the port authority and pick up runaways. (*Flashback. Flutes and drums. Enter* Ana *in blonde wig dressed as a "runaway."* Johnny *walks into the bus station.*) Hey, mama, what's happening? Where you from, girl?

Runaway: California.

Johnny: Califas? So am I! What part?

Runaway: San Diego.

Johnny: San Dedo! All right, I'm from San Diego myself. What a coincidence.

Runaway: Really?

Johnny: You're my homegirl. Hey, you wanna go party? I got some marihuana. You look like you're hungry. You wanna go get a hamburger?

Runaway: No thanks.

Johnny: (*Giving her money.*) Here, have some bread. You can buy something to eat. Go ahead, take it, man, I'll check you later. (*He walks away.*)

Runaway: Wait a minute . . .

Johnny: This your first time in the city? (*She nods her head "yes."*) What are you doing here?

Runaway: I ran away from home.

Johnny: You ran away from home? (Johnny *picks up her bag.*) I got a nice pad you can stay at. How old are you, anyways?

Runaway: Eighteen, well, fourteen, really. (Johnny *takes her by the hand. She exits. End of flashback.*)

Berta: (*To Don Juan.*) That's what I forgot, marihuana! (Berta *takes some marihuana cigarettes and places them on the altar.*)

Johnny: Then I turned them out on the streets to turn tricks.

Louie: You pimped them?

Johnny: Yeah. I was actually doing them a favor. I sprang them out of jail if they got busted, had the doc check them out for social diseases. I took care of my ladies, bro. Besides, some other dude would have got them if I didn't.

Louie: ¡Qué desmadre! ¿Y cuántas en total?

Johnny: Seventy-two. Six I married. You lose. Pay up!

Louie: No te lo creo.

Johnny: (*Tossing a packet of legal documents on the table.*) Here's the paternity suits and copies of the police records. I should have been a Turk, I had a fucking harem.

Louie: ¡Qué bárbaro! ¡y puras gringas! (*Looking over the documents.*)

Johnny: They're the easiest.

Louie: ¿Por qué?

Johnny: Women's lib.

Louie:¿Cuántas horas has de emplear para cada ruca que vas a amar?

Johnny: One hour to fall in love with them. Another to make it with them. A third to abandon them and sixty seconds to forget them.

Louie: ¡Chingao! No puedo compararme contigo. (*Giving* Johnny *his money.*)

Johnny: Why try? There's only one Johnny Tenorio! (*Scooping up the money.*)

Louie: Alguien te lo va a cobrar un día.

Johnny: Tan largo me lo fías.[9] (Berta, Don Juan *and* Louie *do a double take on that line.*) But say, would you like a chance to win your money back?

Louie: ¡Simón que yes!

Johnny: You have a sister.

Louie: Ana?

Johnny: She's fine.

Louie: Estás loco, apenas tiene quince años.

Johnny: I told you I like fresh meat.

Louie: ¡Ahora sí que me estás cayendo gordo, buey!

Johnny: ¿A ver? ¿No crees que la puedo hacer caer?

Louie: Ponte abusado, ¡malvado!

Johnny: ¡No me chingues, chango!

Louie: ¡Puro pedo, puto! (*They go for each other, knocking down chairs, glasses, etc. They both pull out knives at the same time.* Johnny *disarms* Louie, *knocks him down and is about to stab him when* Berta *stops him with a wave of her hand.*)

Berta: ¡Cálmala, Johnny! (Louie *freezes.*)

Johnny: What?

Berta: Ya lo mataste una vez. Do you want to kill him again?

Johnny: (*Backing off.*) Pues no, not if he's already dead.

Berta: ¡Qué lástima, Johnny!—you had a lot of good times together.

Johnny: Yeah.

Berta: Era como tu hermano, you married his sister. ¿Por qué lo hiciste? (Louie *exits.*)

Johnny: No sé, Berta, it was either him or me. La ley del barrio. (Johnny *exits.*)

Don Juan: ¡Ya no puedo ver más! (*Taking off his mask.*)

Berta: ¿Cómo que no?

Don Juan: ¡Qué triste tragedia!

Berta: Más parece una comedia. Ándale—sit back, have another tequila. (*Going to pour him another shot.*)

Don Juan: (*Stopping her hand.*) ¡No quiero más!

Berta: At least you know when to stop—él no.

Don Juan: Do you think that the sins of the father are visited upon the son?

Berta: Don Juan, con todo respeto, I am not here to accuse anyone. I am merely telling

Johnny's story, an old cuento todos conocen. Algunos dicen que empezó en España, others say it is a legacy of the Moors. All I know is él vive—in all of us.

Don Juan: Síguele pues. (*Putting his mask back on.*)

Berta: Ahora llamaré al espíritu de Ana. (*Flutes and drums. Enter* Ana *in a Catholic school-girl uniform, carrying her schoolbooks.*) Ana, as she once was. Johnny! Johnny! Tell us what happened to Ana. Don't tell me you didn't love her. Yo te conozco, mosco.

Johnny: (*Re-entering.*) Love? I don't know what the word means, Berta.

Berta: Why didn't you try to learn more about el verdadero amor, Johnny, rather than playing at it.

Johnny: I'm a player, Berta.

Berta: Then, play this scene out. (Berta *snaps her fingers.*)

Johnny: (*Crossing to* Ana.) Hi, Ana!

Ana: Hello Johnny. Are you looking for Louie?

Johnny: No, I was looking for you.

Ana: Me?

Johnny: Can I give you a ride somewhere?

Ana: No thanks, I have to get to school.

Johnny: I've been wanting to talk to you.

Ana: Really? About what?

Johnny: Things weighing heavy on my mind. (Ana *stops,* Johnny *touches her shoulder.*) Your skin is so soft and fine.

Ana: Excuse me, but I'm late for class.

Johnny: Do you want to go cruising after school?

Ana: I don't know. I have a lot of homework. I really have to go now. Bye! (Ana *turns away from* Johnny, *freezes.*)

Berta: So, you weren't very successful at first, eh?

Johnny: No. But I never gave up. I waited for her every day after school. You see, that's how you break down their resistance.

Berta: Hmmmm. Cuéntame.

Johnny: Well, one day we had a coke at the Cinco y Diez. (Ana *unfreezes as they both sit down at a table.*) So, there, you see? I'm not going to bite.

Ana: You have such a reputation as a lady-killer. They say you're after one thing and one thing only.

Johnny: Sure, I can get plenty of girls. Every day, every hour, every minute if I want to. But there's more to it than that.

Ana: What do you look for in a girl?

Johnny: Someone I can talk to. Sometimes I wish I had a sister just like you.

Ana: Don't you have any women friends? You know, just friends.

Johnny: Sure, one of my best friends is Berta, the bartender at big Berta's bar on Guadalupe Street.

Ana: What's she like?

Johnny: She's someone I can tell my troubles to. She listens to me and makes the pain go away.

Ana: I'll listen to you, Johnny.

Johnny: (*Rising up to leave.*) Well, listen, it is kind of crowded here. Wouldn't you rather go to my place? (Ana *freezes.*)

Berta: (*Butting in.*) Just a minute here. You really think you know a lot about us mujeres, don't you?

Johnny: Yeah, well, that's what I studied in school, Berta.

Berta: What school? You dropped out.

Johnny: The school of love, baby. That's how come I knew Ana was grade "a." It took me three months of lecturing before she took her final exam. Sabes qué, Berta, maybe it's true what they say about us Latin lovers.

Berta: Johnny, esa cosa de los Latin lovers es un myth.

Johnny: Exactly!

Berta: Bueno pues, entonces—¿qué pasó?

Johnny: Hey, the serpent got Eva to eat the apple, ¿que no? (*Crossing to* Ana)

Ana: So, this is your famous apartment.

Johnny: What, you don't like it?

Ana: No, it's just I've heard so much about it, I can't believe I'm here.

Johnny: Well, from now on you're going to be the only one.

Ana: Ay, Johnny, you're just saying that.

Johnny: No, I'm not. See this? (*Matching his palms to hers.*) A gypsy told me how to find the right match. (*Romantic guitar music plays.*)

Ana: Your hand is bigger than mine.

Johnny: Ah, but our love lines match!

Ana: Do you believe in all that? Do you really think you'll ever find a woman that'll really satisfy you?

Johnny: (*Kissing her.*) I think I just did. (*He holds her close.*)

Ana: Johnny . . . Don't.

Johnny: Why not?

Ana: I want it to be special. (Johnny *opens her blouse.*)

Johnny: You are special to me, Ann, really. (Johnny *goes down on his knees.*) I adore you, I worship you! (*Lights begin to fade on them.*)

Berta: (*To* Don Juan.) Does this look familiar, Don Juan?

Don Juan: Desgraciadamente.

Berta: (*Calling out.*) Bueno, Johnny, dime, did Ana change you?

Johnny: She did, Berta, she did. You might say she deflected me from the meteorite course of my destiny.

Berta: Where did you learn such big words, Johnny?

Johnny: I didn't go to college, but I'm not stupid. I even know a little shaky-es-pear!

Berta: Bueno pues, sigue el cuento.

Ana: (*Entering, buttoning her blouse.*) Well, it's over. You got what you wanted, right?

Johnny: I want more than that, Ann.

Ana: Like what?

Johnny: Your alma.

Ana: (*Turning to go.*) Adiós.

Johnny: Come on, baby, you're not mad at me, are you?

Ana: I guess I'm just mad at myself.

Johnny: Where are you going?

Ana: Home. It's late. Mis padres are probably wondering what happened to me.

Johnny: Stay here. You don't have to go home. You're a woman now, mi mujer.

Ana: I don't think so, bato. And stop calling me "Ann." Mi nombre es Ana.

Johnny: ¡Ana, pues! Ana, you've touched me somewhere I didn't know existed, here en mi corazón. When you're not around me duele.

Ana: Even if it was true, it's just not going to work. I'm only fifteen and you're twenty. Mi hermano will kill you.

Johnny: Ana, do you know the story of Romeo and Juliet?

Ana: Of course, I saw the movie.

Johnny: Well, Juliet was only fourteen, and she had a relative who hated Romeo. Yet, their amor survived for all time.

Ana: But they both died, cabrón! No thanks! I like you, Johnny, te quiero mucho. But you're nothing but trouble for a girl. I don't know why I went to bed with you in the first place, por pendeja.

Johnny: Because you wanted to, Ana. It's our destino. Look, I used to run around with las gringas. They wanted to get down, tú sabes, get married and have kids. But I couldn't. I was searching, sin saberlo, for a Chicana.

Ana: Oh, Johnny.

Johnny: Someone of my own Raza . . .

Ana: Stop it . . .

Johnny: Como tú.

Ana: I want to believe you sooooo much.

Johnny: Ana, I'd do anything for you.

Ana: Anything?

Johnny: Sí.

Ana: Then, wait for me.

Johnny: Wait for you?

Ana: If you love me you'll wait until I finish high school. You'll wait for me like a real amigo.

Johnny: ¡Amigo! You mean you don't want to fuck me!

Ana: See! I knew it! That's the only thing you want. ¡Te odio!

Johnny: Bueno, bueno. We'll do it your way.

Ana: No te lo creo, not one word!

Johnny: (*Embracing her.*) I'll prove it to you, mi amor. Just give me a chance. Lo haré por ti. (*Kissing her.*)

Ana: ¿De veras, Johnny? You promise? (Johnny *nods his head "yes." A long passionate kiss.* Ana *backs away into another "space."*)

Berta: How long did you remain "friends," Johnny?

Johnny: Long enough, long enough.

Ana: (*On another part of the stage,* Ana *has run into* Louie.) You're not going to tell me who to see and who not to see.

Louie: Anybody but him, Ana, él es veneno.

Ana: Es mi amigo, my best friend.

Louie: ¡Es un hijo de la chingada!

Ana: Don't talk that way about him.

Louie: Sólo estoy tratando de cuidarte. I know him very well.

Ana: Like you know yourself, Mr. Hipócrita? The word was out on you, big brother— find 'em, fuck 'em and forget 'em.

Louie: Okay. Eso era antes. You know I'm getting married to Inés. Sure, I used to do that stuff, but you have to grow up sometime. Johnny nunca va a ser hombre.

Ana: If you can do it, why not Johnny? Louie, we're all very proud of you, going to night school, working days. And now you're getting married to a wonderful girl. But you have to let me live my own life. I'm sixteen years old now, no soy una esquincle.[10]

Louie: But you don't understand this guy—créelo cuando te digo, he's a worm, a víbora, a vampire. He'll suck your blood and leave you dry! Si lo veo contigo, lo mato, I'll kill him! (*Exit* Louie.)

Ana: (*Going over to* Johnny *and hugging him.*) I don't care what anybody says about you; te quiero, I love you with all my corazón.

Johnny: I won't disappoint you, Ana. What you've told me has changed my way of thinking. I'm going to talk to your padres and ask for your hand in marriage.

Ana: Yeah, but I have to finish school, find a career.

Johnny: Don't worry, I'll put you through college! And I'm going to clean up my act, no more hustling or selling drugs. I'm going to get a regular job.

Ana: Johnny, I know you can do it.

Johnny: Yeah, it's time I stopped acting like a punk kid and started acting como un hombre.

Ana: (*Pulling out a cross and chain.*) Johnny, here, it's a cross the monjas gave me for my first holy communion.

Johnny: No, I couldn't, really.

Ana: Please, I want you to have it. When you're in trouble think about me. It will give you strength.

Johnny: (*Taking the cross, reluctantly.*) Yes, I'm going to need lots of prayers.

Ana: What do you mean?

Johnny: Well, before I start my new life, you see, I'm going to have to pay off all my debts. I owe some very important gente a lot of lana.

Ana: Well, they're just going to have to wait.

Johnny: You don't understand, Ana. These people don't wait for anybody. They want their money now, or they break your legs.

Ana: Don't worry, Johnny, we'll find a way. Mi cruz nunca falla, my cross never fails. (Ana *exits.* Johnny *walks towards the bar, sadly fingering the cross.*)

Berta: That was two years ago. ¿Nunca terminó Ana la high school?

Johnny: No, she had to go out and get a job.

Berta: ¿Y qué de la universidad y su career?

Johnny: Why are you asking me these questions, Berta?

Johnny: Pregnant—yes! That's what she wanted!

Berta: La dejaste embarazada, didn't you?

Berta: Of course, nunca te casaste con ella. (Berta *takes the cross away from* Johnny *and places it reverently on the altar.*)

Johnny: No, but we were living together, isn't that the same damn thing!

Don Juan: (*Suddenly exploding in a fit of anger.*) No puedo escucharte, vil Johnny, porque recelo que hay algún rayo en el cielo preparado a aniquilarte.

Johnny: What's that you say, viejo?

Don Juan: Ah! No pudiendo creer lo que de ti me decían, confiando en que mentían, vine esta noche a verte. Sigue, pues, con ciego afán en tu torpe frenesí; más nunca vuelvas a mí. No te conozco, Johnny.

Johnny: (*Advancing towards him.*) What the hell do I care what you think?

Don Juan: Adiós, pues. Más, no te olvides de que hay un dios justiciero.

Johnny: (*Grabbing* Don Juan.) Just a goddamn minute!

Don Juan: ¿Qué quieres?

Johnny: Who are you? Take off that mask.

Don Juan: (*Pushing him off*) No, en vano me lo pides.

Johnny: (*Unmasking him.*) Show me your face!

Don Juan: ¡Villano!

Johnny: ¡Papá!

Berta: That's right, Johnny, es tu padre. You haven't seen him in años, ever since you left home to raise hell. (*Flutes and drums. Slow motion flashback.* Johnny *reverts to age seven.* Don Juan *becomes a much younger man.*) What was it like when you were chico, Johnny? ¿No lo quisiste?

Johnny: Papá, no quiero ir a la escuela.

Don Juan: Pero hijo, tienes que ir.

Johnny: Papá, todos los bolillos hacen fun de mí.

Don Juan: Cómo que hacen "fun" de ti?

Johnny: Durante el lonche, todos ellos comen sanwiches. Cuando saco mis tacos, se empiezan a reír.

Don Juan: No les hagas caso.

Johnny: Y un día mi paper bag estaba greasy y me llamaron "greaser."

Don Juan: Okay. Empezando mañana puedes llevar sanwiches.

Johnny: Okay. ¡qué suave! (*Thinking about it.*) Sabes qué, mejor no. No me gustan los sanwiches de frijol . . . Ni de chorizo.

Don Juan: Bueno, ya apúrate, que se está haciendo tarde.

Johnny: No quiero ir, papá, hacen fun de mí—especialmente la "tee-cher."

Don Juan: La "tee-shirt?" ¿la camiseta?

Johnny: No, la tee-shirt no, la "tee-cher," Mrs. Blaha.

Don Juan: (*Laughing.*) ¡Oh, la maestra, la Señora Blaha! ¿Qué dice ella?

Johnny: After playground me dijo, "Johnny, washe you hans porque dey durty." Me las lavé y entonces me hizo show them en front of everybody.

Don Juan: ¿Y qué?

Johnny: Entonces dijo, "Well, Johnny, you hans so braun I can tell if they clean o no!"

Don Juan: Ahora sí que no . . .

Johnny: Y un día la tee-cher me llamó un bad nombre—me llamó "spic."

Don Juan: ¡No me digas! ¡Conque te llamó "Spic!"

Johnny: Sí, dijo, "Johnny, you no no how to spick good English!"

Don Juan: ¡Ay, mi hijo! Por eso tienes que ir a la escuela. Tu mamacita y yo, que en paz descanse, no pudimos ir. ¿no ves como tienes problemas con el Inglich?

Johnny: A mí no me importa. ¡No quiero hablar el English!

Don Juan: ¡No, eso no! ¡Me lo vas a aprender a huevo! Mira nomás. Estoy trabajando
   como un burro para que puedas educarte.

Johnny: I don't care. Trabajo como un burro yo también!

Don Juan: No, señor. Un hijo mío nunca se raja.[11]

Johnny: Pero el Gregy Winer me quiere beat up. Mira, he hit me right here. (*Enter*
   Louie *in a blonde wig, dressed as* "Gregy.") Can I play with you?

Gregy: No, you can't even speak English, beaner.

Johnny: Don't you call me dat!

Gregy: What are you going to do about it, beaner! Brown like a bean! Chili dipper!

Johnny: No, I'm not!

Gregy: Yes, you are! (*Hitting* Johnny.)

Don Juan: (*As* Johnny *cries.*) ¡Te pegó y no se lo regresaste! ¡Ve y dale en la madre!

Johnny: Pero, he's bigger than me!

Don Juan: Ya te dije, un hijo mío no se raja. ¡Pégale! Si no, yo te pego a ti.

Gregy: Spic! Greaser! Wetback!

Johnny: (*Rushing in, flailing with his fists, he gets a lucky shot on* Gregy.) Gringo! Gabacho!
   Redneck!

Gregy: Teacher! Teacher! (*Running off.*)

Don Juan: ¡Ahora sí eres hombre! ¿Por qué lloras? Sólo las mujeres y los jotos lloran.
   Ni modo, Johnny, tuviste que aprender a huevo. Ahora, dime, ¿qué dijiste que
   querías ser cuando seas grande?

Johnny: Un astronaut, Papá.

Don Juan: Ya ves, el primer astronauta chicano. Por eso tienes que ir a la escuela. Vas a
   ser el primer astronauta que come tacos en el espacio.

Johnny: Wow! Tacos in outer space!

Don Juan: ¡Y mira lo que tengo para mi astronauta! (*Giving* Johnny *a new lunch pail.*)

Johnny: Oh boy, Papá, un Star Wars lunch pail! (Don Juan *starts walking away from*
   Johnny. *End of flashback.*) ¿Papá? ¡Papá! Pa . . . pá.

Don Juan: (*As the older man.*) ¡Mientes, no lo fui jamás!

Johnny: Then . . . Go to hell!

Don Juan: ¡Hijos como tú son hijos de Satanás!

Johnny: Fuck you!

Don Juan: Johnny, en brazos del vicio desolado te abandono. Me matas, mas te perdono. Que Dios es el Santo Juicio. (Don Juan *exits.*)

Berta: (Johnny *drops down on his knees and bows his head, clutching his lunchpail.* Berta *goes
   and tries to console him.*) Triqui tran, triqui tran; los maderos de San Juan.[12] (*Singing a
   haunting melody as she runs her fingers through his hair.*) Piden pan, no les dan; piden

queso, les dan un hueso que se les atora en el pescuezo. (*Beat.*) Did you love your papá, Johnny?

Johnny: Yeah, I guess so. But, that's life in the big city.

Berta: Do you know that you and your father are very much alike? (Berta *takes the lunch pail and places it reverently on the altar.*)

Johnny: What are you doing?

Berta: Nada, Johnny, just picking up the pieces.

Johnny: You're playing some kind of weird game here, aren't you, Berta?

Berta: No es un juego, it's for real.

Johnny: Why did you bring my father into this?

Berta: Tu padre te crió—he raised you after your mother died, ¿verdad?

Johnny: I didn't need him, I didn't need nobody.

Berta: Nunca lo conociste, just like you never knew your mother.

Johnny: You know my mother died when I was born.

Berta: Era una mujer muy hermosa.

Johnny: That's probably where I get my good looks.

Berta: Sabes qué, she looked a lot like Ana. (*Flutes and drums, enter* Ana, *pregnant, as* Johnny's *mother.*)

Johnny: Mamá . . .

Berta: She was pregnant with you. Tu papá había recién llegado de la ciudad de México con su sobrina, María. (*Enter don* Juan *as a young man.*)

Mother: Is your niece all settled in the spare bedroom?

Don Juan: Sí, no te preocupes por ella. En México vivía amontonada en un cuarto con tres hermanas.

Mother: She's a very pretty girl.

Don Juan: Sí, alguien se la va a robar uno de estos días. ¿Cómo te sientes, querida?

Mother: I think the baby is going to be a varón – he kicks like a little bull.

Don Juan: Un torito. Lo nombraremos Juan, como yo, como mi padre.

Mother: Johnny!

Don Juan: ¡Juan, mi hijo no va a ser gringo! Ojalá que salga como mi padre, alto y güero con ojos verdes. Todas las mujeres estaban locas por él.

Mother: Wasn't your mother jealous?

Don Juan: ¿Qué podía decir? Los hombres—hombres, el trigo—trigo.

Mother: ¡Ay sí!

Don Juan: Tuvo tres mujeres, aparte de mi madre. ¡Tengo hermanos por dondequiera!

Mother: How horrible!

Don Juan: Pero nunca se casó con otra. Oh no, mi madre era su único amor.

Mother: I don't want to name our son after a mujeriego.

Don Juan: Mujer, mis padres duraron casados cincuenta años.

Mother: Juan, that doesn't mean tu madre didn't suffer.

Don Juan: Mamá adoraba a mi padre, tanto como él la adoraba.

Mother: What if it's a niña, what will we name her then?

Don Juan: ¡Juana!

Mother: Nooo. Let's name her after a flower, como rosa, iris o azalea.

Don Juan: No, no, no. Las flores se recogen facilitas. Mejor Rosario, Guadalupe, Concepción. O María, como mi sobrina.

Mother: Why?

Don Juan: Porque una hembra deber ser santa o ángel.

Mother: ¡Ay, sí! (*Beat.*) As if your niece was so saintly!

Don Juan: ¿Por qué dices eso, mujer?

Mother: Men shouldn't expect us to act the Virgen María while they go out and do what they please.

Don Juan: Esas ideas te las metieron los gringos. Eso es lo que no me gusta de este país.

Mother: What, that we're more liberated than in the old country? Mira, Juan, what would you do if you caught your daughter sleeping around?

Don Juan: Como dicen los pochos,[13] I'll break her neck!

Mother: See how you men are!

Dj & Johnny: (*At the same time. Don Juan* to the mother, *Johnny to* Berta.) Why are you telling me this?

Berta: Para que aprendas, Johnny. (*With a wave of her hands,* Berta *changes the tone of the scene.*) Look what happened a few days later . . .

Mother: (*Angry now.*) What were you doing in María's room?

Don Juan: Nada, querida, nomás quería saber si estaba bien.

Mother: (*Seemingly directing her comments to* Johnny.) ¡Mentiroso! Now I know where you go at night!

Johnny: (*Responding to mother.*) No, no . . .

Don Juan: ¡Te lo juro por diosito santo!

Mother: (*Back and forth, to both men.*) Tu sobrina, your own niece! How could you!

Don Juan: No es mi sobrina.

Johnny: Then what was she?

Berta: María was your father's amante, his lover.

Mother: (*Falling, clutching her stomach.*) ¡Ay, Dios mío!

Berta: On top of that, he married her in Mexico.

Don Juan: Mi amor, querida, ¿qué pasa?

Johnny: (*To Don Juan.*) Don't just stand there, get a doctor. (*Exit* Don Juan. Johnny *goes to* Mother.) ¡Mamá! ¡Mamacita! Please don't die!

Mother: Promise you'll never betray me!

Johnny: I swear, I swear! Juro por Dios santo.

Berta: (*Mother dies.*) She died shortly after giving birth to you.

Johnny: ¡Mamá!

Berta: Of a broken heart.

Johnny: ¿Por qué lo hizo? Why did he do it?

Berta: Your father paid for it, Johnny. Juan cesó de ser Don Juan. That's why he never remarried.

Johnny: Why didn't he tell me?

Berta: He didn't want you to be like him.

Johnny: Oh, my god. I see it all now.

Berta: What, Johnny?

Johnny: The curse!

Berta: ¿La maldición?

Johnny: I'm damned for all time!

Berta: Do I detect repentance in your voice?

Johnny: (*Screaming.*) Hell no!

Berta: ¿No? (Berta *starts lighting the candles on the altar. Incense burns.*) Quizás entonces tu deseo se hará realidad.

Johnny: What wish?

Berta: Your death wish.

Johnny: What are you talking about?

Berta: Life after death, la inmortalidad. I lit these velas to show you a vision. See how brightly they burn? Smell the copal incense, the kind the ancients used in their sacred rites. Pray, Johnny, ruega a la Virgen de Guadalupe, nuestra señora, Tonantzín.[14]

Johnny: ¡Mis ojos!

Berta: Pronto vas a ver. Now we wait for the souls to return. They'll come to say a few final words.

Johnny: I don't want to hear it, Berta. No one ever really cared about me, not my father, not Ana, none of them.

Berta: (*Serving him food and drink.*) Cálmate. Sit. Mira, I fixed your favorite comida— tamales y atole. Eat. Los otros están por llegar.

Johnny: All right. That's more like it. Be sure to invite Louie. Except that he has so many holes in his stomach, I doubt that the food will stay in.

Berta: No debes burlarte de los muertos, Johnny.

Johnny: Hey, Louie! I'm calling you out, man! Berta made some ricos tamales and hot atole.[15] Better hurry before I eat it all up! (*Louie, wearing a calavera mask, enters.*)

Berta: (*Noticing* Louie.) Ah, Louie, there you are. Te traigo un plato. You boys have such big appetites, hay que calentar más tamales. (Berta *exits.*)

Johnny: (*Still absorbed in his food.*) Yeah, Louie, sit down and . . . (*suddenly noticing him.*) Oh! Another appearance, eh? What's with the costume, still playing trick or treat?

Louie: ¡Te dije que no te acercaras a Ana!

Johnny: (*Pulling out a gun.*) Chíngate, cabrón, nobody tells me what to do! (Louie *lunges for* Johnny, *who shoots* Louie *in the head.*) I told you not to mess with me! (Louie *does not fall—he keeps advancing.*) Jesus Christ!

Louie: Remember, I'm already dead! ¿Qué te pasa, Johnny? ¿Tienes miedo? ¡Tú, el mero chingón! (*Grabbing* Johnny *by the throat.*)

Johnny: ¡Ayyyyyyy! ¡Déjame! Let me go!

Louie: (*Dragging* Johnny *over to the table.*) No me digas que sientes la presencia de la muerte!

Johnny: Get away from me!

Louie: (*Grabbing* Johnny *by his hair.*) Come! Come! Que ésta va a ser tu última cena. (*Pushing his face into the plate, forcing him to eat.*)

Johnny: What is this horrible stuff?

Louie: Tamales de ceniza. (*Forcing him to drink.*)

Johnny: Ashes!

Louie: ¡Atole de fuego!

Johnny: Fire! Why do you make me eat this?

Louie: Te doy lo que tú serás.

Johnny: Fire and ashes!

Louie: ¡Morderás el polvo!

Johnny: No!

Berta: Ya se va terminando tu existencia y es tiempo de pronunciar tu sentencia.

Johnny: My time is not up!

Louie: Faltan cinco para las doce. A la media noche no se te conoce. Y aquí que vienen conmigo, los que tu eterno castigo de Dios reclamando están. (*Enter* Ana *and* Don Juan, *also calaveras. They block* Johnny's *escape.*)

Johnny: Ann!

Ana: Yes, it's me.

Johnny: ¡Papá!

Don Juan: Si, mi hijo.

Johnny: (*Tries to jump behind the bar. Enter* Berta *dressed as la catrina*[16] *with skull mask.*) Berta!

Berta: No hay escape, Johnny. You must face them.

Johnny: You too!

Berta: No estoy aquí para juzgarte, Johnny—they are.

Don Juan: Un punto de contrición da a un alma la salvación y ese punto aún te lo dan.

Louie: ¡Imposible! ¿En un momento borrar veinte años malditos de crímenes y delitos?

Johnny: Berta! Will I really be saved if I repent?

Berta: Yes, but only if one of your victims forgives you on this the day of the dead.

Johnny: (*In a heavily accented Spanish.*) Entonces, perdónenme ustedes, yo no quiero morir. Deseo pedirles disculpas a todos los que hice sufrir.

Louie: Empezaremos conmigo, que soy el más ofendido. ¿Por qué me acuchillaste? ¿Por qué te me echaste encima?

Johnny: There's no excuse. But it was a fair fight among men. You wanted to be like me, Louie, but you lost, and that's the price you had to pay.

Louie: ¿Ven? No tiene excusa. Que le aparezca la lechuza. Si de mi piel hizo carnicera, ¡él también será calavera! (*The feeling of this last scene is that of a bullfight.* Johnny *is the bull and the others are wielding the cape, pike and banderillas.*)

Berta: ¿Quién sigue?

Ana: (*She is dressed like a whore.*) I am next.

Johnny: Ana. You don't want to see me dead, think of our children.

Ana: I am thinking of them. I would rather they not know you, for fear they will become like you.

Johnny: No, no, no! I swear to God—I'll change!

Berta: You repent?

Johnny: Sí, I promise to go home and be a good padre y esposo.

Ana: ¡Mentiras! I've heard all this before. He'll go back to chasing women and drinking first chance he gets.

Johnny: Ana, don't you see I have to change, my life depends on it.

Ana: No, Johnny, you're addicted to your vicios. You contaminate everyone. Look, I gave you all my love and you turned me out to turn tricks!

Johnny: But the mafiosos were going to kill me. You agreed to do it. I didn't force you!

Ana: You manipulated me, Johnny, like you did all the others.

Johnny: But Ana, don't you see, it's a curse that's been passed down from generation to generation. I'm a victim, you're a victim, ¡todos somos víctimas!

Ana: That's right, blame everybody but yourself!

Johnny: Ana, honey, think about it. You tried to control me, you wanted to channel my energy.

Ana: I wanted a family!

Johnny: But I'm not an esposo. I am a hunter!

Ana: (*Laying into him with a vengeance.*) Si mi corazón murió en esa carrera, ¡el mujeriego también será calavera! (*A mournful cry escapes* Johnny's *lips.*)

Berta: ¿Alguien más? Time is almost up.

Johnny: ¡Papá! How can you stand there and say nothing after what you did!

Don Juan: Ya lo sé, y me arrepentiré hasta mis últimos días. Después que murió tu madre, traté de encaminarte hacia una vida mejor. Fracasé. Seguiste la vía chueca.[17]

Johnny: Hypocrite!

Don Juan: Johnny, dile a Dios que te perdone, como él me perdonó.

Johnny: You want me to ask God for a pardon?

Don Juan: Es lo único que tienes que hacer.

Berta: Go on, Johnny, ask for forgiveness.

Johnny: But I don't believe in God!

Don Juan: Entonces estás perdido. (Johnny *sinks to his knees. Bells toll softly in the distance.*)

Berta: Johnny, Johnny, you don't really understand what's happening, do you?

Johnny: Berta, will you forgive me? (*Throwing himself at her feet, groveling, as though wanting to get back into her womb.*)

Berta: Johnny, tú nunca me has ofendido.

Johnny: I trusted you, Berta. I told you everything.

Berta: That's right, mi'jo. I cleansed you by listening and understanding. You see, I am the eater of sins, la que se traga los pecados.

Johnny: Oh, Berta, you're the only woman I've ever loved! (*Turning to the other skeletons, who have remained deathly still in a silent tableau.*) You see, somebody loves me! (*To* Berta.) Does this mean I'm saved? Does this mean I've cheated death?

Berta: No, Johnny. No te burlaste de la muerte. You are already dead.

Johnny: What are you talking about!

Berta: The gringo who caught you in bed with his wife . . .

Johnny: I killed him!

Berta: Yes, but he mortally wounded you. Has estado muerto por mucho tiempo.

Johnny: But . . . How?

Berta: Tu espíritu, tan violento, no descansaba. Y como este es el día de los muertos, the night the souls come back to visit, you returned to your old haunts.

Johnny: But, touch me, feel me, I'm alive!

Berta: Vives solamente en nuestras memorias, Johnny. Te estamos recordando in a celebration . . . Of death.

Johnny: (*Beginning to realize.*) Ohhh noooo!

Berta: Escucha. ¿Oyes las campanas, Johnny? (*Bells toll.*) Do you hear the women praying rosarios? (*Women praying rosaries.*) See the men digging a grave? (*Pointing offstage.*) Es tu tumba, Johnny.

Johnny: I've been dead all this time?

Berta: Así es, Johnny, todos estamos muertos.

Johnny: How can that be?

Berta: Hay más de una manera de morir. You stabbed Louie to death, but you broke Ana's heart.

Johnny: What about my father?

Berta: His faith in you died.

Johnny: Y tú, Berta?

Berta: Ahhhhh, I am not of the dead, but I am neither of the living. You see, I am of the here, then and will be. Ven, Johnny. (*Flutes and drums. Leading him over to the altar which is suddenly brightly lit.*) Look. This is your altar! (*Berta climbs up a step. In this light it resembles an Aztec pyramid.*) Look! (*Holding up a calavera mask.*) Aquí está tu máscara . . . (*Placing death mask on Johnny's face.*)

Johnny: Am I one of you now! Am I one of the living dead!

Berta: (*A conch shell blows several times.*) Prepare, Johnny prepárate para la inmortalidad!

Johnny: I aaaammmmmm deaaaaaddd!! (*Johnny screams, his arms raised up to heaven.*)

Berta: Here is Johnny Tenorio, el don Juan, a thorn in the soul of la Raza since time immemorial. Ha traicionado a mujeres, asesinado a hombres y causado gran dolor. Por eso decimos . . . ¡Que muera!

Chorus: ¡Que muera!

Berta: But he also stood alone, defied all the rules, and fought the best he knew how. His heart pounds fiercely inside all of us—the men who desire to be like him, the women who lust after him. He is our lover, brother, father and son. Por eso decimos— ¡que viva!

Chorus: ¡Que viva!

Johnny: (*After several beats* Johnny *jumps down from the altar.*) Pues, entonces, liven up, let's party! (*The other skeletons are scandalized.*) Come on, get the house a round, it's on me! We got all night! (*Grabbing* Ana *and dancing with her.*)

Berta: Just wait until morning!

The calaveras grab partners and dance amidst "ajúas" and gritos.

Corrido

> Creció la milpa[18] con la lluvia en el potrero
>
> Y las palomas van volando al pedregal
>
> Bonitos toros llevan hoy al matadero,
>
> Qué buen caballo va montando el caporal.[19]

Ya las campanas de San Juan están doblando,

Todos los fieles se dirigen a rezar,

Y por el cerro los rancheros van bajando,

A un hombre muerto que lo llevan a enterrar.

En una choza muy humilde llora un niño,

Y las mujeres se aconsejan y se van,

Sólo su madre lo consuela con cariño,

Mirando al cielo llora y reza por su Juan.

Aquí termino de cantar este corrido

De Juan ranchero, charrasqueado y burlador,

Que se creyó de las mujeres consentido,

Y fue borracho, parrandero y jugador.

Slow fade as corrido ends.

Comprensión del texto

1. Identifique los personajes, el ambiente y el tiempo de la obra.
2. ¿Cómo se representa cada personaje y qué función cumple cada uno dentro del drama? Analice especialmente el personaje Berta y su relación con Johnny.
3. ¿Qué importancia tiene el corrido (canción) con que se inicia y finaliza la obra?
4. ¿Cuál es el asunto o tema de la obra y cómo se desarrolla?
5. ¿Qué relevancia y propósito cumple el uso del lenguaje mixto?
6. ¿Quiénes son Mictla y Tonantzín? Analice la fusión de creencias populares en la obra.
7. ¿Qué importancia tiene el Día de los Muertos en la obra? ¿Cuál es la alegoría que se establece?
8. ¿Qué significan el tamal de ceniza y el atole de fuego que Louie le da a Johnny? ¿Qué importancia tiene este acto?
9. Al final, el autor describe la obra como una corrida de toros. "Johnny is the bull and the others are wielding the cape, pike and banderillas." Analice esta escena. ¿Quiénes aparecen y qué tipo de ritual tiene lugar?
10. ¿A qué se refiere Berta cuando le dice a Johnny, "Yo soy la que se traga los pecados?"
11. ¿Qué tipos de máscaras usan los personajes y qué significación tienen?
12. ¿Qué comprende Johnny al final de la obra? ¿Cuál es la única forma de salvación? Analice el final y sus posibles interpretaciones.

13. ¿Qué efecto tienen los cambios de tiempo durante la obra y cómo contribuyen a la comprensión del drama?

Actividades

1. Si ha leído el drama de *Don Juan Tenorio* de Juan Zorrilla, compare los pasajes que tomó el autor como base para la escritura de *Johnny Tenorio*.

2. En grupos escojan una de las escenas de la obra y represéntenla ante la clase. Alternativamente, basándose en el tema del Don Juan, hagan una adaptación a su elección (cambio de tiempo, espacio, lugar, cultura) siguiendo el estilo lingüístico y dramático de *Johnny Tenorio*.

3. Analice el uso del inglés, español y spanglish por parte de los personajes. Identifique las expresiones que otorgan fuerza dramática a la obra. Por ejemplo, "watcha tu tacuche." Busque otras similares y determine su significado.

4. Haga una lista de palabras ofensivas que usa Louie para calificar a Johnny y averigüe su significado. ¿Qué voces peyorativas se usan para referirse a los chicanos?

Comprensión del video

1. ¿Cómo describe el autor el proceso de escritura de la obra?

2. ¿De qué recursos se vale para adaptar la leyenda de Juan Tenorio a Johnny Tenorio?

3. De acuerdo con Morton, ¿qué cambios son los más relevantes entre la figura clásica del Juan Tenorio de Zorrilla y el Johnny Tenorio chicano?

4. ¿Qué relevancia tiene la figura de Berta en la obra?

5. ¿A qué se refiere Carlos Morton cuando habla de un mestizaje cultural?

6. ¿Qué importancia tienen las alusiones religiosas y cosmológicas en la obra?

7. ¿Cuáles son los retos actuales del teatro chicano?

8. Observe el fragmento de la obra que aparece en el video y analice la adaptación escénica del drama.

Para comentar y escribir

1. La obra tiene más de una referencia a tradiciones mexicanas populares, artísticas y de origen español. Identifique y analice las tradiciones que se destacan en la obra.

2. A partir del corrido mexicano "Juan Charrasqueado," establezca una relación del tema de la canción con la obra. Elabore sobre el tema del machismo en la cultura mexicana.

3. Escriba sobre los conflictos de mestizaje cultural y de identidad de los latinos en Estados Unidos que se aprecian en *Johnny Tenorio*.

4. Analice los elementos de la crianza y el ambiente en el que se crió Johnny que lo convierten en un macho "ejemplar."

5. ¿Cómo se caracterizan los personajes femeninos en la obra? Dé ejemplos y discuta.

6. Sirviéndose de un texto literario, un film o una composición musical (la ópera *Don Giovanni* de Mozart, por ejemplo), defina cómo se puede caracterizar a Don Juan.

7. Basándose en sus propias experiencias, exponga, ¿Tiene validez hoy día el mito de Don Juan? ¿Qué opina?

8. Escriba una comparación entre la obra clásica del *Juan Tenorio* de Zorrilla y la de Morton, *Johnny Tenorio*.

Notas

1. un corrido muy mentado: a very well known Mexican popular/traditional song. The play begins with the corrido of "Juan Charrasqueado," a Don Juan type of character in Mexican tradition.

2. Mamasota: (col.) sexy lady

3. ¡Soy señorita!: a formal way to express that she is single and a virgin

4. velorios: wakes

5. Madre de dios! Ruega por nosotros. Y por el alma del difunto.: Mother of God. Pray for us. And for the soul of the one who died.

6. rucas: (col.) babes

7. Órale: (Méx.) Hey!

8. nos cachó cochando: (col.) caught us making out

9. Tan largo me lo fías.: original expression from Zorrilla's *Don Juan Tenorio*, meaning, Do you give me that much time?

10. esquincle: (Méx.) little kid

11. Un hijo mío nunca se raja.: My son never gives up.

12. Los maderos de San Juan: a traditional lullaby based on José Asunción Silva's poem

13. pochos: chicanos

14. La Virgen de Guadalupe . . . Tonantzín: reference to the mix of religious icons in Mexican culture

15. tamales and hot atole: Plato y bebida tradicionales mexicanos que se sirven para celebrar el Día de los Muertos

16. La catrina: La muerte catrina: una alusión a la representación popular de figuras masculinas y femeninas como esqueletos pero bien vestidos, hasta engalanados y risueños. Tradicional del Día de los Muertos y parte del imaginario mexicano.

17. Seguiste la vida chueca.: You followed the twisted/distorted path in life.

18. milpa: Indian corn

19. caporal: foreman, leader

Fig. 20. Cochabamba de noche. Cortesía de Luis Morató.

Capítulo XII

Edmundo Paz Soldán (Bolivia, n. 1967)

Dochera

Actividades de prelectura

1. Consiga crucigramas en español y tráigalos a clase resueltos.

2. Investigue sobre la literatura contemporánea de Bolivia.

3. Busque información sobre "la nueva narrativa latinoamericana" o la generación "McOndo."

Introducción al autor

Edmundo Paz Soldán nació en Cochabamba, Bolivia. Estudió una maestría en ciencias políticas en la Universidad de Alabama en Huntsville y se doctoró en literatura hispanoamericana (Universidad de California en Berkeley, 1997). Actualmente desempeña su labor como profesor de literatura latinoamericana en la Universidad de Cornell. Ha publicado las novelas *Días de papel* (1992), ganadora del premio nacional de novela "Erich Guttentag"; *Alrededor de la torre* (1997), *Río fugitivo* (1998), *Sueños digitales* (2000), *La materia del deseo* (2001) y *El delirio de Turing* (Premio Nacional de Novela, Bolivia, 2002). Entre sus libros de cuentos están *Las máscaras de la nada* (1990), *Desapariciones* (1994), *Amores imperfectos* (1998) y *Simulacros* (1999). Ha editado, con Alberto Fuguet, *Se habla español*, una antología de nueva narrativa latinoamericana (2000). Paz Soldán fue uno de los ganadores del Premio de cuento Juan Rulfo 1998, con el cuento "Dochera," y finalista, con *Río fugitivo*, del Premio de Novela Rómulo Gallegos en 1999.

Paz Soldán forma parte de la nueva narrativa latinoamericana que pretende alejarse del estilo y patrón del realismo mágico y de la narrativa que caracterizó la segunda mitad del siglo XX en los países hispanoamericanos. En contraste con los escritores del Boom, sitúa sus obras en escenarios urbanos y sus temas aluden a las preocupaciones de finales del siglo XX y principios del siglo XXI. La publicación que marcó el surgimiento de esta tendencia fue *McOndo,* una antología de escritores jóvenes latinoamericanos publicada en 1996, treinta años después de *Cien años de soledad* de Gabriel García Márquez.

La escritura de Paz Soldán atrae particularmente a la juventud que se identifica con sus personajes. Los temas de la narrativa de Paz Soldán son variados pero tienen la constante de que parten de la experiencia cotidiana. Sobre su estilo, León Guillermo Gutiérrez afirma, "Protagonista del fin de siglo nos revela las múltiples caretas de nuestra fisonomía interior y las relaciones interpersonales en las que se destacan las familiares y de pareja, cargadas de soledad y desencuentros en que la ausencia de ternura y amor se convierten en el síndrome existencial que nos ha tocado vivir" (6).

Paz Soldán empezó a escribir cuentos desde temprana edad y ha logrado situarse dentro de la narrativa contemporánea con mucho éxito. El escritor nicaragüense Sergio Ramírez describe así su evolución literaria: "De los ejercicios breves que están en *Máscaras de la nada,* Edmundo sale muy bien y se aleja rápidamente de Borges ... Es en *Amores imperfectos,* en los tres últimos cuentos, y para mayores precisiones, en el último de todos, 'Dochera,' que me exalta de entusiasmo porque se trata de un cuento maestro" (14–15).

"Dochera" ha sido en realidad el cuento que le ha dado mayor celebridad a Paz Soldán. "Dochera" trata de un creador de crucigramas que se hace popular a través de su arte. Paz Soldán confiesa que desde joven era un ávido crucigramista y le intrigaba el arte de jugar con las palabras. Este tema lo conduce a la creación de un cuento en el que se alude a la función del artista como metáfora del hacedor o creador de mundos. Javier Sanjinez señala que "by creating the 'holy bastion of the crossword' Paz Soldán parodies the nature of popular culture" (30).

BIBLIOGRAFÍA SELECTA

Fuguet, Alberto, y Sergio Gómez. *McOndo.* Barcelona: Grijalbo-Mondadori, 1996.
Gutiérrez, León Guillermo. "Edmundo Paz Soldán: Premio Juan Rulfo 1998." *El Nacional,* 1 de febrero, 1998, 6.
LaPorte, Nicole. "New Era Succeeds Years of Solitude." *New York Times.* January 4, 2003, A13.
Ramírez, Sergio. "Entre el volcán y el arco." "Prólogo" a *Simulacros: Antología de cuentos,* de Edmundo Paz Soldán, 11–15. La Paz: Santillana, 1999.
Sanjines, Javier. Introduction to *The Fat Man from La Paz,* ed. Rosario Santos, 17–31. New York: Seven Stories Press, 2000.

Dochera

a Piero Ghezzi

Todas las tardes la hija de Inaco se llama Io, Aar es el río de Suiza y Somerset Maugham ha escrito *La luna y seis peniques.* El símbolo químico del oro es Au, Ravel ha compuesto el Bolero y hay puntos y rayas que indican letras. Insípido es soso, las iniciales del asesino de Lincoln son JWB, las casas de campo de los jerarcas rusos son dachas, Puskas es un gran futbolista húngaro, Veronica Lake es una famosa *femme fatale,* héroe de Calama es Avaroa y la palabra clave de *Ciudadano Kane* es Rosebud. Todas las tardes Benjamín Laredo revisa diccionarios, enciclopedias y trabajos pasados para crear el crucigrama que saldrá al día siguiente en El Heraldo de Piedras Blancas. Es una rutina que

Fig. 21. Kiosko de
revistas. Foto de
J. Mayone Stycos.

ya dura años: después del almuerzo, Laredo se pone un apretado terno[1] negro, camisa
de seda blanca, corbata de moño rojo y zapatos de charol que brillan como los charcos
en las calles después de una noche de lluvia. Se perfuma, afeita y peina con gomina, y
luego se encierra en su escritorio con una botella de vino tinto y el concierto de violín
de Mendelssohn en el estéreo para, con una caja de lápices Staedtler de punta fina,
cruzar palabras en líneas horizontales y verticales, junto a fotos en blanco y negro de
políticos, artistas y edificios célebres. Una frase serpentea a lo largo y ancho del
cuadrado,[2] la de Oscar Wilde la más usada, *Puedo resistir a todo menos a las tentaciones.* Una
de Borges es la favorita del momento: *He cometido el peor de los pecados: no fui feliz.* ¡Preclara
belleza de lo que se va creando ante nuestros ojos nunca cansados de sorprenderse!
¡Maravilla de la novedad en la repetición! ¡Pasmo ante el acto siempre igual y siempre
nuevo!

Sentado en la silla de nogal que le ha causado un dolor crónico en la espalda,
royendo la madera astillada del lápiz, Laredo se enfrenta al rectángulo de papel bond
con urgencia, como si en éste se encontrara, oculto en su vasta claridad, el mensaje
cifrado de su destino. Hay momentos en que las palabras se resisten a entrelazarse,[3] en
que un dato orográfico no quiere combinar con el sinónimo de *impertérrito*. Laredo
apura su vino y mira hacia las paredes. Quienes pueden ayudarlo están ahí, en fotos de
papel sepia que parecen gastarse de tanto ser observadas, un marco de plata bruñida
al lado de otro atiborrando[4] los cuatro costados y dejando apenas espacio para un

marco más: Wilhelm Kundt, el alemán de la nariz quebrada (la gente que hace crucigramas es muy apasionada), el fugitivo nazi que en menos de dos años en Piedras Blancas se inventó un pasado de célebre crucigramista gracias a su exuberante dominio del
castellano —decían que era tan esquelético porque sólo devoraba páginas de diccionarios de etimologías en el desayuno, almorzaba sinónimos y antónimos, cenaba galicis-
mos y neologismos —; Federico Carrasco, de asombroso parecido con Fred Astaire, que
descendió en la locura al creerse Joyce e intentar hacer de sus crucigramas reducidas
versiones de *Finnegans Wake;* Luisa Laredo, su madre alcohólica, que debió usar el
seudónimo de Benjamín Laredo para que sus crucigramas abundantes en despreciada
flora y fauna y olvidadas artistas pudieran ganar aceptación y prestigio en Piedras Blancas; su madre, que lo había criado sola (al enterarse del embarazo, el padre de dieciséis
años huyó en tren y no se supo más de él), y que, al descubrir que a los cinco años él ya
sabía que agarradera era *asa* y tasca *bar,* le había prohibido que hiciera sus crucigramas
por miedo a que siguiera su camino. *Cansa ser pobre. Tú serás ingeniero.* Pero ella lo había
dejado cuando cumplió diez, al no poder resistir un feroz *delirium tremens* en el que las
palabras cobraban vida y la perseguían como mastines[5] tras la presa.

Todos los días Laredo mira al crucigrama en estado de crisálida, y luego a las fotos
en las paredes. ¿A quién invocaría hoy? ¿Necesitaba la precisión de Kundt? *Piedra labrada
con que se forman los arcos o bóvedas,* seis letras. ¿El dato entre arcano y esotérico de Carrasco? *Cinematógrafo de John Ford en El Fugitivo,* ocho letras. ¿La diligencia de su madre
para dar un lugar a aquello que se dejaba de lado? *Preceptora de Isabel la Católica, autora
de unos comentarios a la obra de Aristóteles,* siete letras. Alguien siempre dirige su mano
tiznada de carbón al diccionario y enciclopedia correctos (sus preferidos, el de María
Moliner, con sus bordes garabateados, y la Enciclopedia Británica desactualizada pero
capaz de informarlo de árboles caducifolios y juegos de cartas en la alta edad media), y
luego ocurre la alquimia verbal y esas palabras yaciendo juntas[6] de manera incon-
gruente —dictador cubano de los 50, planta dicotiledónea de Centro América, deidad
de los indios Mohauks—, de pronto cobran sentido y parecen nacidas para estar una al
lado de la otra.

Después, Laredo camina las siete cuadras que separan su casa del rústico edificio de
El Heraldo, y entrega el crucigrama a la secretaria de redacción, en un sobre lacrado
que no puede ser abierto hasta minutos antes de ser colocado en la página A14. La secretaria, una cuarentona de camisas floreadas y lentes de cristales negros e inmensos
como tarántulas dormidas, le dice cada vez que puede que sus obras son *joyas para
guardar en el alhajero de los recuerdos,*[7] y que ella hace unos tallarines con pollo *para chuparse los dedos,*[8] y a él no le vendría mal *un paréntesis en su admirable labor.* Laredo murmura unas disculpas, y mira al suelo. Desde que su primera y única novia lo dejó a los
dieciocho años por un muy premiado poeta maldito —o, como él prefería llamarlo, un
maldito poeta—, Laredo se había pasado la vida mirando al suelo cuando tenía alguna
mujer cerca suyo. Su natural timidez se hizo más pronunciada, y se recluyó en una vida
solitaria, dedicada a sus estudios de arqueología (abandonados al tercer año) y al laberinto intelectual de los crucigramas. La última década pudo haberse aprovechado de

su fama en algunas ocasiones, pero no lo hizo porque él, ante todo, era un hombre
muy ético.

Antes de abandonar el periódico, Laredo pasa por la oficina del editor, que le entrega su cheque entre calurosas palmadas en la espalda. Es su única exigencia: cada crucigrama debe pagarse el día de su entrega, excepto los del sábado y el domingo, que se
pagan el lunes. Laredo inspecciona el cheque a contraluz, se sorprende con la suma a
pesar de conocerla de memoria. Su madre estaría muy orgullosa de él si supiera que
podía vivir de su arte. *Debiste haber confiado más en mí, mamá.* Laredo vuelve al hogar con
paso cansino, rumiando posibles definiciones para el siguiente día. Pájaro extinguido,
uno de los primeros reyes de Babilonia, país atacado por Pedro Camacho en *La tía Julia
y el escribidor,* isótopo radiactivo de un elemento natural, civilización contemporánea de
la nazca en la costa norte del Perú, aria de Verdi, noveno mes del año lunar musulmán,
tumor producido por la inflamación de los vasos linfáticos, instrumento romo, rebelde
sin causa.

Ese atardecer, Benjamín Laredo volvía a casa más alegre de lo habitual. Todo le
parecía radiante, incluso el mendigo sentado en la acera con la descoyuntada[9] *cintura
ósea que termina por la parte inferior del cuerpo humano* (seis letras), y el adolescente que
apareció de improviso en una esquina, lo golpeó al pasar y tenía una grotesca *promi-
nencia que forma el cartílago tiroides en la parte anterior del cuello* (cuatro letras). Acaso era
el vino italiano que había tomado ese día para celebrar el fin de una semana especial
por la calidad de sus cuatro últimos crucigramas. El del miércoles, cuyo tema era el *film
noir* —con la foto de Fritz Lang en la esquina superior izquierda y a su lado derecho la
del autor de *Double Indemnity* —, había motivado numerosas cartas de felicitación. *Estimado señor Laredo: le escribo estas líneas para decirle que lo admiro mucho, y que estoy pensando
en dejar mis estudios de ingeniería industrial para seguir sus pasos. Muy Apreciado: Ojalá que
Sigas con los Crucigramas Temáticos. ¿Que Tal Uno que Tenga como Tema las Diversas Formas de
Tortura Inventadas por los Militares Sudamericanos en el Siglo XX?* Laredo palpaba las cartas
en su bolsillo derecho y las citaba de corrido como si estuviera leyéndolas en Braille.
¿Estaría ya a la altura de Kundt? ¿Había adquirido la inmortalidad de Carrasco? ¿Lograba superar a su madre para así recuperar su nombre? Casi. Faltaba poco. Muy poco.
Debía haber un premio Nobel para artistas como él: hacer crucigramas no era menos
complejo y trascendental que escribir un poema. Con la delicadeza y la precisión de un
soneto, las palabras se iban entrelazando de arriba a abajo y de izquierda a derecha
hasta formar un todo armonioso y elegante. No se podía quejar: su popularidad era tal
en Piedras Blancas que el municipio pensaba bautizar una calle con su nombre. Nadie
ya leía a los poetas malditos, y menos a los *malditos poetas,* pero prácticamente todos en
la ciudad, desde ancianos beneméritos hasta gráciles Lolitas[10] —*obsesión de Humbert
Humbert, personaje de Nabokov, Sue Lyon en la pantalla gigante* —, dedicaban al menos una
hora de sus días a intentar resolver sus crucigramas. Más valía el reconocimiento popular en un arte no valorado que una multitud de premios en un campo tomado en cuenta
sólo por unos pretenciosos estetas,[11] incapaces de reconocer el aire de los tiempos.

En la esquina a una cuadra de su casa una mujer con un abrigo negro esperaba un taxi (*piel usada para la confección de abrigos,* cinco letras). Las luces del alumbrado público se encendieron, su fulgor anaranjado reemplazando pálidamente la perdida luz del atardecer. Laredo pasó al lado de la mujer; ella volcó la cara y lo miró. Era joven, de edad indefinida: podía tener diecisiete o treinta y cinco años. Tenía un mechón de pelo blanco que le caía sobre la frente y le cubría el ojo derecho. Laredo continuó la marcha. Se detuvo. Ese rostro . . .

Un taxi se acercaba. Giró y le dijo:

—Perdón. No es mi intención molestarla, pero . . .

—Pero me va a molestar.

—Sólo quería saber su nombre. Me recuerda a alguien.

—Dochera.

—¿Dochera?

—Disculpe. Buenas noches.

El taxi se había detenido. Ella subió y no le dio tiempo de continuar la charla. Laredo esperó que el destartalado Ford Falcon se perdiera antes de proseguir su camino. Ese rostro . . . ¿a quién le recordaba ese rostro?

Se quedó despierto hasta la madrugada, dando vueltas en la cama con la luz de su velador encendida, explorando en su prolija memoria en busca de una imagen que correspondiera de algún modo con la nariz aguileña,[12] la tez morena y la quijada prominente, la expresión entre recelosa y asustada. ¿Un rostro entrevisto en la infancia, en una sala de espera en un hospital, mientras, de la mano de su abuelo, esperaba que le informaran que su madre había vuelto de la inconsciencia alcohólica? ¿En la puerta del cine de barrio, a la hora de la entrada triunfal de las chicas de minifaldas rutilantes, de la mano de sus parejas? Aparecía la imagen de senos inverosímiles de Jayne Mansfield, que había recortado de un periódico y colado en una página de su cuaderno de matemáticas, la primera vez que había intentado hacer un crucigrama, un día después del entierro de su madre. Aparecían rubias y de pelo negro oloroso a manzana, morenas hermosas gracias al desparpajo de la naturaleza o a los malabares del maquillaje,[13] secretarias de rostros vulgares y con el encanto o la insatisfacción de lo ordinario, mujeres de la realeza y desconocidas con las que se había cruzado por la calle, la piel no tocada varios días por el agua.

La luz se filtraba, tímida, entre las persianas de la habitación cuando apareció la mujer madura con un mechón blanco sobre la cabeza. La dueña de *El palacio de las princesas dormidas,* la revistería del vecindario donde Laredo, en la adolescencia, compraba los Siete Días y Life de donde recortaba las fotos de celebridades para sus crucigramas. La mujer que se le acercó con una mano llena de anillos de plata al verlo ocultar con torpe disimulo, en una esquina del recinto oloroso a periódicos húmedos, una Life entre los pliegues de la chamarra[14] de cuero marrón.

—¿Cómo te llamas?

Lo agarraría y lo denunciaría a la policía. Un escándalo. En su cama, Laredo revivía el vértigo de unos instantes olvidados durante tantos años. Debía huir.

—Te he visto muchas veces por aquí. ¿Te gusta leer?

—Me gusta hacer crucigramas.

Era la primera vez que lo decía con tanta convicción. No había que tenerle miedo a nada. La mujer abrió sus labios en una sonrisa cómplice, sus mejillas se estrujaron como papel.

—Ya sé quién eres. Benjamín. Como tu madre, Dios la tenga en su gloria. Espero que no te guste hacer otras cosas tontas como ella.

La mujer le dio un pellizco tierno en la mejilla derecha. Benjamín sintió que el sudor se escurría por sus sienes. Apretó la revista contra su pecho.

—Ahora lárgate, antes de que venga mi esposo.

Laredo se marchó corriendo, el corazón apresurado como ahora, repitiéndose que nada le gustaba más que hacer crucigramas. *Nada.* Desde entonces no había vuelto a *El palacio de las princesas dormidas* por una mezcla de vergüenza y orgullo. Había incluso dado rodeos para no cruzar por la esquina y toparse con la mujer. ¿Qué sería de ella? Sería una anciana detrás del mostrador de la revistería. O quizás estaría cortejando a los gusanos en el cementerio municipal. Laredo repitió, su cuerpo fragmentado en líneas paralelas por la luz del día: *nada me más que. Nada.* Debía pasar la página, devolver a la mujer al olvido en que la tenía prisionera. Ella no tenía nada que ver con su presente. El único parecido con Dochera era el mechón blanco. *Dochera,* susurró, los ojos revoloteando[15] por las paredes desnudas de la habitación. *Do-che-ra.*

Era un nombre extraño. ¿Dónde podría volver a encontrarla? Si había tomado el taxi tan cerca de su casa, acaso vivía a la vuelta de la esquina: se estremeció al pensar en esa hipotética cercanía, se mordió las uñas ya más que mordidas. Lo más probable, sin embargo, era que ella hubiera estado regresando a su casa después de visitar a alguna amiga. O a familiares. ¿A un amante?

Al día siguiente, incluyó en el crucigrama la siguiente definición: *Mujer que espera un taxi en la noche, y que vuelve locos a los hombres solitarios y sin consuelo.* Siete letras, segunda columna vertical. Había transgredido sus principios de juego limpio y su responsabilidad para con sus seguidores. Si las mentiras que poblaban las páginas de los periódicos, en las declaraciones de los políticos y los funcionarios de gobierno, se extendían al reducto sagrado[16] de las palabras cruzadas, estables en su ofrecimiento de verdades fáciles de comprobar con una buena enciclopedia, ¿qué posibilidades existían para que el ciudadano común se salvara de la generalizada corrupción? Laredo había dejado en suspensión esos dilemas morales. Lo único que le interesaba era enviar un mensaje a la mujer de la noche anterior, hacerle saber que estaba pensando en ella. La ciudad era muy chica, ella debía haberlo reconocido. Imaginó que ella, al día siguiente, haría el crucigrama en la oficina en la que trabajaba, y se encontraría con ese mensaje de amor que la haría sonreír. *Dochera,* escribiría con lentitud, paladeando el momento, y luego llamaría al periódico para avisar que había recibido el mensaje, podían tomar un café una de esas tardes.

Esa llamada no llegó. Sí, en cambio, las de muchas personas que habían intentado infructuosamente resolver el crucigrama y pedían ayuda o se quejaban de su dificultad. Cuando, un día después, fue publicada la solución, la gente se miró incrédula.

¿Dochera? ¿Quién había oído hablar de Dochera? Nadie se animó a preguntarle o discutirle a Laredo: si él lo decía, era por algo. No por nada se había ganado el apodo de Hacedor. El Hacedor sabía cosas que la demás gente no conocía.

Laredo volvió a intentar con: *Turbadora y epifánica aparición nocturna, que ha convertido un solitario corazón en una suma salvaje y contradictoria de esperanzas y desasosiegos.*[17] Y *De noche, todos los taxis son pardos, y se llevan a la mujer de mechón blanco, y con ella mi órgano principal de circulación de la sangre. Y: A una cuadra de la Soledad, al final de la tarde, hubo el despertar de un mundo.* Los crucigramas mantenían la calidad habitual, pero todos, ahora, llevaban inserta, como una cicatriz que no acababa de cerrarse,[18] una definición que remitiera al talismánico nombre de siete letras. Debía parar. No podía. Hubo algunas críticas; no le interesaba (*autor de El criticón*, siete letras). Sus seguidores se fueron acostumbrando, y comenzaron a ver el lado positivo: al menos podían comenzar a resolver el crucigrama con la seguridad de tener una respuesta correcta. Además, ¿no eran los genios extravagantes? Lo único diferente era que a Laredo le había tomado veinticinco años encontrar su lado excéntrico. Al Beethoven de Piedras Blancas bien podían permitírsele acciones que se salían de lo acostumbrado.

Hubo cincuenta y siete crucigramas que no encontraron respuesta. ¿Se había esfumado[19] la mujer? ¿O es que Laredo se había equivocado en el método? ¿Debía rondar todos los días la esquina de su casa, hasta volverse a encontrar con ella? Lo había intentado tres noches, la gomina[20] Lord Cheseline refulgiendo en su cabellera como si se tratara de un ángel en una fallida encarnación mortal. Se sintió ridículo y vulgar acosándola como un asaltante. También había visitado, sin suerte, las compañías de taxis en la ciudad, tratando de dar con los taxistas de turno aquella noche (las compañías no guardaban las listas, hablaría con el director del periódico, alguien debía escribir un editorial al respecto). ¿Poner un aviso de una página en El Heraldo, describiendo a Dochera y ofreciendo dinero al que pudiera darle información sobre su paradero? Pocas mujeres debían tener un mechón de pelo blanco, o un nombre tan singular. No lo haría. No había publicidad superior a la de sus crucigramas: ahora toda la ciudad, incluso quienes no hacían crucigramas, sabía que Laredo estaba enamorado de una mujer llamada Dochera. Para ser un tímido enfermizo, Laredo ya había hecho mucho (cuando la gente le preguntaba quién era ella, él bajaba la mirada y murmuraba que en una tienda de libros usados había encontrado una invaluable y ya agotada enciclopedia de los Hititas).

¿Y si la mujer le había dado un nombre falso? Esa era la posibilidad más cruel.

Una mañana, se le ocurrió visitar el vecindario de su adolescencia, en la zona noroeste de la ciudad, profusa en sauces llorones.[21] El entrecruzamiento de estilos creaba una zona de abigarradas temporalidades.[22] Las casonas de patios interiores coexistían con modernas residencias, el kiosko del Coronel, con su vitrina de anticuados frascos de farmacia para los dulces y las *gomas de mascar perfumadas* (siete letras), estaba al lado de una peluquería en la que se ofrecía *manicura para ambos sexos*. Laredo llegó a la esquina donde se encontraba la revistería. El letrero de elegantes letras góticas, colgado sobre una corrediza puerta de metal, había sido sustituido por un basto anuncio de cerveza, bajo el cual se leía, en letras pequeñas, *Restaurante El palacio de las princesas.* Laredo asomó la cabeza por la puerta. Un hombre descalzo y en pijamas azules trapeaba el piso de mosaicos de diseños árabes. El lugar olía a detergente de limón.

—Buenos días.

El hombre dejó de trapear.

—Perdone . . . Aquí antes había una revistería.

—No sé nada. Sólo soy un empleado.

—La dueña tenía un mechón de pelo blanco.

El hombre se rascó la cabeza.

—Si es en la que estoy pensando, murió hace mucho. Era la dueña original del restaurante. Fue atropellada por un camión distribuidor de cervezas, el día de la inauguración.

—Lo siento.

—Yo no tengo nada que ver. Sólo soy un empleado.

—¿Alguien de la familia quedó a cargo?

—Su sobrino. Ella era viuda, y no tenía hijos. Pero el sobrino lo vendió al poco tiempo, a unos argentinos.

—Para no saber nada, usted sabe mucho.

—¿Perdón?

—Nada. Buenos días.

Laredo se marchó con paso apurado.

Esa tarde, escribía el crucigrama cincuenta y ocho de su nuevo período cuando se le ocurrió una idea. Estaba en su escritorio con un traje negro que parecía haber sido hecho por un sastre ciego (los lados desiguales, un corte diagonal en las mangas), la corbata de moño rojo y una camisa blanca manchada por gotas del vino tinto que tenía en la mano —Merlot, Les Jamelles —. Había treinta y siete libros de referencia apilados en el suelo y en la mesa de trabajo; los violines de Mendelssohn acariciaban sus lomos y sobrecubiertas ajadas. Hacía tanto frío que hasta Kundt, Carrasco y su madre parecían tiritar en las paredes. Con un Staedtler en la boca, Laredo pensó que la demostración de su amor había sido repetitiva e insuficiente. Acaso Dochera quería algo más. Cualquiera podía hacer lo que él había hecho; para distinguirse del resto, debía ir más allá de sí mismo. Utilizando como piedra angular la palabra Dochera, debía crear un mundo. Afluente del Ganges, cuatro letras: *Mars.* Autor de *Todo verdor perecerá,* ocho letras: *Manterza.* Capital de Estados Unidos, cinco letras: *Deleu.* Romeo y . . . seis letras: *Senera.* Dirigirse, tres letras: *lei.* Colocó las cinco definiciones en el crucigrama que estaba haciendo. Había que hacerlo poco a poco, con tiento.

Adolescentes en los colegios, empleados en sus oficinas y ancianos en las plazas se miraron con asombro: ¿se trataba de un error tipográfico? Al día siguiente descubrieron que no. Laredo se había pasado de los límites, pensaron algunos, rumiando la rabia de tener entre sus manos un crucigrama de imposible resolución. Otros aplaudieron los cambios: eso hacía más interesantes las cosas. *Sólo lo difícil era estimulante* (dos palabras, diez letras). Después de tantos años, era hora de que Laredo se renovara: ya todos conocían de memoria su repertorio, sus trucos de viejo malabarista verbal. El Heraldo comenzó a publicar, aparte del crucigrama de Laredo, uno normal para los descontentos. El crucigrama normal fue retirado once días después.

La furia nominalista del Beethoven de Piedras Blancas se fue acrecentando a medida que pasaban los días y no oía noticias de Dochera. Sentado en su silla de nogal noche tras noche, fue destruyendo su espalda y construyendo un mundo, superponiéndolo al que ya existía y en el que habían colaborado todas las civilizaciones y los siglos que confluían, desde el origen de los tiempos, en un escritorio desordenado en Piedras Blancas. ¡Preclara belleza de lo que se va creando ante nuestros ojos nunca cansados de sorprenderse! ¡Maravilla de la novedad en la novedad! ¡Pasmo ante el acto siempre nuevo y siempre nuevo! Se veía bailando los aires de una rondalla en el Cielo de los Hacedores — en el que los Crucigramistas ocupaban el piso más alto, con una vista privilegiada del Jardín del Paraíso, y los Poetas el último piso—, de la mano de su madre y mientras Kundt y Carrasco lo miraban de abajo arriba. Se veía desprendiéndose de la mano de su madre, convirtiéndose en una figura etérea que ascendía hacia una cegadora fuente de luz.

La labor de Laredo fue ganando en detalle y precisión mientras sus provisiones de papel bond y Staedtlers se acababan más rápido que de costumbre. La capital de Venezuela, por ejemplo, había sido primero bautizada como Senzal. Luego, el país del cual Senzal era capital había sido bautizado como Zardo. La capital de Zardo era ahora Senzal. Los héroes que habían luchado en las batallas de la independencia del siglo pasado fueron rebautizados, así como la orografía y la hidrografía de los cinco continentes, y los nombres de presidentes, ajedrecistas, actores, cantantes, insectos, pinturas, intelectuales, filósofos, mamíferos, planetas y constelaciones. Cima era *ruda*, sima era *redo*. Piedras Blancas era *Delora*. Autor de *El mercader de Venecia* era Eprinip Eldat. Famoso creador de crucigramas era Bichse. Especie de chaleco ajustado al cuerpo era *frantzen*. Objeto de paño que se lleva sobre el pecho como signo de piedad era *vardelt*. Era una labor infinita, y Laredo disfrutaba del desafío. La delicada pluma de un ave sostenía un universo.

El atardecer doscientos tres, Laredo volvía a casa después de entregar su crucigrama. Silbaba *La cavalleria rusticana* desafinando. Dio unos pesos al mendigo de la *doluth* descoyuntada. Sonrió a una anciana que se dejaba llevar por la correa de un pekinés tuerto (¿pekinés? ¡zendala!). Las luces de sodio del alumbrado público parpadeaban como gigantescas luciérnagas (¡erewhons!). Un olor a hierbabuena escapaba de un jardín en el que un hombre calvo y de expresión melancólica regaba las plantas. *En algunos años, nadie recordará los verdaderos nombres de esas buganvillas y geranios,* pensó Laredo.

En la esquina a cinco cuadras de su casa una mujer con un abrigo negro esperaba un taxi. Laredo pasó a su lado; ella volcó la cara y lo miró. Era joven, de edad indefinida. Tenía un mechón de pelo blanco que le caía sobre la frente y le cubría el ojo izquierdo.

La nariz aguileña, la tez morena y la quijada prominente,[23] la expresión entre recelosa y asustada.

Laredo se detuvo. Ese rostro . . .

Un taxi se acercaba. Giró y le dijo:

—Usted es Dochera.

—Y usted es Benjamín Laredo.

El Ford Falcon se detuvo. La mujer abrió la puerta trasera y, con una mano llena de anillos de plata, le hizo un gesto invitándolo a entrar.

Laredo cerró los ojos. Se vio robando ejemplares de Life en *El palacio de las princesas dormidas.* Se vio recortando fotos de Jayne Mansfield, y cruzando definiciones horizontales y verticales para escribir en un crucigrama *Puedo resistir a todo menos a las tentaciones.* Vio a la mujer del abrigo negro esperando un taxi aquel lejano atardecer. Se vio sentado en su silla de nogal decidiendo que el afluente del Ganges era una palabra de cuatro letras. Vio el fantasmagórico curso de su vida: una pura, asombrosa, translúcida línea recta.

¿Dochera? Ese nombre también debía ser cambiado. *¡Mukhtir!*

Se dio la vuelta. Prosiguió su camino, primero con paso cansino, luego a saltos, reprimiendo sus deseos de volcar la cabeza, hasta terminar corriendo las dos cuadras que le faltaban para llegar al escritorio en el que, en las paredes atiborradas de fotos, un espacio lo esperaba.

Comprensión del texto

1. ¿A qué se refiere el narrador en las primeras líneas del texto?

2. ¿Cuál es el tema principal del cuento y cómo se desarrolla?

3. Existen varios niveles de narración en el cuento. Identifíquelos.

4. Describa al personaje principal, Laredo. ¿Qué tipo de vida lleva? ¿Qué circunstancias hacen que cambie su rutina?

5. ¿Es el oficio de Laredo un arte?

6. ¿Quién es la mujer misteriosa que se encuentra con el crucigramista y cuál es la relación que se establece?

7. ¿Por qué Laredo se gana el apodo de El Hacedor? ¿Qué significados hay en ese término?

8. ¿Quiénes son Kundt y Carrasco?

9. ¿Cuál es el desafío que se plantea Laredo?

10. Analice las claves que se detectan en el cuento y el significado del desenlace.

11. ¿Qué significa el título del cuento? ¿Qué importancia tiene el término "Dochera"?

Actividades

1. Analice y discuta los significados y mensajes de los siguientes fragmentos del cuento:

   "Utilizando como piedra angular la palabra Dochera, debía crear un mundo."

   "¡Preclara belleza de lo que se va creando ante nuestros ojos nunca cansados de sorprenderse! ¡Maravilla de la novedad en la repetición! ¡Pasmo ante el acto siempre igual y siempre nuevo!"

2. El crucigramista del cuento juega con las palabras. Siguiendo este patrón, trate de crear otras palabras con las letras de "Dochera." Descubra las posibles claves y significados que se apliquen al cuento.

3. Componga individualmente o en grupo un crucigrama. Alternativamente consiga en el Internet o en archivos de prensa un crucigrama del diario *El comercio* de Perú, en los que se basó el autor para su cuento.

4. Describa al personaje Benjamín Laredo. Haga uso de vocabulario nuevo.

Comprensión del video

1. ¿De dónde surge la idea del cuento "Dochera" y qué representa?

2. ¿Con quién se relaciona el personaje del cuento y qué coincidencias hay entre los dos?

3. ¿A qué lugar específico corresponde Piedras Blancas?

4. ¿Qué dice Paz Soldán sobre el artista y la creación de mundos?

5. ¿En qué forma el cuento es una metáfora?

6. ¿Cuál es la función del escritor/artista según Paz Soldán? ¿Es válida la ambición del escritor de aislarse en una torre de marfil?

7. ¿Cuál es la clave del final del cuento, según el autor? y ¿cuál es su propia interpretación?

Para comentar y escribir

1. En el cuento hay referencia al artista como "hacedor" (cuya fuente alude al relato de Jorge Luis Borges, del mismo título). Desde esta perspectiva discuta la función del personaje Laredo como artista, creador de mundos. Analice la decisión que toma al final.

2. Compare el texto "Dochera" con otro cuento de la antología, y contraste el uso de simbolismos dentro del texto para transmitir un mensaje. Por ejemplo, el cuadro

de "La condena" (Cristina Peri Rossi), la creación de un mundo utópico de *Waslala*
(Gioconda Belli) o el uso de la comida en "Marina y su olor" (Mayra Santos Febres).

3. A partir de la siguiente frase desarrolle un final distinto para el cuento "Dochera,"
"El Ford Falcon se detuvo. La mujer abrió la puerta trasera y, con una mano llena
de anillos de plata, le hizo un gesto invitándolo a entrar."

4. Escriba un resumen de la entrevista con Edmundo Paz Soldán e identifique los
comentarios que complementan la interpretación del cuento.

Notas

1. terno: traje de dos piezas para hombre (suit)
2. una frase serpentea a lo largo y ancho del cuadrado: a phrase wriggles across the width and length of the box
3. las palabras que se resisten entrelazarse: words that refuse to interlock
4. atiborrando: crowding
5. mastines: mastiffs
6. yaciendo juntas: lying side by side
7. alhajero de los recuerdos: jewelry box of memories
8. para chuparse los dedos: that would make you lick your fingers
9. descoyuntada: dislocated
10. desde ancianos beneméritos hasta gráciles Lolitas: from honorable old men to graceful Lolitas
11. pretenciosos estetas: pretentious aesthetes, e.g., those whose appreciation of beauty is thought to be affected or excessive
12. nariz aguileña: aquiline nose
13. morenas hermosas gracias al desparpajo de la naturaleza o a los malabares del maquillaje: brunettes beautiful thanks to the impudence of nature or tricks of makeup
14. chamarra: jacket
15. revoloteando: fluttering
16. reducto sagrado: sacred stronghold, holy bastion
17. desasosiegos: anxiety
18. como una cicatriz que no acababa de cerrarse: like a scar that would not heal
19. se había esfumado: had disappeared
20. gomina: pomade, haircream
21. sauces llorones: weeping willows
22. abigarradas temporalidades: motley temporalities
23. quijada prominente: prominent jaw

Fig. 22. Plaza de España. Monumento a Cervantes. Foto de E. Sánchez-Blake.

Capítulo XIII

Paloma Díaz-Mas (España, n. 1954)

El sueño de Venecia (fragmento)

Actividades de prelectura

1. Investigue sobre la literatura picaresca en España y el momento histórico y social en que surgió.

2. Busque cuándo fueron establecidos los tribunales de la Inquisición en España y con qué propósito.

Introducción al autor

Paloma Díaz-Mas nació y se crió en Madrid; allí se doctoró en filología y se licenció en periodismo. Actualmente trabaja en el Centro Superior de Investigaciones después de desempeñar una labor académica en el País Vasco, Vitoria, donde impartió clases de literatura española del Siglo de Oro y de literatura sefardí en la Facultad de Filología y Geografía e Historia. A los diecinueve años publicó su primera obra, *Biografías de genios, traidores, sabios y suicidas según antiguos documentos* (1973). Como especialista en literatura sefardí ha publicado diversos trabajos científicos y el ensayo *Los sefardíes: Historia, lengua, cultura,* (finalista del Premio Nacional de Ensayo, 1986). Entre 1988 y 1990 vivió varios meses en Eugene, Oregon, de donde surgió una colección de narraciones cortas, *Una ciudad llamada Eugenio* (1992), que presentan con cierto distanciamiento e ironía sus reflexiones sobre la vida cotidiana en el Oeste de los Estados Unidos. En *El rapto del Santo Grial* (1984) combina dos tonos: el legendario-mítico y el nostálgico-irónico. La autora crea una historia ambientada en la Edad Media inspirada en la literatura artúrica y de caballería, el romancero tradicional y narraciones folklóricas.

El sueño de Venecia (ganadora, Premio Herralde de Novela, 1992) gira alrededor de un barrio madrileño de la Calle de la Corredera baja, cercano a la Plaza de España, vecindario donde ha vivido la propia autora y de donde tiene memorias tempranas. El hilo conductor es un cuadro, pintado por un esclavo liberto hacia 1665, que representa a doña Gracia de Mendoza, célebre cortesana, y a su esposo, Pablo de la Corredera, el día de su boda. La historia del óleo es tan convincente debido al uso magistral del lenguaje por la autora que es fácil olvidarse de que sólo es una invención suya. En esta novela,

Paloma Díaz-Mas luce su capacidad de usar diferentes discursos y evocar épocas que abarcan tres siglos. En el primer capítulo, "Carta mensajera," Pablo narra en primera persona la historia de su vida. Sirviéndose de su profundo conocimiento de la novela picaresca, Díaz-Mas evoca la narración de *La vida de Lazarillo de Tormes y de sus fortunas y adversidades* (1554), el prototipo de la novela picaresca, donde el protagonista, el pícaro Lázaro, narra su vida desde su difícil adolescencia hasta la madurez y el casamiento. Como en el caso de Lázaro, Pablo de la Corredera y Doña Gracia adoptan una vida "honrada" que encubre su pasado oscuro.

La trama se entrelaza con temas históricos válidos hasta nuestros días: la Inquisición, el tratamiento de los judíos e individuos transgresores de los valores sociales de la época, la jerarquía social, la relación hombre-mujer. Al final de la novela se aclara que Doña Gracia, hija adolescente de una familia de mercaderes ricos sevillanos, fue traída a Madrid por el rey como su amante. En una entrevista con Ofelia Ferrán, Díaz-Mas explica que el nombre de Gracia de Mendoza fue inspirado por Gracia Méndez, una sefardí conversa del siglo XVI (337). Más que a la historia, sin embargo, Díaz-Mas invita al lector a examinar críticamente la historiografía, o sea, la manera en que inscribimos el pasado. La crítica académica reconoce que en Díaz-Mas "el retorno al pasado de la ficción historiográfica no es nostálgico, sino que, al contrario, cuestiona sus contradicciones y paradojas y, al hacerlo, pone también en tela de juicio, el presente" (Juana Amelia Hernández, 454). La obra de Díaz-Mas puede caracterizarse como posmoderna. Apoyándose en las teorías de Linda Hutcheon, Hernández subraya que los rasgos distintivos de la ficción posmoderna son entre otros, "distanciamiento irónico y uso persistente del diálogo paródico con el pasado" (450), características sobresalientes de la escritura de Paloma Díaz-Mas.

BIBLIOGRAFÍA SELECTA

Ferrán, Ofelia. "La escritura y la historia. Entrevista con Paloma Díaz-Mas." *Anales de la Literatura Española Contemporánea* 22, no. 2 (1997): 327–489.
Hernández, Juana Amelia. "La Postmodernidad en la Ficción de Paloma Díaz-Mas." *Romance Language Annual* 2 (1990): 450–54.
Hutcheon, Linda. *A Poetics of Postmodernism*. New York and London: Routledge, 1988.

El sueño de Venecia (fragmento)

Prólogo

Vi entonces aparecer ante mis ojos una Doncella de peregrina[1] hermosura, aunque ciega. Guiábala[2] un Viejo venerable, el cual en su mano izquierda portaba un cedazo.[3] Apenas hubieron llegado a la ribera del río de la Historia, cuando la Doncella se inclinó muy graciosamente y a tientas[4] comenzó a tomar grandes puñados de las arenas de oro

Fig. 23. Salón del
tapiz. Foto de
R. W. Blake.

que allí había, y a echarlas en el cedazo con mucha diligencia; y el Viejo cernía[5] aquella arena como quien ahecha. Mas como el oro era menudo y la criba gruesa,[6] íbasele el
oro por el cedazo al río y tornaba a perderse en las aguas, mientras que él se quedaba
sólo con los gruesos guijarros[7] que entre la arena había, los cuales guardaba en su zurrón[8] como cosa de mucha estima.

Demandé al Desengaño,[9] mi guía, cuál era el enigma de aquella vista, y él me respondió con muy gentil y grave continente:

—Has de saber que esta Doncella, tan hermosa como desdichada es la Verdad; a la
cual los dioses, allende la crueldad de hacerla ciega, diéronla otra grave pena, y es la de
no ser nunca creída; testigo de lo cual es aquella profetisa Casandra,[10] que cuanto
mayor verdad profetizaba menos era creída por los de Troya. Mas porque no se des-
peñase ni desapareciese del todo del mundo, otorgaron los dioses a la Verdad ese viejo
como destrón,[11] el cual es el Error, que nunca se separa un punto de ella y siempre la
guía. El cedazo que lleva es la humana Memoria, que, como criba que es, retiene lo
grueso y deja escapar lo sutil.

Esteban Villegas.
República del Desengaño,
Sevilla, 1651

El sueño de Venecia

Capítulo I

CARTA MENSAJERA

Yo, señor, nací, como quien dice, en la calle corredera[12] que llaman de San Pablo y en ella crecí mis primeros años. Por el santo de la calle bautizáronme Pablo y con el correr del tiempo diéronme todos en llamar Pablillos y apellidar de Corredera por andar yo siempre en ella; y hasta hoy los que me conocen llámanme Pablillos de Corredera los que poco honor me hacen, y Pablo a secas los que me tratan como a hombre de bien.[13]

Por esto conocerá vuesa merced que no he sabido qué cosa era tener padre ni madre, que nací como del aire y del aire y en el aire he vivido mis días. Quiénes pudieron ser los que me echaron al mundo nunca lo he sabido ni ahora curo de lo saber: sólo sé que a él me echaron, que no puede decirse que en el mundo me pusieron ni me colocaron, sino que propiamente me arrojaron a él y caí donde a Dios plugo.

De chiquitillo gustaba de pensar que habría sido mi madre alguna señora de calidad que, por encubrir[14] una deshonra, me abandonaría como luego contaré; y hasta a veces me gozaba pensando que quizás era hijo de reyes: vea vuesa merced qué simple necedad la mía —o, por mejor decir, la del muchacho que fui—, pues qué se le da al hombre ser hijo de reyes si nace y vive como hijo de mendigos; y, si mejora en su estado, ¿qué cuenta le hace venir de príncipes o de ruines,[15] si él se huelga[16] y come y bebe como si príncipe fuera?

Aunque nada sé de mi padre y madre, sí sé cuál fue la primera persona que amorosamente me tomó en sus brazos. Llamábase don Luis de Chacón y de él es el nombre casi el único recuerdo que tengo; su cara apenas la vi dos o tres veces y no tengo de ella sino una mancha en la memoria: parecióme rubio y mostachudo, mas no podría asegurarlo. De su talle sé algo más: era muy alto —o así parecíamelo a mí cuando era yo chico— y se preciaba de pulido; llevaba —que parece que ahora la veo— una muy rica cadena de oro al cuello. Con él hablé no más de dos veces, o mejor hablóme él a mí, que yo de asustado y vergonzoso de verme ante él, como niño que era y poco usado a andar entre personas de calidad, nunca supe decirle nada. Visitóme tres o cuatro veces en el hospital de pobres[17] del Refugio y la Piedad, donde por su intercesión estaba yo recogido y donde pasé los primeros años de esta mi vida terrena.

Allí habíanme contado muchas veces cómo ocurrió el caso de mi hallazgo, que todos lo sabían. Sucedió que don Luis de Chacón, que a más de noble y rico era caritativo y piadoso, salió una noche como solía a hacer la ronda de pan y huevo[18] con la Hermandad del Refugio y la Piedad, de la que era muy estimado socio. Iba delante un criado con un farol encendido alumbrando las oscuras calles, y detrás los tres o cuatro caballeros que hacían la ronda aquella noche, con sus espadas al cinto por lo que pudiera pasar, y más atrás los dos criados llevando las grandes cestas con los pedazos de pan y los huevos cocidos para dar a los menesterosos que hallaran durmiendo mal acogidos en las calles —costumbre piadosísima que aún hoy dura— y, ya de vuelta para el hospital del Refugio de donde habían salido con las cestas llenas y volvían casi vacíos, oyeron como un vagido de animal chico. Pararon el oído y unos decían ser aquello maullido de gato, y otros crujido de algún postigo mal cerrado, y otros llanto de criatura. Mandó don Luis al criado que iluminase hacia la parte de donde el ruido venía, y no hallaron gato ni postigo, sino un mal envuelto hato de ropas y telas de fardel y en el interior un niño recién nacido y casi muerto del hambre y del frío. Tomóme don Luis en sus propios brazos —que de piedad que tenía no consintió que me tomase algún criado— y llevóme al hospital del Refugio que en tiempos llamaron de portugueses y hoy es de alemanes, dejando una limosna para que allí fuese criado.

Pasóse mi infancia primera como imaginarse puede: amamantéme[19] según cuentan de la leche de una infeliz moza de dieciséis años que en el hospital, sola de todos, había malparido una criatura que nació muerta. Imagínome que para ella fue alegría y consuelo tenerme en los brazos. Yo no me acuerdo de ella, porque o murió o marchó antes que yo pudiera darme cuenta. Todos mis primeros años son como de humo, que se sabe que existe pero ni se palpa ni se conoce cuál sea su forma y tamaño.

Los primeros recuerdos de mi infancia son de mis brincos y juegos en las salas y corredores del hospital. Conocíanme los enfermos, llamábanme los dolientes, brincábanme los miserables. Eran mis juguetes las vendas y las bacinillas;[20] los sudores de la fiebre y los humores corrompidos de la enfermedad, mi primer sahumerio; cinco años o más comí la sopa de los pobres dolientes allí recogidos y con cuatro puñados de gachas, algo de pimentón, un hueso de vaca, un puñado de sal y mucho agua de la fuente adobábase allí pitanza para veinte. Estaban los enfermos de dos en dos y de tres en tres en las camas, y yo enredando entre ellos, y sucedía a veces en la sala de las mujeres estar en una misma cama una vieja agonizando y una moza pariendo y yo, niño de cuatro o cinco años, jugando a las tabas[21] delante. Díjele una vez a una que paría: "Ahora la criatura va a salir a jugar a las tabas conmigo," y parió al punto y fue muy comentado el caso. Usábanme algunos como nómina o amuleto, que creían en su simpleza que el tenerme cerca les aliviaba algo de sus dolencias, y yo creo que no hacía sino alegrarles el corazón con la gracia de los pocos años.

Murió joven don Luis de Chacón —era yo niño de cinco o seis años— y aún tuviéronme en el hospital un tiempo. Mas como no hubiese dejado manda para mi mantenimiento —que por haber muerto súbito y sin testar no había prevenido en su muerte lo que curó hacer en vida—, tratóse a poco de mi situación y no sé qué hablarían o qué dirían los señores de la Hermandad, mas un día un enfermero del hospital, poniéndome en las manos un hato con lo poco que tenía, encomendóme a un pintor italiano de los que a la sazón pintaban la cúpula de la capilla real de San Antonio, que estaba entonces recién hecha y lindaba con el hospital. Y diciéndome que aquel era mi amo y que desde entonces miraría él por mí, dejáronme con él solo.

No era mi amo de los pintores grandes y nombrados, de los que con vanidad y no poca soberbia llegábanse a la obra de la iglesia de cuando en cuando, extendían sus bocetos[22] sobre un tablero de borriquetas, hacían dos esbozos en el muro, daban cuatro órdenes a los oficiales, echaban tres gritos a los que a su juicio habíanlo hecho mal y marchábanse en coche como si estuviesen de prisa. Sino que su oficio era menestral de la pintura y artesano de los colores, de aquellos que con no poco peligro trepaban al andamio,[23] subíanse a las cumbres y colgábanse de los lunetos para dar cuatro pinceladas grises de nube sobre un cielo azul; su habilidad mayor era rellenar de púrpura y cobalto los mantos y túnicas de los santos, en cuyos brillos y pliegues era extremado; no hacía mal el dorado de los cabellos ni la miel de los rayos del sol saliente; pero con nada gozaba tanto ni se vanagloriaba más de su destreza que pintando plumas de alas de los ángeles. Para su oficio usaba de la brocha, la esponja, los paños y hasta los dedos y las palmas de las manos, pero pocas veces vile[24] usar del pincel que la burda apariencia de las figuras que le encomendaban no lo requería. Jamás vi que pintara rostro ni que esbozara gesto, que esas labores delicadas eran las que hacían los pintores de coche, toquilla de puntas y jubón alcarchofado.[25]

Ayudábale yo trayendo y llevando los pobres pertrechos de su oficio,[26] haciendo de aguador y cantinero para él y otros ruines que en la cúpula laboraban abrasándose en verano con la calor del mucho sol que daba en el cercano tejado, helándose en invierno con las ráfagas de aire frío que se colaban por tribunas y lunetos, que aún estaban las luces sin cubrir. Cuando ya fui más usado comencé a molerle los colores y mezclarle las tierras, con lo que aprendí de las apariencias del mundo, y cómo de cosas tan de poco fuste como son tierras, aceite, huevos y cal pueden salir los más ricos mantos de terciopelo, las sedas más brillantes, los rayos del sol o incluso la grandeza de Dios. Comenzó también a dejarme subir a los andamios y a veces a pintar las partes pequeñas y escondidas a las que apenas podía alcanzar un hombre, pero donde yo entraba por ser muy chico. Espantábame al comienzo de ver cómo las que se veían desde abajo figuras majestuosas de reyes santos, de doncellas mártires y de piadosos frailes no eran de cerca sino amasijo de borrones y mal trazadas líneas y cómo, en bajando de nuevo al suelo, tornábanse a convertir aquellas rayas informes en rostros delicados, aquellos nubarrones ásperos en sedas luminosas. Decíame mi amo: "Guarda, Paolillo, las apariencias del mundo; guarda cómo la belleza es borrón,[27] la carne polvo de tierra disoluta, el bello gesto y las delicadas manos trazos sin forma, el blondo cabello polvo amarillo, la grana, tierra de labrar. De esta guisa es el mundo, que lo que lontano sembla bello y grande es de cerca bruto y ruin." Y yo, aunque no entendía, guardábame estas cosas en mi corazón: que hasta la Santísima Trinidad era toda borrones.

Gustaba mi amo de contarme maravillas de su tierra —si es que así puede llamarse la que luego diré— con tantas patrañas[28] y fábulas como no caben en romances; que yo, como niño, todo lo creía y de todo me maravillaba y todo me dejaba con la boca abierta como papamoscas. Para distraerme del frío de las noches de invierno y del calor de las siestas de verano mandábame echar a sus pies y, así los dos echados, principiaba el cuento de sus aventuras. Inventóse toda una ciudad para mi deleite —que hasta entonces nunca me habían regalado tanto, aunque fuese regalo de aire y de resuello, que no cuesta blanca—, pero no así como quiera, sino que la imaginaba para mí toda de jaspes y mármoles, con palacios que vistos de lejos parecían de puntas de randas o hechos de alfeñique y de cerca se mostraban de riquísimos alabastros blancos y de color de rosa seca. Lo más digno de espanto es que era ciudad sin calles; digo, que en vez de calles había ríos y en vez de plazas lagos y como callejones, canales. Como yo preguntara cómo hacían los habitantes de aquella ciudad para cruzar de un lado a otro de la calle, o para moverse por ella, respondíame sin vacilar que para cruzar las calles servíanse de puentes y no unas puentes cualesquiera, sino de mármoles labrados y que sobre sus balaustradas encaramábanse leones y unicornios todos de oro y que los días de fiesta esas puentes engalanábanse con muy ricas colgaduras y reposteros de velludo y de seda; y en cuanto a ir de una parte a otra de la ciudad, los ricos en vez de coches usaban unas barcas engalanadas, muy ricas, con un pabellón cubierto con cortinas como los de las sillas de manos de acá y un remero las guiaba con una pértiga, y los más pobres, de simples barquillas o de pequeños esquifes se servían y en ellos trasportaban las personas y las mercaderías. Demandábale yo muchas veces —que casi todas las noches le hacía repetir la patraña, sólo por el placer que me daba oírla— cómo hacían en aquella ciudad sin tierra para dar tierra a los muertos; y respondíame sin vacilar que la ciudad toda estaba sobre un archipiélago de islas, donde se asentaban los edificios, y que frente a esas islas había otra isla grande sin edificar, donde estaba el camposanto, de modo que frente a la ciudad de los vivos alzábase la ciudad de los muertos, y una a la otra se miraban; y que para llevar los muertos de la isla de los vivos a la de los difuntos se servían de una barca toda pintada y engalanada de negro y los que seguían al entierro iban en barcas negras también, por respeto del luto, y no parecía aquello sino flotilla de la Parca. Preguntábale yo si eran cristianos; decíame que por la mayor parte eran mercaderes y adoraban la cruz o también la cara,[29] o vale decir que al dios de dos caras servían y daban pleitesía; pero que cristianos había, y muy buenos, y también turcos, judíos, berberiscos, tudescos, serbios, indios y de otras muchas naciones, y que cada uno rezaba a su dios y hablaba su lengua: ved qué nueva Babilonia. Y con la simpleza de los pocos años tomábalo todo yo por historia tan verdadera como el Evangelio.

En esta casi dicha estábamos cuando vino a quebrarse otra vez el hilo de mi fortuna. Que una tarde calurosa de agosto, como quisiera mi amo encaramarse al andamio para ultimar las ondas del mar en el milagro de los peces de San Antonio, que ya estaba casi hecho, bien sea que resbalara en la subida, bien que por la mucha calor le diera un vahído a la cabeza, despeñóse el triste y vino a dar con gran ruido en tierra. Acongojéme yo al verlo sin sentido, corrí a llamar a otros oficiales y entre todos, con gran alboroto y susto, lleváronlo al cercano hospital, donde el pobreto dio el ánima. Dios le haya en su gloria, que para mí fue el primer padre y maestro que tuve, el que por primer vez compartió conmigo su hambre y sus locas fantasías. No me dejó otro legado que mi soledad y desamparo por su falta, a más de un sueño que todavía hoy muchas noches me visita: que voy bogando en una chica barquilla por las calles de una ciudad, que son de agua, y arribo a una plaza toda de mármoles y cúpulas de oro, mas anegada por la mar y borrosa por la niebla.

Quedéme pues solo y desamparado, que en el hospital no quisieron volver a acogerme, y no tuve otra que ir vagando por las calles. Mi edad —que sería como de siete u ocho años— y pocas fuerzas me vedaban hacer de esportillero, como otros mozos pobres que trasteando de acá para allá hatos, cestos y serones se malganaban la vida; púseme a pedir a la puerta de la iglesia de San Martín, y echáronme a palos los pobres fijos que ya tenían los sitios repartidos. Hubiera querido robar, mas no sabía, que el honrado de mi amo no me había enseñado sino a mezclar colores y soñar ciudades de extraña curiosidad. De destrón de ciego no me quisieron tomar por ser yo demasiado menudo y bajo de estatura, de suerte que para poner su mano en mi hombro al cuitado del ciego érale menester inclinarse.

Ésta era mi triste vida cuando Dios, que aprieta pero no ahoga, vino en mi auxilio. Habíame yo echado a dormir una noche en un portal de un muy rico palacio de la calle que llaman de San Roque, frontero con las monjas benedictinas, cuando en mitad de la noche vino a despertarme un ruido de chapines que a trancas y barrancas hacían por correr calle arriba. Llegóse al palacio una muy gentil señora, alta de cuerpo sobremanera, vestida como de dama de calidad y toda tapada con un manto que cubríala de la cabeza a los pies; en la una mano llevaba un candilejo de aceite casi apagado por la carrera, y con la otra recogíase más de lo conveniente la saya y la basquiña, mostrando parte de unos tobillos y pies que, a la mala luz del candil, pareciéronme más grandes y robustos de lo que a una dama convenía. Maravillóme que no iba acompañada, sino toda sola y a aquellas horas en una noche oscura; y maravillóme más ver que se dirigía a la puerta del palacio y, sacando de entre sus galas una muy gruesa llave, abrió la puerta, saltó galanamente sobre mí que aún tendido y medio dormido estaba y acogióse al sagrado del zaguán, no sin antes chistarme y decir, con una voz algo tomada de la humedad de la noche: "Ce, muchacho, que si alguien te pregunta si viste a una dama correr por esta calle, sola y con un candil, dígasle que sí viste, y que tomó el camino de la calle de la Luna y no la viste más. Si tal haces, torna mañana y premiarte he."[30]

Con esto, cerró la puerta con un sigilo tal, que nadie hubiera dicho que un momento antes estuvo abierta, y yo quedé solo y espantado en la calle vacía. Mas aún no había tornado del susto cuando por la esquina de la calle del Pez aparecieron hombres corriendo, que conocí ser de la ronda, y un alguacil[31] al frente que, con la espada desenvainada y la cara sudorosa, daba gritos de "Alto a la ronda."

Llegaron a mí los que corrían, preguntáronme en efecto por la dama, díjeles lo que me había mandado la tapada y ellos emprendieron la carrera rumbo a la calle de la Luna, dejándome otra vez solo y además maravillado.

Aguardé en el mismo portal a que se hiciera de día. Y apenas habían pasado los primeros aguadores, empinéme cuanto pude y toqué a la aldaba.

Tardáronme en abrir, señal de que la casa debía de ser grande; al cabo sentí pasos, cedió la puerta y asomóse a ella un criado soñoliento. Expliquéle el caso de la noche pasada, y cómo la tapada dama habíame prometido algún premio. Respondióme para mi desconsuelo que en aquella casa no había dama, ni dueña ni doncella, sino sólo un caballero soltero y muy rico, del linaje de los Ortiz de Zárate, que desde su tierra había venido a merecer a la Corte. Porfié yo en la historia de la tapada, nególa el portero y ya iba a darme con la puerta en el rostro cuando de adentro se oyeron voces que me parecieron de mi desconocida dama, diciendo que me franquearan la entrada y me hicieran pasar.

Hiciéronme atravesar el zaguán, adornado con ricos reposteros y armas antiguas, y pasáronme luego a un gabinete y de él a una alcoba igualmente bien aderezada. De allí había salido la voz que me llamaba, y que al principio tomé por la de la dama; mas en la bien mullida cama, entre sábanas de holanda y almohadas de pluma, no había mujer sino un joven caballero; no vestía sino una camisa blanquísima con cuello de puntas y aún llevaba puesto el gorro de dormir, del que pendía una borla roja de seda. Hízome pasar hasta el pie de su cama, preguntóme mi nombre e historia, díjome si tenía a quien servir y, como respondiera que no, demandóme que me quedase en su casa, hízose traer un albornoz de seda[32] con que arroparse, alzóse del lecho, asentóse en una muy noble silla de brazos, hízome prometer que nunca más mentaría a la misteriosa dama y que en adelante haría como si nunca la hubiese visto, prometílo yo, entró el barbero, hízole muy cuidadosamente la barba y los bigotes, llamó a un criado, pulióle las uñas, trajéronle camisa limpia, jubón de raso, ropilla de velludo, calzas atacadas, zapatos muy estrechos a la moda (que mucho hubo de bregar el criado para calzárselos o, mejor, para embutirle los pies en ellos, maltratándoselos), portáronle espejo, adornóse la manga con listón de seda y la media con liga de roseta, estábame yo suspenso y acobardado sin saber qué hacer ni qué decir, perfumáronle con agua de sándalo, trajéronle guantes de ámbar y al fin díjome que le acompañase para la primera misa.

Salió de casa con más séquito que un duque: pues entre el criado que le llevaba el reclinatorio, el otro los cojines, aquél un braserillo[33] con que calentarse del frío del templo, el escudero con el libro y el rosario, el mayordomo con la limosna que había de dar a los pobres y yo de pordioserillo detrás, éramos seis la escolta no más que para cruzar la calle, entrarse en las monjas de San Plácido, acomodarse ante el primer altar de la epístola y aprestarse para oír la misa. Siguióla mi amo con mucha devoción, no curando de los corros en los que se comentaba, de los grupos en los que se reía, de las damas embozadas que con fingida unción ahora dejaban caer el rosario como por accidente, ahora —meneando los mantos con sabio movimiento— mostraban la mano blanca resplandeciendo anillos, la guedeja de oro mal cubierta. A todo esto estaba mi amo ajeno, atento a la oración e hincado de rodillas como si no hubiera en el templo más que Dios y en vez del ruido de las conversaciones, el crujir de sillas y reclinatorios y el trajín de los criados atizando los anafes y braseros fuese todo recogimiento y silencio.

Acabada la misa, repartió muchas limosnas entre los pobres, que ya le conocían. Volvió a casa con no menos pompa que antes, aunque más recogido y silencioso, y parecióme que una como pena le empañaba los ojos y le entristecía el semblante, que a la luz del día y ya yo más confiado atrevíme a reputar de muy hermoso y delicado.

Hízome pasar a sus aposentos; preguntóle al criado si se había desayunado. Respondióle éste que sí, que antes de la misa había tomado un poco de leche de cabra; mandóle mi amo que trajese la conserva de naranja, el chocolate y unos roscas de alcorza, y que luego después de haberle servido almorzase el mozo, que una escudilla de leche parecía poca colación para tanto muchacho. Maravilléme yo de un señor que curaba qué comían sus criados, y cuándo y cuánto, y regocijéme entre mí, diciendo: "Aquí al menos comeremos."

En lo que llegaba el chocolate quiso que le descalzasen. Hiciéronlo así y él sufriólo con paciencia. Me asentó a su lado, hízome catar la conserva (que yo era la primera vez que la probaba), con sus propias manos partió del rosco para ponérmelo en la boca, que yo tenía abierta de maravillado de que tal caballero así me sirviese, que no parecía sino que yo era el amo chico y él el criado grande.

Quedéme pues en casa de don Alonso, que así se llamaba mi nuevo amo. Mi ejercicio era de paje y no de criado; no quiso mi amo ponerme librea, sino calzas y ropa y un ferreruelo corto de paño. Estábame lo más del día en los aposentos nobles haciéndole compañía al bueno de mi amo; allí aprendí a gustar de la música, que era don Alonso extremado en el arte de tañer vihuela y otros instrumentos músicos. Díjome que tenía linda voz, y enseñóme algunas letras de romances y de canciones de amor, que yo cantaba sin entenderlos. Quiso avezarme a que le leyese en alto y púsome maestro para enseñarme las letras y a poco ya leía yo de corrido; gustábale sobremanera que le leyese comedias e historias de amor y esas que llaman novellas, que por la mayor parte tratan de lances de amor desdichado y otras fantasías. Jamás me hizo leerle vida de santos, tratado de piedad ni libro de devoción, sino sólo historias de amores en romance.

Tenía este don Alonso un su amigo, muy querido de él y de los mismos gustos. Llamábase don Pedro de Aguilar y gustaba de pasar muchas tardes y aun noches en nuestra casa. Era extremado cantor, hacía versos y lucía galán talle; no tenía rival como jinete y habíase mostrado en justas muchas veces, matando toros y alanceando anillas. Juntos íbamonos a veces al Prado a solazarnos donde, sin hacer caso de reclamos de tapadas,[34] merendábamos en la hierba y tañían los galanes sus instrumentos músicos de suerte que en torno a ellos las gentes se unían en concurso. Regresábamos a casa y muchas noches quedábase don Pedro a cenar, encendíanse con el vino risas y sales muy graciosas y aún no habían acabado los postres cuando mandábame mi amo acostar, que ya me caía de sueño.

Pasáronse así los días, en este como limbo que me pareció la gloria, que en músicas y libros, en galas y paseos, en risas y misas se iban las semanas y los meses. Y ya estaba yo acomodado a mi buena suerte y olvidado de mi vida anterior y de cómo entré en la casa, cuando una tarde vínoseme a acordar la noche de mi sueño en el portal y cómo recordé de él. Fue el caso que de un arca de la alcoba de mi amo, que siempre solía estar cerrada con llave, vi asomar una manga de brocado que creí conocer. Con la curiosidad y la impertinencia de la mocedad alcé la tapa, abrí el arca —que aquella vez estaba sin llave— y hete qué hallé en ella: el mismo vestido de la tapada y los chapines que aquella noche primera oí correr por la calle de San Roque y el mismo manto de humo que le cubría el rostro, todo tan propio y tan exacto que extrañóme a la verdad no encontrar en el arca también a la tapada misma. Mucho cavilé sobre este misterio, de cómo había desaparecido tal dama dejando allí sus vestidos y por dónde habría salido y quién sería la señora; más de una y de dos veces quise preguntarle a alguno de los criados,

pero impidiómelo el temor de que lo dijesen a mi amo y me castigase por mi imperti-
nente curiosidad de husmear en arcones cerrados, o por haber quebrado la promesa del
primer día de olvidar aquella noche y su tapada. Fingí en mis cavilaciones mil historias
peregrinas, que nada tenían de envidiar a las novellas de las que gustaba mi amo. Mas
al cabo no dije nada y seguí cantando y tañendo y leyendo para don Alonso como si
nunca hubiera visto ni hallado vestido ni chapines ni manto de humo ni cosa que se le
pareciese.

En esta dicha transcurrieron dos o tres años de mi vida, los primeros que tuve felices
y sin necesidad. Hasta que quiso Dios que diera un nuevo vuelco la rueda de mi fortuna.

Era una noche dulce de finales del verano, pasadas ya las calores de agosto. Tras los
días de canícula, una temerosa tormenta había limpiado el aire y las jornadas que siguieron fueron suaves, con un airecillo fresco que acariciaba y daba vida. La noche que
digo era estrellada y sin luna, que semejaba el cielo terciopelo tachonado de diamantes;
dormía yo con otros criados en un espacioso cuarto con la ventana abierta y dábame
sobre el rostro un aura perfumada. Parecía no caber el mal en el mundo. Era ya noche
cerrada cuando oí los golpes airados a la puerta, las voces y carreras de los criados, el
rebullir de la casa, el irrumpir de los corchetes, el volcar de las sillas y el precipitarse
por las escaleras de los asustados sirvientes. Sacáronme de la cama a empellones unos
que me parecieron demonios y que luego supe ser oficiales de justicia. Juntáronnos a
todos en el zaguán medio vestidos, mal peinados y revueltos, y entre todos, desnudos
en camisa, mi amo protestando del atropello que se hacía a su dignidad y don Pedro de
Aguilar —de quien no sabía yo que estuviera en la casa—, tan en camisa como mi amo
y azorado por demás.

Trincáronnos a todos[35] sin hacer caso de protestas, separaron a amos y criados y con
pocos miramientos para todos lleváronnos, atados de manos y prendidos, a una cárcel
que luego supe ser de la Inquisición.

Allí pasé tres días, solo —que habíanme separado de mis compañeros—, sin más
compañía que el hambre, las ratas y otras asquerosas sabandijas, y mis tristes y des-
concertados pensamientos. Sacáronme al cabo para ponerme delante de un escribano
y un fraile dominico.

Lleváronme a una estancia grande y vacía, de paredes encaladas como para dejar resbalar los pensamientos. Hiciéronme quedar de pie en el centro, y paróse ante mí el in-
quisidor, que desde mi chica estatura parecióme enorme; estaba el escribano tomando
mi declaración a vuelapluma, hízome decir mi nombre, mis orígenes y cómo había llegado hasta mi amo y cuánto hacía que le servía. Díjeselo yo punto por punto, sin ocultar ni callar nada, como si estuviera en confesión. Amonestóme que haría bien en decir
la verdad a todo lo que me preguntase y yo prometíselo más temeroso que persuadido.

Preguntóme el fraile si había hecho mi amo conmigo algún pecado nefando. Respondíle, inocente, que todos los pecados eran nefandos a los ojos de Dios, pero que en
mi presencia no había pecado mi amo sino de cierta presuncioncilla y vanidad, especialmente en lo tocante a galas, y que por lo demás era varón muy piadoso y caritativo.
Parecióme que le contrariaba y turbaba un tanto mi respuesta, y tornóme a decir, algo

impaciente, que no era eso lo que me preguntaba, sino si había hecho mi amo conmigo alguna suciedad. Díjele que, al contrario, era hombre muy limpio, que gustaba del aseo así en su persona como en la de sus servidores y criados, y que se hacía hacer la barba y pulir las uñas cada día. Preguntóme el fraile, airado, si me burlaba de él. Casi llorando díjele que no, que era cierto y verdad lo que había dicho tocante a la limpieza y buen aseo de mi amo, y que todos los de su casa lo podrían certificar. En viendo que se me saltaban las lágrimas y comenzaba yo a hacer pucheros, tomó el fraile un continente más dulce y sosegado, y preguntóme si yo creía o había notado que me amaba mi amo. Díjele que sí, y mucho. Tornóme a preguntar en qué notaba yo ese amor y a mí, simplecillo, no se me ocurrió sino decir que en que me había enseñado a leer. Preguntóme qué leía. Díjele la verdad: que historias de amores y fábulas milesias.[36] Preguntóme si las fábulas eran de amores torpes. Díjele que era yo niño y muchacho y nunca en tal me había visto de casos de amores, y no sabría juzgar si eran de torpeza o de artificio los casos aquellos, pero que eran de mucho gusto y contento. Tornóse a airar el fraile con la respuesta, díjome si yo era torpe o necio o taimado bujarrón que quería encubrirlo. Respondíle, llorando y a hipidos, que no entendía. Arrebatóse con tal ira que creí que me golpeaba, y preguntóme a voces si me sodomizaba mi amo. Torné a llorar yo y a decir que no sabía y porfió él, y yo repetí que no sabía y que me explicase qué era sodomizar y yo le diría con toda verdad, jurando sobre el Evangelio, si sí o si no. Calmóse un poco, miróme dudoso, murmuró para sí y díjome que marchase, que de mí no sacaban nada. Fuime sin saber lo que había pasado ni qué me habían preguntado, que sólo sabía pensar en las palabras nuevas que había oído y qué significarían, y sin entender la ira del fraile ni las risas disimuladas del escribano, que entre mis lágrimas las había visto. No supe entender lo de aquel día sino muchos años después, siendo ya mozo, y aún me toma la ira de pensar con qué torpe y sucia maldad usaron de mi inocencia de niño y cómo me hicieron cuidar de cosas de malicia de las que hasta aquel día no había sabido.

De mi amo sé que lo condenaron por sodomía y que fue encorozado[37] y muerto; don Pedro de Aguilar dicen que murió en el tormento. Condenaron también a varios criados de la casa y a una moza de cocina, ésta por adúltera, que estaba huida de su marido: los huesos de estos pobres se habrán repartido entre cárceles y braseros. Yo salvé, por ser chico y muchacho y tan inocente como se ha visto; de los otros criados de la casa nada supe, que nos disperesamos como pajas aventadas.

Quedéme, pues, solo, desamparado y errante. Volví a gustar el amargo pan del hambre, el frío de la necesidad, las lágrimas del desamparo. No sé cuánto tiempo anduve mendigando a veces, intentando robar lo que podía en las tableas del mercado, ofreciéndome de mozo a los que no me querían tomar, recibiendo palos y puñadas de los otros mendigos y de los vendedores de la plaza cuando notaban la mengua de alguna mercancía. Erré descalzo, anduve desnudo, dormí en el suelo. Y al cabo de tanto penar dio otro vuelco mi fortuna.

Gustaba yo de ir a la entrada y salida del corral de comedias de la calle del Príncipe, por ver si mendigaba o si afanaba algo. A veces dábanme una moneda almas caritativas, a veces unas pocas avellanas o unas limas que habían sobrado de las que comieron durante la comedia, a veces recogía yo del suelo un pañuelo bordado o un abanico perdido que iba a vender. Aprovechábame pues del mucho concurso de gente, entre la cual no abundaba la caritativa pero no faltaba la descuidada y así, entre caridades y descuidos, iba yo sacando algo sin robar, que nunca lo hice más por torpe que por necesitado.

Una tarde daban comedia famosa y era grande la concurrencia. Apeábanse a cada punto damas y caballeros de coches y sillas de manos, apretábanse los mosqueteros y otra gentecilla por caber más y por entrar —los que podían— de baldes, que es achaque común de los teatros. Estaba yo en el tumulto atento al dijecillo que cae de una cadena, a la perla que se pierde, al pañuelo con randas desprevenido a la bajada de un coche, al prendedor que se suelta en las apreturas y a otras pequeñeces, cuando vi llegar un coche más bien aparejado que los otros, con las cortinillas de seda muy bien echadas, que excitaban la curiosidad más que encubrían los pasajeros.

Detúvose el coche, apeóse el lacayo, abrióse la portezuela y apareció un guante de gamuza y, tras el guante en la puerta, posóse en la escalerilla un chapín con clavos y virillas de plata, y tras guante y chapín descendió una basquiña tan labrada que ni la mar tiene más perlas ni el cielo más brillantes ni todos los ríos del mundo tantas aguas como aquel raso tornasolado de color de celos. Y aún estaban suspensas las miradas en aquella falda que era a un tiempo río, mar y cielos, cuando dejóse caer un manto de seda tan sutil que a la verdad no encubría, sino tamizaba la belleza de su dueña. Era el cabello un ascua de oro brillando bajo la noche del manto, en la cual noche se adivinaban jazmines tan blancos como olorosos, rosas tan abiertas como encendidas. Era, en fin, aunque tapada, la dama más bella que habían visto mis ojos.

Descendió la bella con tanta majestad como una reina y tanta gracia como no se puede encarecer, cesó el tumulto, quedóse suspensa y silenciosa la concurrencia deseosa de adivinar lo poco que el manto encubría; dirigióse ella a la entrada de los aposentos y halléme, sin saber cómo ni cómo no, en medio de su camino. Tropezaron conmigo dos ojos color de aguamarina y sentíme en un punto azorado, sucio, roto, mísero, suspenso, niño y por primera vez enamorado.

No sé cómo acerté a pedirle limosna,[38] que me había quedado de piedra como el desdichado a quien mira el basilisco.[39] Inclinóse ella hacia mí como lo haría aquel árbol que llaman de palma: envolvióme un aroma de ámbar de guantes y agua de olor. Díjome la bella si había visto la comedia; respondí que no y ella, riendo, dirigióse a la criada y dijo con un habla ceceosa como de sevillana: "Ea, Cristinica, démosle a este mozo limosna tal que en muchos años no la olvide."

Tomóme de la mano la criada y condújome al aposento detrás de su ama. Iba yo tan embobado que parecía que volase y no tuviese pies. Era el aposento de los de gente rica, con celosías, sillas y buenos reposteros en las paredes. Sentóse la bella en una silla de respaldo y como por burla ofrecióme otra a mí: hube de trepar para alcanzar tan alto estado y, estando ya en el asiento, adopté tan grave continente como un gran señor (debía de ser mi edad de diez años, sobre poco más o menos), de lo que rieron no poco ama y criada. Preguntóme con una voz tierna cuál era mi nombre, y si tenía parientes o, a lo menos, amo a quien sirviese; yo le dije que Pablos y que no había conocido padres ni parientes ni tenía ahora a quién servir. Preguntóme si me gustaría entrar en su servicio; díjele que la serviría toda la vida y lo hice tan apasionado que más pareció declaración de amante que oferta de criado. Y lo que más me espanta es que a tan tierna edad supiera yo tan bien lo que me decía, que ella no supo entonces cuánta verdad hablaba por la boca de un niño, como después se hubo de mostrar.

Desembarazóse mientras del manto y fue como quitar un velo a la aurora y ver aparecer el sol: tan hermosa me pareció; hízose descalzar los chapines por la criada y quedóse con unas chinelas que apenas encubrían unos pies tan blancos como las manos; vi que los tenía pequeños. Y aún estaba yo fascinado y turbado con esta vista —que era la vez primera que contemplaba los pies de una dama—, cuando volvióse de nuevo a mí, tornóme a acariciar (que sabe Dios qué frío y calor sentí con su regalo), terció hacia la criada y dijo con su voz ceceosa que era como una música: "Sí que es lindo el muchacho, y fino como paje. Pero qué sucillo va."

Sentíme al punto el más sucio muchacho del mundo; amargáronme de un golpe la miseria y la necesidad. Dicen que el camello es animal paciente y de buen natural; pero que, si por accidente ve su imagen reflejada en algún remanso de agua, entristece y languidece hasta que muere: tal es la aversión que le produce su figura corcovada, que vive feliz en los ásperos desiertos donde no hay agua y, por paradoja, cáusale la muerte el ameno vergel, donde la fuente le devuelve su imagen. Así yo había sido hasta aquel punto corcovado camello y arrastrado sin sentir mi figura miserable, mientras viví en el desierto de mi desamparo; mas en viéndome reflejado en el agua remansada de sus ojos, vime tal cual era: sucio y roto, piojoso y descalzo, miserable y torpe, incapaz de inspirar amor; tal es el poder de una palabra dura en un corazón enamorado, aunque sea de diez años.

Salieron las guitarras y dio comienzo la comedia. Hubo en ella los usuales lances de amor y celos, los pasos apasionados y valientes, las músicas y bailes, las jácaras y mojigangas,[40] los gritos de mosqueteros, el alboroto de la cazuela, los pregones de limeros y alojeros,[41] los duelos en la escena y las pendencias en los bancos que son uso común en tales espectáculos. Yo estaba ajeno a todo y aturdido, absorto en contemplar mi beldad que, cercana y despreocupada, ora reía un donaire, ora lloraba con un paso triste, ora meneaba al son de las músicas sus piececillos casi descalzos. Supe entonces que el ser niño me daba licencia para contemplar lo que se me hubiera vedado o dado con tasa[42] de ser hombre: la piel rosada casi sin afeite, trasudada del calor de la siesta y de la pasión de un lance de la escena; el cabello desvelado, prendido apenas con peinecillos de nácar y adornado con lazos; las manos despojadas de guantes con las uñas teñidas de plata; y, sobre todo, los pies que me robaban el sentido[43] y que mi bella hubiera encubierto a las miradas de un hombre, pero mostraba sin rebozo a los ojos de un niño, por creerlos velados por la inocencia. Espié a mi hermosa como pocas veces es dado hacer a un enamorado, hice pepitoria de sus miembros desde la seguridad de mi niñez y cuando al fin, terminada la comedia, púsose en pie y tornó a ser calzada y a echarse el manto, habíala yo desnudado mil veces sin que ella hubiese reparado más que en la mirada sumisa de un niño mendigo y solo.

Fuimos a su casa en el mismo coche que la trajo. Era un rico palacio de la calle del Pez, no lejos de la casa de mi desdichado amo, a quien no nombré sino pasado mucho tiempo. Díjome que se llamaba doña Gracia de Mendoza. Vestida de casa y sin los afeites y aderezos, parecióme su edad de unos veinticinco años. Mandóme lavar y vestir; hízolo la criada Cristina, y trájome tan bien aseado, con mi ropilla de paño y mis calzas de velludo, que se deshizo en elogios de mi hermosura la reina de mi corazón. Sabe Dios cómo me sentía y qué oculto placer me proporcionaba oír cómo doña Gracia elogiaba lo dorado de mis cabellos (que de sucios y enredados no lo parecían), lo blanco de mi cara y manos antes atezadas y renegridas, la hermosura de mi porte menudo: sentí vivir una metamorfosis, o como el ave Fénix que renace de sus cenizas; que tanto me halagaban sus elogios como antes me hirieron sus palabras, cuando dijo que yo era sucio. En aquel punto creo que aprendí cómo, en amor, las palabras dulces y lisonjeras son más sabrosas si llegan después de desdenes y reproches.

Era la casa de doña Gracia grande, alegre y hermosa: el zaguán limpio, libre de las inmundicias y asquerosidades[44] que se ven en otras casas, aun nobles, que doña Gracia tenía prohibido a las criadas echar tras la puerta los pellejos, las plumas y otros desechos de cocina; las salas y gabinetes aseados y bien mobleados, en donde no faltaban el tapiz de precio, el repostero caro, el bargueño de fina taracea. Las alcobas eran tan decentes, aseadas y amplias como las salas de respeto, aunque es achaque de muchas casas que lo que ven los extraños sea de lujo y ostentación, y de triste miseria los cuartos de los habitantes de la casa. No faltaban en el comedor el aparador con rica vajilla de plata, ni en el estrado de respeto los buenos braseros de bronce y las alfombras de Persia.

Pero donde yo más gustaba estar era en el estrado de cariño de mi nueva ama y dueña de mi corazón, por estar ella en él las más de las veces y por ser la estancia más linda de la casa. Era el aposento amplio y recogido, abrigado y alegre y con un ventanal grande de vidrios emplomados que, por dar a un patio interior, estaba sin celosía y dejaba entrar en invierno los rayos templados del sol, en verano el fresco de la noche y el rumor de las fuentes. Era el patio, a la manera sevillana, un vergel florido en el que se mezclaban el dondiego de noche con el oloroso jazmín, la verde hiedra con la sombra del magnolio, el sonido de un alegre surtidor, que en medio del estanque se levantaba, con el aroma de las rosas. No sé qué extraño encantamiento hacía que tuviera flores todo el año, pese a los fríos que bajaban en invierno de la sierra. Gozábanlo a la par mi ama y los muchos criados de la casa, que era muy rica: dábales mi ama y amada licencia para solazarse en él las noches de verano, y duraban hasta muy tarde las músicas en tiempo de calor. Toda la casa se asomaba al patio, de espaldas a la calle, como se usa en Andalucía, y a la verdad semejaba ser aquél castillo de felicidad, que daba la espalda a las amarguras del mundo: cantaban las fregonas al tiempo que hacían sus faenas, silbaba el caballerizo al almohazar los buenos caballos, prendíanse las mozas de cocina rosas y jazmines en el pelo antes de tornar a los fogones, iban los lacayos y escuderos bien vestidos, bien calzados y bien comidos, sacábanse todos los días agua clara del pozo, pan blanco del horno y buen vino de la taberna. Y, en fin, la casa y su patio era mundo fuera del mundo.

Sólo yo padecía en aquel paraíso tormentos de muerte. Gozábame cuando mi ama me hacía llamar a su estrado y me decía que le leyese o le cantase romances—que en esto me valió la escuela del desdichado de don Alonso—. Arrobábame mirándola cuando, en el huerto, tomaba una rosa para prendérsela en el pecho o en el pelo; ayudábala yo, consentíalo ella más inocente que avisada, temblábanme las manos al prenderla y al fin me herían sus espinas y padecíalo con gusto. Mas otras espinas sufría yo peor: que, desde el segundo día que estuve en la casa, fue incesante el entrar y salir de caballeros embozados, el llegar de recados y billetes, el arrojar de pedrezuelas a las ventanas, el silbar a oscuras en la calle, el abrirse las puertas de noche para volverse a abrir a la madrugada, los caballos ajenos en la cuadra, los coches detenidos ante el portón el tiempo justo para que descendiese un caballero envuelto en su capa y, en fin, los pasos sigilosos por las escaleras, a la luz de candiles, hasta la alcoba de mi ama. Pues aquella beldad suprema, aquella belleza angelical, aquella hermosura que no podía ser sino venida del mismísimo cielo debía su próspera fortuna a la venta de las gracias que el mismo cielo le había dado y a la concesión de favores que a todos dispensaba. Era en una palabra, mi ama, puta.

Cuáles fueron mis tormentos, cuáles mis furias, cuáles mis lágrimas, no lo sabría encarecer. De noche no dormía espiando cualquier ruido de la casa, y casi todas las noches confirmábanse mis sospechas, y cada uno de los ruidos de pisadas, rechinar de puertas, crujir de escaleras y batir de colchones eran otras tantas saetas en mi corazón. Levantábame a la mañana ojeroso, triste, fatigado y celoso, y mi ama y amada fresca y lozana y alegre. Llamábame a su estrado y yo no quería acudir, pero era fuerza que fuese y entraba a lo primero mohíno, hacíame dos caricias que parecíanme burlas y mofas a mi enamorado corazón, preguntábame qué tenía y yo callaba, tornábame a preguntar y volvíale yo la espalda con gesto que parecía de niño y era de enamorado celoso. Y al fin eran tantos los regalos, tan dulces sus palabras, tan tiernas sus caricias con que como a niño me halagaba, que ablandábanse mis entrañas, lloraba un poco, quedábase ella suspensa sin averiguar la causa y, de verla cuidosa, enternecíame yo y perdonábale cuanto por la noche había oído e imaginado. Pasaba el día acompañándola, leyéndole a veces libros de invención y otras de muy graves y doctos asuntos; que, así como para don Alonso no había yo leído sino fábulas hueras, doña Gracia gustaba mucho de historias verdaderas, de corónicas y fábulas morales, libros de meditación y otras lecturas tan apacibles como provechosas, así en romance como en latín (que con ella lo fui aprendiendo de sólo leer). Admirábame yo de que, siendo mujer, fuese tan docta y tan leída como doctor de Salamanca, tan discreta y aguda como hermosa, de tan buenas prendas que, si enamoraba su vista, más enamoraba su conversación. Era tan extremada en el tañer y cantar como en el bordado y la almohadilla, y gustaba tanto de poesías de amor como de corónicas antiguas. Era con todos amable, con todos grata, con todos graciosa: con los criados usaba de una maternal autoridad, que más que criados parecían hijos de aquella casa; con los pobres, de una caridad humilde. Nunca llamó a su puerta mendicante que de vacío se fuese, ni hubo enfermo a quien no visitase, ni viuda o huérfana a quien no socorriese en secreto, que ni sus mismos favorecidos sabían de dónde les venía el bien. Tenía, en fin, porte de dama, cara de ángel, obras de santa y oficio de ramera.

Pasáronse tres años en este dulce sinvivir, en este grato tormento y amarga dicha, cuando vino a resolverse mi cuidado como nunca pensé.

Sucedióme una mañana irme a solazar a las gradas de San Felipe, donde, al trato y conversación que allí se forma al cabo de las misas, acude gran concurso de caballeros y aun de otros que no lo son tanto. Estaba un corro de ellos ociosos y yo descuidado, llamáronme y preguntáronme: "Muchacho, ¿de quién eres?" Respondí yo con la verdad: que de doña Gracia de Mendoza, en cuya casa servía. Dieron en reír y en darme vaya, motejándome por mor de[45] quien servía. Dijo uno: "Sólo te he lástima en que, siendo de esa casa, no catarás tocino." Respondióle el otro: "Pero carne sí catarás, y de la más fina." Terció otro de los que allí estaban: "Carne que no se da de baldes, no es para mozos ni pajes. Que en casa de esa señora toda la carne es de precio y al contante." Y aun otro dijo: "Pagaráсla con alguno de los treinta ducados." Y le respondieron: "No, sino que los treinta ducados heredólos la dama de su abuelo, que era de color bermeja."

Yo, de que vi que así motejaban a mi ama de puta y de judía,[46] tomóme tal coraje que arremetí yo solo y chico contra todos, ahora dando puñadas, ahora golpes de pie y mordiscos, y a uno le arañaba la mano y a otro le rasgaba la ropa, tal era mi enojo. Agraviáronse de aquello los que agraviado me habían: no quisieron sufrir iras de niño los que habían hecho vaya de arriero. Arremetiéronme entre todos y diéronme tal lluvia de golpes y patadas que, de no salir corriendo, pereciera allí.

Torné a casa rota la ropa, ensangrentadas las narices, molidos los huesos y cubierto de lodo. Espantóse mi ama de verme así, y más de ver cuál era mi desconsuelo y mi amargo llanto, que me inundaba la cara más de la furia de no haber podido vengarla que del dolor de los golpes. Preguntóme qué tenía, yo no se lo quise decir. Porfió ella, y al fin hube de contarle, entre lágrimas, lo que por mí había pasado: cómo unos caballeros de las gradas de San Felipe habíanla injuriado con que vendía su cuerpo y era de linaje de conversos, que no comía tocino y era heredera de Judas. Consolóme mi ama con tan tiernos afectos, con tan amable dulzura, que olvidé en un punto mi dolor y mi cólera. Hízome salir al huerto, ya más consolado, y serenóme el espíritu con un paseo entre las fuentes y los arriates olorosos —que sólo su presencia hubiera bastado para lograr tal efecto— y, asentados ambos en un banco de azulejos, tornóme a decir:

—¿No has oído, bobillo,[47] que el miedo guarda la viña? Pues, según eso, quien más viña tenga que guardar será más temeroso. Tiene un campesino rico una viña grande, de buenas cepas y es un año que promete buena cosecha; acércase el tiempo de la vendimia, están ya los racimos casi maduros y tan golosos que parecen robar los sentidos o querer ser robados. Atemorízase el dueño de la viña y no sosiega pensando que por la noche se la han de vendimiar manos extrañas, que aquella nube parece traer piedra que se la destruya, que su vecino envidioso tal vez prenda fuego a las cepas de verlas tan galanas. Ni come ni duerme ni sosiega el pobre rico labrador, que todos sus pensamientos van para su querida viña, y cada punto emprende el camino para vigilarla, y apenas ha tornado a casa ya le inquieta el pensar si entrarán en ella ladrones o si descargará la nube. Y así, por unos ruines racimillos no duerme ni sosiega, ni come ni descansa y lo que le había de dar alegría y placer le causa congoja. ¿No le sería mejor no haber campo ni viña, y ser un simple vendimiador que recoge de lo ajeno cuando está granado y no se cuida de más? Pues, ea, Pablillos: no te turbes ni te amohínes porque hablen en mi honra; que quien me llama puta ni dice mentira ni merece ser por ello punido; y cuanto a lo de judía, cada quien tenga su alma en su almario, que yo sé de más de uno que lleva espada, ostenta cruz de hábito y tiene ejecutoria de hidalgo, que lo reconocería por hermano el rey David y por nieto Abraham el patriarca. A más, que todos somos hijos de Dios y hermanos de Jesucristo, bien que algunos tengan el parentesco más por cerca. Comamos y bebamos, y vendimiemos la viña de los necios que la guardan, que en no tener viña que guardar está nuestra alegría y en no tener honra que defender se asienta nuestro deleite.

—Mal puedo deleitarme yo, ni comer ni beber —respondíla.

—Pues ¿qué tienes? ¿No te gusta la casa, no te quiere tu ama y te regala, no te sirven los criados que más que como a igual como a amo te tratan? ¿No tañes con gusto la vihuela, ni lees historias sabrosas, ni te recreas en jardines, ni duermes en buena cama, ni vas bien vestido y bien calzado? ¿Pues qué te falta, mi niño, que si está bajo el cielo yo te lo mandaré dar?

—Señora, amor es el nombre de mi dolencia —dije yo, que aún hoy no sé cómo acerté a decirlo ni cómo salieron tales palabras de mi boca, que me pareció como si no fuera yo el que hablase sino otro nuevo y desconocido.

—Pues ¿a quién amas tú, picarillo? Vive Dios que me lo has de decir.

—Señora, a vos, desde que os vi. —Y apenas lo hube dicho ya me había pesado; pero fue como la fuente sellada o la represa llena, que cuando acumulan mucha agua, de golpe la sueltan sin poderla contener y en pocos puntos sale el caudal que muchos años había tomado para formarse.

Quedóse suspensa y parecióme que, como se abrió mi pecho, así se le abrieron al punto los ojos y dejó ella una especie de inocencia de niña en la que hasta entonces había vivido: que viéndome niño a mí como a niño me trataba y se aniñaba ella misma en el trato; pero sabiéndome capaz de sentimientos de hombre, desengañóse y fue como la doncella que descubre de repente y sin pensar qué cosa sea el amor y qué suele acaecer entre hombres y mujeres y —medio espantada y medio ufana— entiende entonces tantas cosas que hasta ese punto le estaban vedadas y ocultas, con ser bien visibles y andar en ojos y en lenguas de todos; pero que ella, con la inocencia que le velaba los ojos, no echaba de ver. Rememora la hasta entonces inocente doncella muchos pasos y lances de su vida que ella vio y vivió sin sentir y sin saber cuál era su enigma, y se llama para sí necia y loca, que anduvo tanto tiempo ciega y a oscuras bajo la luz misma del sol. Así abrí yo, niño de trece años, los ojos de una mujer que me doblaba la edad y casi bien podría ser mi madre, así hice perder a una ramera su inocencia de doncella y forcéla a maldecir las muchas horas que, con simpleza inocente, había andado ciega y sin ver lo que a sus mismos ojos se mostraba: que nunca había tenido amante tan rendido, tan firme, tan sumiso, tan apasionado y tan celoso.

Cuál fue su ternura, cuáles sus lágrimas, cuáles sus risas, cuáles sus caricias y halagos no lo sabré encarecer. Baste decir que transcurrió todo el día ora sumida en una dulce melancolía —que no semejaba sino una embriaguez dichosa, un sueño en vela—, ora riente y graciosa y amable como pocas veces habíalo estado conmigo, con serlo tanto de contino. Tan pronto me acariciaba y regalaba y decía donaires sabrosos como quedaba un punto suspensa, con la mirada perdida y una media sonrisa asomada a los labios; anegábansele los ojos de lágrimas, espandíanse sus labios en una sonrisa y así, medio riendo medio llorando, tornábame a mirar con ternura, contemplábame en hito como si nunca me hubiese visto antes, arrobábase como inocente y desapercibida doncella, arrojábame miradas que de fuego parecían entre la selva de las pestañas. Y así llegó la noche y retirámonos cada uno en nuestra alcoba—que yo, por ser paje de confianza, tenía una muy buena para mí solo en la parte alta de la casa—, apagáronse las luces, sosegáronse las pisadas, encerráronse los perros porque no armasen bulla y quedó la casa en un silencio templado y oscuro—era una noche cálida de finales de junio, cerca de San Juan—sin más sonido que el lejano cantar de un grillo que oculto estaba en los arriates del huerto.

No podía yo sosegar un punto, dando vueltas en la cama como pez en la mar. Veníanme a la memoria todos los hechos pasados durante el día, repetíame como en paso de comedia el de mi declaración, rememoraba una y otra vez cada uno de los ademanes de la dueña de mi corazón, reconstruía sus palabras y sus hechos una vez que hubo caído la venda de sus ojos; tejía y destejía, en fin, el telar de los sucesos del día, desde que por la mañana me fuera a la plazuela de las gradas de San Felipe hasta cuando subí a mi alcoba, las luces ya apagadas. Saboreaba cada uno de los pasajes, como cuando lambemos con la lengua los labios cubiertos de miel. Deteníame en los pasos más sabrosos, rememoraba los afectos más tiernos y tornaba a comenzar, incrédulo de mi dicha y desconfiado de mi felicidad.

En este tejer y destejer estaba, como nueva Penélope, cuando sentí pasos quedos en el corredor, que poco a poco se acercaban como si caminasen sobre vidrio; abrióse despacio la puerta de mi alcoba con el mismo silencio y halléme de pronto entre los brazos el bulto de un cuerpo tibio, la suavidad de una fina camisa, las hebras de seda de un cabello destrenzado.[48] Era la noche oscura por ser sin luna, tomáronme las manos unas manos sabias y, en la negrura del cuarto y el silencio de la hora, sin una palabra y sin más voz que un menudo suspiro, recorrí el camino de una piel de raso, trencé mis dedos en rizas hebras de ciclatón, gusté la fruta de unos labios tan jugosos que fueron capaces de apagar mi larga sed. Abrióme ahora los ojos la que descegué yo durante el día y en medio de la noche vi la luz: supe por qué los hombres tienen al amor por tan poderoso, que por causa de él se mueve el mundo. Que lo que aquella noche gocé y padecí no lo había podido imaginar de niño y en un punto entendí tantas figuras como había leído en libros de poesía: que el amor es lazo y cadena y cárcel y prisión y hierros, y libertad y vuelo, y gozo y tormento y penitencia y gloria, y hábito estrecho que se viste de grado y no se quita con fuerza la más poderosa, y saeta que hiere y remedio que salva, y dolencia incurable y única salud, veneno y triaca, todo a una causa.

No sé cuánto duró aquella noche a un tiempo larga y corta, ni cuándo nos venció el sueño. Amaneció el día y, a la luz azul del alba, el raso que acaricié vi tornarse jazmines, las hebras de seda convertirse en oro, el mármol duro nieve apretada, la fruta fresca una encarnada rosa. Aún estaba yo arrobado contemplando a la luz lo que acaricié a oscuras, cuando se abrieron dos hermosos luceros, desperezáronse los miembros de mi dulce dueña con ronroneo de gato, espandiéronse los labios en una sonrisa teñida de sueño y acaricióme una mano de templada nieve.

Muchas noches siguieron a la que os he querido contar, y todas tan placenteras y tan suaves como la dicha. De niño, híceme hombre sin sentir, alcéme en estatura de varón mientras ella se aniñaba dulcemente sumisa; que el amor iguala condiciones diferentes, eleva lo llano y abaja lo elevado, torna al niño viejo y al viejo niño, enloquece al cuerdo y al loco hace cobrar la razón.

En este dulce vivir pasaron los meses. No nos recatábamos Gracia y yo de mostrarnos enamorados a los ojos de los de la casa,[49] si bien nos reservábamos ante los extraños. Y era tal la armonía de este palacio, tal el concierto de sus habitantes que como ruedecillas de reloj unos con otros engranaban sin roce ni chirrido, que ninguno hizo burla ni vaya, ni hubo murmuración alguna ni nadie puso lenguas en nuestro amor. Que ahora pienso que era para todos claro y manifiesto desde que yo llegué a la casa, y sola era mi amada la única inocente de todo, que nunca pensara tal si yo no se lo dijera.

Sólo una cosa me amargaba y hacía sufrir y era que Gracia seguía usando su viejo oficio, del cual vivía y vivíamos. Mis celos y sufrimientos no son para encarecer, que apenas sentía yo en el zaguán ajenos pasos, me encerraba en mi alcoba y allí era el llorar, allí el maldecir entre dientes, allí el dar puñadas a muebles y paredes, allí el jurar que no había de amarla más, que mis manos no se pondrían nunca más sobre su persona y que había de irme muy lejos de allí, a las Indias o donde fuese, a morir o ser matado o desesperarme por mi propia mano. Mas apenas había salido el robador de mis deleites de la casa, tornaba yo a buscar a la que tanto amaba y, no curando de nada, olvidado de lo que poco antes había dicho y prometido, volvía a besar allá donde besara el otro, borraba con mi cuerpo su olor extraño y con mis caricias ahuyentaba el recuerdo de las caricias ajenas en la piel de la que tanto amaba.

Viéndome lo que sufría y no pudiendo sufrirlo ella misma, prometióme Gracia dejar su oficio en el plazo de dos años. Púsome este plazo —que era el que precisaba para hacer holgado su acomodo y poder vivir de las rentas— como penitencia de amor; sometíme a tal prueba, si no gustoso, al menos esforzado. Y así, cada sufrimiento mío lo ofrecía como muestra y expiación, como sacrificio que inmolaba en el altar de mi adorada diosa.

Pasáronse los dos años más pronto de lo que pensáramos. Halléme mozo de quince años. Retiróse doña Gracia de su oficio como prometido había, y a fe que hubiera podido seguir en su ejercicio muchos años y con buenas ganancias, que a sus treinta años era fresca y lozana como pocas niñas de dieciséis. Aún fueron varios los meses en que rondaron sin provecho galanes rejas y ventanas y llamaron caballeros embozados a puertas que no se abrían. Pero, al fin, debió de correrse por Madrid la voz de que doña

Gracia de Mendoza, su más famosa cortesana, habíase retirado del oficio. No tornaron a llamar sino algunos mal informados forasteros que venían de lejos sabedores de su fama e ignorantes de la nueva.

Propúsome Gracia que nos casáramos y gozáramos dichosos de nuestro amor y de su hacienda, que estaba ya muy crecida. Parecióme bien. Ajustáronse las bodas, tan secretas como alegres, en la iglesia de un lugar donde no éramos conocidos. Festejáronnos los criados, que eran como hijos de aquella casa, con un festín tan sabroso como rústico. Volvimos a Madrid y en el palacio de la calle del Pez hubo tornabodas durante una semana.[50]

Había entre los de la casa un esclavo negro, liberto[51] de doña Gracia, llamado Zaide. En tiempos fue su amo un afamado pintor de la Corte, de quien él en secreto había aprendido el arte de la pintura; habíale prohibido su amo tomar los pinceles, por ser oficio de hombres libres y no querer infamarlo poniéndolo en manos de un esclavo. Teníalo sólo para prepararle las telas y molerle los colores. Pero él, usando de los pinceles viejos que su amo desechaba, a la luz de un pobrecillo candil, de noche se aplicaba a pintar, imitando lo que de día en su amo había visto.

Sucedió que un día había anunciado Su Majestad la visita al taller del pintor, que tenía por costumbre hacerlo de tanto en tanto. Solía el rey mandarle al pintor que diese vuelta a los lienzos que a medio pintar y todavía húmedos estaban cara a la pared en el secadero, pues gustaba mucho el monarca, que Dios guarde, de ver los aún no acabados lienzos y dar su juicio sobre ellos antes que ninguno. Allí fue la hora del osado Zaide: que, entre los lienzos de su amo, también vuelto de cara a la pared, colocó uno suyo, el que mejor le pareció de los que a hurto y a la luz de un candilejo había pintado, robándole horas a su sueño.

Llegó el rey como había anunciado. Mandó, como siempre, dar vuelta a los lienzos. Sorprendióse el pintor de ver entre ellos uno que no había pintado y preguntó qué burla era aquélla. Echóse Zaide a los pies del monarca, suplicándole perdón y gracia por lo que había hecho. Miró el rey el cuadro de hito en hito; estaba el Zaide temeroso y el pintor colérico, mas por respeto del rey se contenía. Y, al fin, dijo el rey: "Levantaos, mozo. Que quien tal hizo no merece castigo, sino ser hombre libre."

Ahorrólo su amo, forzado a cumplir el deseo del rey. Mas dejólo en la calle tan desnudo y sin amparo que no se podía valer. Erró sin rumbo, no quisieron tomarlo por criado por temor a que fuese esclavo huido de su amo, ni halló en qué ejercitar su oficio, que nadie creía que pudiese ser acabado pintor un moreno. Y al fin, viendo que se perecía de hambre y no queriendo volver con su antiguo amo, tornó a venderse a sí propio como esclavo, haciéndose mercader de sí mismo.

Viólo Gracia en el almoneda, o más bien viólo su criada Cristinica, que era moza alegre como un cascabel y afecta a los morenos, por la buena fama que entre el vulgo tienen. Rogóle a su ama de comprarlo y Gracia, viendo la dolencia que padecía la moza, tomólo a mucha risa y compróle por complacerla. Cuánto deleite sacó la muchacha de tal compra no es para encarecerlo.

Ahorró Gracia al moreno[52] tan pronto como lo tuvo en casa, que no era bien que hubiese esclavo en casa donde tanta libertad regía. Quedóse como criado, el más diligente y avisado de cuantos imaginarse pueda, y tanto, que pronto adoleció Cristina de haber bebido malas aguas y al cabo de un año hubo un paje mulatico enredando en el patio, al cual todos reían, todos brincaban y halagaban propiamente como a un menudo rey de los que, llamados Magos, adoraron a Cristo.

Quiso el Zaide obsequiarnos por nuestras bodas, que era mucho el agradecimiento que debía a su ama y no sabía cómo complacerla con alguna de sus artes. Escogió para la ocasión la de la pintura, que no hubiera sido bien recurrir a otra. Y así determinó pintar nuestros retratos en los mismos trajes que sirvieron para nuestras bodas.

Había yo rogado a la dueña de mi corazón que hubiese a bien complacerme y vestir para tal ocasión el mismo vestido con que la vi por primera vez. Buscó en las arcas las viejas galas, que aparecieron tan nuevas y lozanas como el primer día; vistióselas y acomodáronsele como si en vez de cinco años hubieran pasado cinco horas: tal era la gracia y el aire de su talle. Y así, vestida con aquel traje de raso azul bordado de perlas, con el manto de humo que más incitaba que velaba su hermosura, habíase acercado al altar mi muy amada.

Desa guisa[53] pintóla el pintor también. Ella, acomodada en una silla de respaldo, la basquiña extendida como un prado celeste salpicado de aljófares, las manos blandamente reposadas en los brazos de la silla, los ojos fijos en el pintor que la mira. Yo, de pie tras ella, en el hábito de más hombre de bien que imaginarse pueda, con mi ropilla y mis calzas de lo más fino, y mi capa aforrada de martas, y hasta mi espada pendiente de un tahalí damasquinado, que nunca hasta tal día habíame visto tan honrado caballero.

Era el Zaide diestro.[54] Pintónos tan al natural, que no es mucha la diferencia de lo vivo a lo pintado y aun ahora me espanto de comprobar cuán propios y exactos salieron nuestros rostros, cuán acorde el gesto con la verdad, cuán a lo vivo la ligereza de las randas y los brillos de los rasos y perlas, cuán agudo el filo de la espada que al cinto traía y, en fin, que no semeja retrato, sino espejo verdadero y de él no nos diferenciamos sino en el hablar, que en todo lo demás estamos tan propios e iguales como fantasmas de nosotros mismos.

Hállome, pues, en la cumbre de toda buena fortuna: amo y me aman, gozamos rentas y lecho, vivimos como honrados y honramos nuestro vivir con tantos deleites como desear podemos. Ni nos falta el pan, ni nos manca el vino, ni escatimamos la seda, ni contamos los ducados. Sírvennos criados bien dispuestos, alégrannos músicos extremados, guisan para nosotros cocineros limpios. Es nuestra casa fortaleza inexpugnable, donde no entran las insidias del mundo, donde no hay sino rumor de pájaros y cantar de fuentes, suelos lavados y paredes encaladas, manteles de lino y sillas de respaldo.

Sólo una cosa me amarga y da pesar algunas veces: y es que caigo en pensar que algún día habemos de morir y dejar estos deleites, y más que, siendo yo mozo y mi Gracia de más entrada edad, pudiera ser que muriera ella antes que yo, dejándome viudo y solo y sin consuelo, que sin ella no sabré vivir ni puede haber sobre el mundo para mí dicha ninguna.

Súmome a veces por esta causa en tristes pensamientos. Pero ella, en viendo mi

Fig. 24. Portón. Foto de J. Mayone Stycos.

amarga melancolía, consuélame con la más rara y peregrina maña, que es decirme: "Ea, tontillo, que no ha de ser así. Que por las veces mueren los jóvenes antes que los viejos, los mozos primero que los maduros. ¿Quién puede decir: 'La vida tengo comprada, diez, quince, veinte años me quedan'? Y siendo así, ¿no pudiera ser que murieses tú primero, y fuese yo la que quedase sola y viuda y sin más consuelo que las tocas tristes de la viudedad? Pues, así, ni te amargues, ni sufras ni te amohínes, que quizás te dueles de mi muerte y tu soledad y día haya que yo llore mi soledad y tu muerte."

Y con tan triste consuelo consuélame, y de pensar en mi muerte me sosiego, si ha de preceder a la suya, que no es tanto mi temor de morir como de perderla. Que así de raras y peregrinas son las cosas del amor, que lo que otramente entristece y amohína— como es el pensamiento de la propia muerte—, en estando enamorado, el mismo pensamiento cura y da salud.

Comprensión del texto

Prólogo

1. ¿Cómo funciona la alegoría del Prólogo? Explique su estructura y el efecto que produce en el lector. ¿Qué implicaciones tiene para la interpretación de la novela?

2. ¿Sería posible recuperar la verdad histórica, según su interpretación del Prólogo? Explique.

Carta mensajera

1. ¿Quién es el narrador y cómo presenta su historia? Explique qué importancia tiene su perspectiva para la narración.

2. Describa la vida de Pablillos en el hospital de pobres del Refugio y la Piedad. ¿Cómo llegó allí y por qué tuvo que abandonar el Refugio?

3. ¿Qué oficio tenía el primer amo de Pablo y cuáles eran sus responsabilidades? ¿Qué le contaba de Venecia? ¿Qué importancia tiene ese episodio para la novela?

4. ¿Cómo encontró Pablo a su segundo amo, Don Alonso, y qué tipo de vida llevaba él? ¿Qué le pasa al final? ¿Quién es Pedro de Aguilar?

5. ¿Cómo sobrevivió Pablo en la calle en las temporadas cuando estaba sin amo?

6. ¿Cómo conoció a Doña Gracia de Mendoza en el teatro de la calle del Príncipe? ¿Qué acento la caracteriza? ¿Con qué oficio se gana la vida? ¿Cómo pasa sus horas de ocio? Describa la vida de Pablillos en su casa y las costumbres de la época.

7. Describa la casa de Doña Gracia y cómo trata a la servidumbre.

8. ¿Qué murmura la gente de Doña Gracia, en las gradas de la iglesia de San Felipe? ¿Cómo reacciona Doña Gracia ante las acusaciones de la gente? Explique las frases en el trozo, "Pues, ea, Pablillos: no te turbes ni te amohínes . . . Abraham el patriarca."

9. Comente la relación entre Doña Gracia y Pablo. ¿Cómo cambia con el tiempo? ¿Qué inversión de términos ocurre en esa relación?

10. ¿Quién es Zaide? Explíque por qué le había prohibido su primer amo tomar los pinceles. Cuente su historia y cómo llegó a la casa de doña Gracia de Mendoza.

11. Describa el retrato de Gracia y Pablo que pintó Zaide. Pablo lleva una espada al cinto. ¿Qué significado tiene para la comprensión del texto?

12. ¿Cuál es la única preocupación de Pablo? Comente el último párrafo del capítulo, prestando atención al uso de las figuras retóricas.

Actividades

1. El tema de este capítulo se basa en una pintura. Imagine y diseñe un cuadro como el que se describe al final del capítulo. Alternativamente, busque pinturas existentes con temas similares y coméntelas.

2. El prólogo anticipa el asunto de la narración. Busque ejemplos similares del uso de la alegoría en textos literarios, cuentos o fábulas.

Fig. 25. El Palacio Real. Madrid, España. Foto de J. Mayone Stycos.

3. Escriba las siguientes frases según el uso moderno con atención al acento escrito:

   a. forcéla a maldecir

   b. Ayudábale yo trayendo . . . los pertrechos de su oficio

   c. quedéme pues

   d. pasáronse así los días

   e. siguióla mi amo

   f. arrobábame mirándola

   g. hizóme salir al huerto

   h. lleváronnos

4. ¿Cuáles recursos lingüísticos utiliza Díaz-Mas para lograr una ambientación del siglo diecisiete? Cite ejemplos.

Comprensión del video

1. ¿Cuándo se incorporó a la novela el cuadro que sirve como hilo conductor de *El sueño de Venecia*? ¿Existe un cuadro específico que haya inspirado a Díaz-Mas?

2. ¿Cómo explica la autora la afinidad de *El sueño de Venecia* con las novelas picarescas españolas de los siglos XVI y XVII? ¿Cuáles son los tres puntos cardinales que definen al género picaresco según la crítica europea?

3. ¿Quién es el lector ideal de Paloma Díaz-Mas? ¿Hay sólo una manera de leer un texto literario?

4. ¿Se considera Díaz-Mas una autora posmoderna? Explique.

5. Explique la preocupación de Díaz-Mas por recuperar la historia en su narrativa.

6. ¿Por qué es "engañoso" el estilo lingüístico de Díaz-Mas? ¿Qué dice la autora sobre su estilo literario, el lenguaje, y el tono?

7. ¿Qué importancia tiene la ironía para la autora?

8. ¿Qué aprendemos sobre la importancia del Prólogo para *El sueño de Venecia*?

9. Comente el acento de Paloma Díaz-Mas y compárelo con las lecturas por otros autores.

Para comentar y escribir

1. Explique el mensaje alegórico del Prólogo y su relación con la temática del texto.

2. ¿Cómo utiliza la autora el punto de vista de Pablo para el mensaje de su narración?

3. Analice cómo está representada la sociedad del siglo XVII en la novela. ¿Tiene relevancia para nuestros días?

4. Basándose en el Prólogo y la Carta mensajera, discuta el significado del título de la novela, *El sueño de Venecia*.

5. Cuando Pablo de la Corredera contempla su retrato de boda, comenta que Zaide lo pintó en "el hábito de más hombre de bien que imaginarse pueda" y que hasta aquel momento nunca se había "visto tan honrado caballero." Comente la cita y demuestre cómo se desarrolla el tema de la honra, y honradez percibida en el texto.

6. ¿Cómo contribuye el motivo de la pintura a la significación de la "Carta mensajera" (y de la novela entera)? O: Compare el motivo de la pintura en los textos de Paloma Díaz-Mas y Peri Rossi.

7. Si ha leído el *Lazarillo de Tormes*, u otra obra de la picaresca, establezca una relación entre el tema y el estilo.

8. Díaz-Mas asevera que sus textos pueden ser leídos a diferentes niveles por diferentes lectores. ¿Cuáles dificultades tiene que superar un estudiante de español como lector de Díaz-Mas?

Notas

1. peregrina: fine, rare
2. guiábala: en español moderno corriente sería "la guiaba." Los complementos y pronombres reflexivos siguen al verbo en este texto a la usanza antigua, forma usada a veces por escritores modernos también.
3. un cedazo: a sieve
4. a tientas: groping, by feel
5. cernía: sifted
6. la criba [era] gruesa: the sieve's grid was coarse
7. guijarros: pebbles
8. zurrón: pouch, bag
9. desengaño: disillusionment
10. Cassandra: In Greek legend, Trojan princess whose gift of prophesy was a curse because her prophesies were never believed.
11. destrón: blind man's guide
12. calle corredera: Nombre que suele darse a algunas calles que fueron antes correderas de caballos como la Corredera de San Pablo en Madrid.
13. hombre de bien: hombre respetable
14. encubrir: to conceal
15. ruines: lowly people
16. él se huelga: (ant.) he enjoys himself—N.B. holgar: no trabajar, descansar
17. hospital de pobres: (ant.) a poorhouse, a charitable institution that provides shelter and food for the indigent
18. solía a hacer la ronda de pan y huevo para dar a los menesteros . . . : he used to do the round of bread and eggs to give to the needy
19. amamantéme: (me amamanté) I suckled
20. las vendas y las bacinillas: bandages and chamberpots
21. las tabas: juego en que se tira al aire una taba (hueso) de carnero, y se gana si al caer queda hacia arriba el lado llamado carne; si se pierde es el culo, y no hay juego si son la taba o la chuca (lado opuesto a la taba)
22. bocetos: sketches, designs
23. los andamios: scaffolding
24. vile: (le vi)
25. jubón alcarchofado: doublet (a close-fitting jacket) embroidered with figures of artichoke. Se trata del estilo de vestir fino en el siglo XVI.
26. pertrechos de su oficio: implements of his trade
27. borrón: blot, smudge
28. patrañas: stories, fibs
29. adoraban la cruz o también la cara: the phrase is used with a double meaning alluding to the two sides of old Spanish coins, the back of which bore the emblem of the cross, symbol of Christianity
30. Si tal haces, torna mañana y premiarte he.: If you do this, come back tomorrow and I will reward you.
31. alguacil: (hist.) bailiff, constable
32. albornoz de seda: (del árabe) a silk robe
33. braserillo: dim. "brasero," brazier or heater. Los braseros se usan hasta nuestros días en España. Es un modo eficaz de aliviar la sensación del frío a los pies o las manos sin calentar todo el cuarto.
34. las tapadas: se dice de las mujeres que se tapan con el manto o pañuelo para no ser reconocidas
35. Trincáronnos a todos: they tied us all up
36. fábulas milesias: cuentos o novelas sin más fin que el de entretener o divertir a los lectores
37. fue encorazado: (hist.) cubierto o vestido de coraza, un capirote ("hood") de papel que se ponía a ciertos condenados como afrenta (a veces pintado con escenas de sus delitos)
38. No sé como acerté pedirle limosna: I don't know how I managed (dared) to ask her for alms.
39. basilisco: (mit.) basilisk. Animal fabuloso (de la mitología griega) a quien se atribuía la propiedad de matar con los ojos
40. las jácaras y mojigangas: (lit. hist.) comic ballads of low life; (mus. hist.) merrydance
41. pregones de los limeros y alojeros: street cries of vendors of limes and "aloja," a drink made of water, honey, and spices
42. con tasa: con límite
43. Ver un pie descalzo de una mujer se consideraba erótico en la época.
44. inmundicias y asquerosidades: dirt and filth
45. por mor de: (pop.) por causa de
46. motejaban a mi ama de puta y judía: they were calling my mistress a whore and a Jew
47. bobillo: dim. bobo, silly (aquí, uso cariñoso)
48. las hebras de seda de un cabello destrenzado: the silk strands of unbraided hair
49. No nos recatábamos . . . los de la casa: We did not hide from members of our household that we were lovers.
50. hubo tornabodas durante una semana: there was a week of postnuptial celebrations, e.g., a wedding that lasted a week
51. un esclavo negro, liberto: a freed black slave
52. moreno: black. Palabra que se usa para referirse a una persona de ascendencia africana
53. Desa guisa: de esta manera
54. diestro: skillful

Text and Illustration Credits

Una escena de *La lengua de las mariposas*. Miramax Pictures.

Una estrella. Producción. By kind permission of Robert Muro.

Fumador. Courtesy of J. Mayone Stycos.

Después de la lluvia. Producción. By kind permission of Sergi Belbel.

Mujer maya en Mérida, Yucatán. Courtesy of Robert W. Blake.

Vasija de barro. Courtesy of Robert W. Blake.

Mujeres mayas. Courtesy of J. Mayone Stycos.

Iglesia barroca. México. Courtesy of J. Mayone Stycos.

Viejito cargando la vida. Boyacá, Colombia. Courtesy of Robert W. Blake.

Calle de la esperanza. Boyacá, Colombia. Courtesy of Robert W. Blake.

Trabajadores de Centroamérica. Courtesy of J. Mayone Stycos.

La tormenta. Kaspar David Friedrich.

Johnny Tenorio. Producción. By permission of Teatrotaller, Cornell University.

Cochabamba de noche. Courtesy of Luis Morató.

Kiosko de revistas. Courtesy of J. Mayone Stycos.

Plaza de España. Monumento a Cervantes. Photo by E. Sánchez-Blake.

Salón del tapiz. Courtesy of Robert W. Blake.

Portón. Courtesy of J. Mayone Stycos.

El Palacio Real. Madrid, España. Courtesy of J. Mayone Stycos.

DVD Credits

Video clip "Fragmento de *Una Estrella*", courtesy of Roberto Muro and Paloma Pedrero.

Video clip "Fragmento de *Después de la lluvia*", courtesy of Sergi Belbel.

Video clip "Fragmento de Johnny Tenorio", courtesy of Teatrotaller.

Video clip "Fragmento de 'La lengua de las mariposas'", courtesy of Miramax Pictures.